Conceptos Básicos de Bitcoins y Blockchains

"Una lectura agradable que acaba con las sobre-expectaciones, encuentra la señal en medio del ruido y va a toda máquina de principio a fin."
—John Collins, asesor de fintech

"Mi familia me pidió que les explicara lo que hago, y les di una copia de este libro. Antony explica las tecnologías de criptomonedas y *blockchains* clara y articuladamente, sin de dejar de ser ingenioso."
—Colin Platt, coanfitrión del podcast *Blockchain Insider* e investigador de criptomonedas y DLT (Tecnología de libro contable distribuido)

"Uno de los pocos libros creíbles que sugiero cuando la gente me pregunta dónde puede aprender sobre *bitcoins*. Es un libro excelente y sensato sobre todo lo relacionado con la criptografía. HE estado metido en este mundo ya un tiempo y aun así aprendí de *Conceptos básicos de bitcoins y blockchains*."
—Zennon Kapron, director gerente de Kapronasia

"Una guía interesante, clara y autorizada sobre las aplicaciones e implicaciones de las *blockchains*."
—Greg Wolfson, jefe de desarrollo empresarial de Element Group

"Si usted quiere un libro que elogie exageradamente las *blockchains*, busque por otro lado. Este libro explica los fundamentos básicos con claridad y sin exageraciones."
—Richard Gendal Brown, director de tecnología de R3

CONCEPTOS BÁSICOS DE
BITCOINS Y
BLOCKCHAINS

Una introducción a las criptomonedas
y a la tecnología que las impulsa

ANTONY LEWIS

CORAL GABLES

Diseño de cubierta: Roberto Núñez
Formato y diseño: Roberto Núñez
Traducción: Veronica La Rosa y Achy Obejas

Para solicitar autorización, sírvase contactar a la editorial:
Mango Publishing Group
2850 Douglas Road, 4th Floor
Coral Gables, FL 33134, USA
info@mango.bz

Para pedidos especiales, ventas por volumen, cursos y ventas corporativas, escriba a la editorial a sales@mango.bz. Para ventas comerciales y mayoristas, por favor escriba a Ingram Publisher Services a customer.service@ ingramcontent.com o llame al +1.800.509.4887

Conceptos básicos de *bitcoins y blockchains*: una introducción a las criptomonedas y a la tecnología que las impulsa

Información de Catalogación en Publicación de la Biblioteca del Congreso:
2022930922
ISBN: (impreso) 978-1-64250-810-9, (ebook) 978-1-64250-811-6
Código de categoría BISAC: BUSINESS & ECONOMICS / Investments &
Securities / Futures

Para mi familia, mi sufrida esposa Sarah
y nuestros hijos Toshi y Tosha.

ÍNDICE

Parte 0

INTRODUCCIÓN

ALGUNAS DEFINICIONES

Los bitcoins, blockchains y las criptomonedas me fascinan porque hay muchos elementos que entender. Esta naturaleza multidisciplinaria es una de las razones por las que a mí, y a tantos otros, nos fascina esta industria: es fácil caer en esta espiral y, conforme tratas de entender cada elemento, cada respuesta genera más preguntas. El viaje comienza con la pregunta "¿qué es un bitcoin?", pero las explicaciones y respuestas provienen de disciplinas como la economía, las leyes, las ciencias informáticas, las finanzas, la sociedad civil, la historia, la geopolítica, entre otras. Se puede crear un plan de estudios secundarios bastante amplio relacionado con Bitcoin y quedar con material de sobra.

Y esta es la razón por la que es tan difícil explicarlo. Este libro pretende abarcar los principios básicos. Está dirigido a las personas pensantes, pero asume que el lector no tiene conocimientos previos detallados sobre las diversas disciplinas mencionadas anteriormente. Distintas personas encontrarán interesantes distintas partes del libro. Trato de usar analogías cuando creo que van a ayudar a explicar algunos conceptos, pero sean amables conmigo: todas las analogías se quiebran si se les fuerza demasiado. Y, aunque he tratado de ser preciso, aún habrá simplificaciones excesivas, errores y omisiones. Además, lo que es cierto hoy podría no serlo mañana: los cambios ocurren con rapidez. Soy el primero en admitir que mi propia experiencia técnica tiene límites. Sin embargo, espero que cada lector salga habiendo aprendido algo nuevo.

Dicho esto, empecemos por definir, a nivel básico, algunos de los términos y conceptos que exploraremos más adelante en este libro.

Bitcoin[1] y Ether son dos de *las criptomonedas o monedas* más conocidas (cabe señalar que la moneda en la red Ethereum se llamada Ether, aunque es común que los medios la llamen erróneamente "Ethereum"). Son *activos* o artículos de valor que existen digitalmente, no físicamente, y que se crean mediante software. Como tales, no tienen un emisor. Ninguna persona, compañía o entidad los respalda y no hay términos de servicio o garantías relacionados con ellos. Al igual que el oro físico, las criptomonedas simplemente existen y son creadas o destruidas de acuerdo con las reglas articuladas en el código que las crea y gobierna. Si usted posee algunas criptomonedas, y veremos más adelante lo que eso significa en realidad, se trata de su activo y usted lo controla. Tienen valor y pueden ser intercambiadas por otras criptomonedas, dólares estadounidenses u otras monedas (fiduciarias) soberanas globales. Su valor se determina en mercados llamados *casas de cambio*, donde los compradores y vendedores se reúnen para comercializar a precios mutuamente acordados.

Al igual que las "monedas", las unidades de criptomonedas se pueden describir como activos digitales. Es decir, artículos con información única cuya propiedad puede ser trasladada de una cuenta a otra. Técnicamente, estas cuentas se denominan direcciones y luego vamos a explorar lo que

---

1   En este libro trato de usar "Bitcoin" (con B mayúscula) al describir el concepto, la idea o la red, y uso "bitcoin" (con b minúscula) o BTC al describir las unidades monetarias, las monedas en sí. Entonces: "Compré cinco bitcoins (o BTC) y vi la transacción en la *blockchain* de Bitcoin"

son las direcciones. Cuando estos activos digitales pasan de una cuenta a otra son todos registrados en sus respectivas bases de datos de transacciones conocidas, debido a algunas características únicas compartidas que examinaremos más adelante, como *blockchains*.

Solo para confundir a todo el mundo, algunos activos digitales se describen como *tokens*, como en "¿Es una criptomoneda o un *token*? Tanto las criptomonedas como los *tokens* son activos digitales asegurados criptográficamente, a veces conocidos como *criptoactivos*. Estos *tokens* tienen características diferentes de las criptomonedas y entre sí. Los *tokens* pueden ser fungibles/canjeables (un *token* puede ser más o menos reemplazable por otro) o no fungibles/ canjeables (cuando cada *token* representa algo único). A diferencia de las criptomonedas, estos nuevos *tokens*, por lo general, son emitidos por emisores conocidos que los respaldan, y los *tokens* pueden representar acuerdos legales (como activos financieros), activos físicos (como el oro) o el acceso futuro a productos y servicios.

Cuando el bien subyacente es un activo, usted puede pensar en el *token* como una versión digital del boleto del guardarropa, emitido por el encargado del guardarropa y que usted puede intercambiar por su abrigo. De hecho, a estos *tokens* a veces se les denomina DDR (Digital Depository Receipts o Certificados de Depósito Digitales). Cuando el bien subyacente es un acuerdo, producto o servicio, usted puede pensar en el *token* como algo parecido a la entrada para un concierto emitida por el organizador del concierto e intercambiable por el ingreso a un concierto en una fecha posterior.

Para dar algunos ejemplos reales, hay *tokens* que representan de todo, desde un lingote de oro guardado en una bóveda en algún lugar,[2] hasta *tokens* que representan "CryptoKitties" (o "CriptoGatitos", gatos digitales coleccionables con características visuales específicas determinadas por su código de "ADN" únicos.)

Un CryptoKitty[3]

¿Qué tienen en común todas estas monedas y *tokens*? Que todas las transacciones relacionadas con ambos, incluyendo su creación, destrucción, cambios de propiedad y otras obligaciones lógicas o futuras, se registran en *blockchains*: bases de datos duplicadas que actúan como libros y registros (la "fuente dorada" que representa la comprensión universal del estado actual de todas las unidades del activo digital).

La *blockchain* de *Bitcoin* es una lista en permanente crecimiento de cada transacción de *Bitcoin* que ha ocurrido alguna vez, desde el momento mismo de la creación del primer *Bitcoin*, el 3 de enero de 2009, hasta la transferencia o pago más reciente de una cuenta a otra. La *blockchain* de Ethereum es una lista transacciones en las que se usa la criptomoneda Ether, una multitud de otros *tokens* (incluyendo aquellos que representan a los CryptoKitties)

---

2   Ver https://tradewindmarkets.com

3   https://www.cryptokitties.co/kitty/234327

y otros datos relacionados, todos los cuales se registran
en Ethereum.

Diferentes *blockchains* tienen diferentes características, tanto
así que hoy en día es casi imposible hacer una afirmación
general sobre "*blockchains*" sin equivocarse en algún ejemplo
particular. Algunas *blockchains*, como las conocidas cadenas
Bitcoin y Ethereum, son *públicas o no requieren permisos*,
lo que significa que cualquiera puede escribir su lista de
transacciones sin que un "controlador de acceso" (gatekeeper)
apruebe o rechace a quienes quieran crear bloques o
participar en la contabilidad. Identificarse no es un requisito
para crear bloques o validar transacciones. Otras *blockchains*
pueden ser privadas o controladas debido a la existencia de
un controlador de acceso que permite a los participantes
leerlas o escribirlas.

Y, finalmente, necesitamos distinguir entre *protocolos,
código, software, transacción, datos, monedas* y *blockchains*.
Bitcoin es un conjunto de protocolos: reglas que definen
y caracterizan a *Bitcoin* en sí, es decir, qué es, cómo se
representa y registra la propiedad, qué constituye una
transacción válida, cómo los nuevos participantes pueden
unirse a la red de operadores, cómo deben comportarse los
participantes si quieren mantenerse al día con las últimas
transacciones, etc. Estos protocolos, o reglas, se pueden
describir en español o en cualquier idioma hablado por el ser
humano, pero se expresan mejor en *código* informático, el
cual se puede compilar en un *software* (software de *Bitcoin*)
que aprueba los protocolos, es decir, los hace operar. Cuando
el software se ejecuta, *las monedas* de *Bitcoin* se generan
y pueden enviarse de una cuenta a otra. Estas acciones se
registran como *datos de transacciones* y estos datos de

transacciones se agrupan en paquetes o *bloques*, unidos para formar una *blockchain* (es decir, una cadena de bloques) de *Bitcoin*.

En resumen, *los protocolos* de *Bitcoin* se escriben como un código de *Bitcoin*, el cual se ejecuta como *software* de *Bitcoin*, que crea *las transacciones* de *Bitcoin*, las que contienen datos sobre las monedas de *Bitcoin* registradas en *la blockchain* de *Bitcoin*. ¿Se entendió? Bien. No todas las criptomonedas o *tokens* funcionan de esta manera, pero esta es una base tan buena como otra cualquiera para iniciar este viaje.

Algunas personas creen que *Bitcoin* será la próxima evolución del dinero, por algo se le describe como una (cripto) *moneda*. Por eso necesitamos entender un poco más sobre el dinero. ¿Qué es el dinero? ¿Siempre ha sido igual? ¿Qué tanto éxito ha tenido el dinero? ¿Algunas formas de dinero son mejores que otras? ¿Puede cambiar la naturaleza del dinero o lo que tenemos se va a mantener igual para siempre? ¿Las criptomonedas conviven fácilmente con el dinero de hoy en día, ocupando un nicho o cumpliendo con un propósito con el que las formas existentes de dinero no pueden? ¿O es que las criptomonedas compiten con el dinero actual y amenazan el status quo de las monedas emitidas por los estados?

Este libro debe proporcionarle una educación integral sobre los conceptos básicos de *bitcoins y blockchains* y asume que usted no tiene una experiencia inicial en el tema. Empezamos por definir y comprender la naturaleza del dinero. Luego, nos sumergimos en el dinero digital y cómo se transfiere realmente el valor alrededor del mundo. A continuación, exploramos algunos conceptos clave de una rama de las matemáticas llamada criptografía, de manera que luego podemos pasar a las criptomonedas en sí. En la sección de criptomonedas nos sumergiremos en las redes *Bitcoin* y Ethereum, y los *tokens* digitales *Bitcoin* y Ether: qué son, cómo comprarlos, almacenarlos y venderlos; cómo explorar sus *blockchains* y los riesgos de administrarlos, incluyendo los riesgos únicos que acarrea mover este dinero digital alrededor del mundo. Finalmente, discutimos los tipos de tecnología *blockchain* que los bancos y grandes empresas están explorando para poder unirse a sus bases de datos y hacer negocios más eficientes.

A pesar de que tengo sesgos e intereses personales, a lo largo del libro voy a intentar mantener una posición neutral sobre las criptomonedas, los *tokens* y las plataformas *blockchain*. No pretendo exagerar los elogios ni las críticas. Dejaré que los lectores saquen sus propias conclusiones sobre si estas tecnologías son una tendencia o una moda pasajera, útiles o inútiles, buenas o malas.

Parte 1

DINERO

DINERO FÍSICO Y DIGITAL

El efectivo (el dinero físico) es una maravilla. Usted puede transferir (o gastar o regalar) tanto de lo que tiene como quiera, cuando quiera, sin necesidad de que terceros aprueben o censuren la transacción o reciban una comisión por el privilegio. El efectivo no revela información valiosa sobre su identidad que pueda ser robada o mal utilizada. Cuando usted recibe efectivo en sus manos sabe que el pago no se puede "deshacer" (o extornar, en la jerga de la industria) en una fecha posterior, a diferencia de las transacciones digitales, como los pagos hechos con tarjeta de crédito y algunas transferencias bancarias, lo que es un problema para los comerciantes. En circunstancias normales, una vez que usted tiene el efectivo, es suyo, usted lo controla y lo puede transferir inmediatamente a alguien más. La transferencia de dinero físico elimina inmediatamente una obligación financiera y no deja a nadie esperando por algo más.

Pero hay un gran problema con el dinero físico tradicional: no funciona a la distancia. A menos que lo lleve personalmente, no puede transferir efectivo físico a alguien al otro lado de la sala y mucho menos al otro lado del planeta. Es aquí donde el dinero digital se vuelve muy útil.

El dinero digital se diferencia del dinero físico en que depende de tenedores de libros en los que sus clientes confían para mantener una contabilidad precisa de sus saldos. En otras palabras, usted no puede, por sí mismo, poseer y mantener el control directo del dinero digital (bueno, no podía hasta que apareció *Bitcoin*, pero eso lo veremos más adelante). Para poseer dinero digital, debe abrir una cuenta en algún lugar, con alguien más: un banco, PayPal, una billetera electrónica.

Ese "alguien más" es un tercero en quien usted confía para tener sus libros contables y registros de cuánto dinero tiene en ellos o, más específicamente, cuánto deben pagarle ellos a usted cuando lo requiera o cuánto deben transferirle a alguien más cuando usted lo solicite. Su cuenta con un tercero es un registro de un acuerdo de confianza entre ustedes: cuánto tiene con ellos y, al mismo tiempo, cuánto le adeudan.

Sin ese tercero, usted necesitaría mantener registros bilaterales de las deudas con todos, incluso personas en las que quizás no confíe o que no confíen en usted, y esto no es factible. Por ejemplo, si usted compró algo en línea, podría intentar enviar al vendedor un correo electrónico diciendo: "Le debo 50 dólares, así que registremos ambos esta deuda". Pero es probable que el vendedor no acepte tal cosa. En primer lugar, porque quizás no tenga motivos para confiar en usted. Segundo, porque su correo electrónico no es muy útil para el vendedor, ya que no puede utilizar su correo para pagarle a su personal o a sus proveedores.

En cambio, usted instruye a su banco que le pague al vendedor y su banco lo hace reduciendo su deuda con usted y, por el otro lado, incrementando la deuda del banco del vendedor con éste. Desde el punto de vista del vendedor, esto acaba con su deuda con el vendedor y la reemplaza con una deuda de su banco. El vendedor está feliz, ya que confía en su banco (bueno, confía en él más que en usted) y puede usar el saldo en su cuenta bancaria para hacer otras cosas útiles.

A diferencia del dinero en efectivo, que se liquida por medio de una transferencia de *tokens* físicos, el dinero digital se liquida incrementando y disminuyendo saldos en cuentas mantenidas por intermediarios de confianza. Es probable que esto parezca obvio, aunque usted no lo haya imaginado así.

Volveremos a este punto más adelante, ya que los *bitcoins* son una forma de dinero digital que comparte algunas características con el dinero físico.

Hay una gran diferencia entre los pagos con tarjeta *en línea*, en los que usted escribe los números, y los pagos físicos con tarjeta, en los que usted toca o pasa su tarjeta *física*. En la industria, un pago en línea con tarjeta de crédito se conoce como transacción con "tarjeta *no* presente", y pasar su tarjeta en la caja registradora de una tienda cuenta como una transacción con "tarjeta presente". Las transacciones en línea (tarjeta no presente) tiene mayores tasas de fraude, así que, para tratar de dificultar los fraudes, usted debe proporcionar más detalles, como su dirección y los tres dígitos al reverso de su tarjeta. A los vendedores se les carga comisiones más altas por este tipo de pagos, con el fin de compensar el costo de la prevención de fraudes y las pérdidas por fraude.

El dinero en efectivo es un activo anónimo al portador que no registra ni contiene información sobre identidad, a diferencia de varias formas de dinero digital que, por ley, requieren de una identificación personal. Para abrir una cuenta en un banco, billetera u otro tercero de confianza, las normativas requieren que ese tercero lo pueda identificar a usted. Es por esto que, con frecuencia, usted debe proporcionar información personal, con evidencia independiente que la respalde. Por lo general, eso significa una identificación con foto que coincida con su nombre y rostro, y un recibo de servicios públicos u otra comunicación "oficial" registrada (por ejemplo: de algún departamento del gobierno) para validar su dirección. La información sobre su identidad no se recopila solo cuando abre una cuenta. También se recopila y se utiliza para fines de validación cuando se realizan pagos electrónicos: cuando usted paga en línea usando una tarjeta de crédito o débito tiene que proporcionar su nombre y dirección como primera medida contra el fraude.

Hay excepciones a esta regla de identificación. Existen algunas tarjetas de valor almacenado que no requieren identificación, como las tarjetas de transporte público en muchos países o las tarjetas de débito de límite bajo usadas en algunos países.

¿Los pagos *necesitan* estar vinculados a una identidad? Por supuesto que no. El dinero en efectivo lo demuestra. ¿Pero *deberían* estarlo? Esta es una gran pregunta que plantea cuestiones legales, filosóficas y éticas que siguen siendo el centro de un debate constante. La información de las tarjetas de crédito es robada con frecuencia, junto con la información de la identificación personal del dueño (nombre, direcciones, etc.), lo que genera un costo para la sociedad.

¿Es un derecho fundamental el poder hacer pagos que estén protegidos de los ojos de los gobiernos estatales? ¿Y la gente debe poder hacer pagos digitales anónimos, como lo hacen con el efectivo físico? ¿En qué medida nuestras transacciones financieras deben ser anónimas o, por lo menos, privadas? ¿Y cuáles, si hubiere, son los límites razonables a esa privacidad? ¿Debería el sector público o el sector privado proporcionar los medios para los pagos electrónicos y la privacidad financiera? ¿Debería una nación poder bloquear la capacidad de una persona para realizar pagos digitales? ¿Y con qué límites? ¿Cómo podemos reconciliar la privacidad financiera con la prevención del apoyo a actividades ilegales, incluyendo el financiamiento del terrorismo? No voy a dar respuestas a estas grandes preguntas en este libro, pero las preguntas fundamentales relacionadas con la privacidad

financiera surgen inevitablemente cuando entendemos la
innovación revolucionaria que es *Bitcoin*.

¿CÓMO DEFINIMOS EL DINERO?

Todos sabemos lo que es el dinero, pero ¿cómo podemos
definirlo? La definición académica del dinero normalmente
aceptada, por lo general, dice que el dinero debe cumplir tres
funciones: ser un medio de cambio, ser una reserva de valor y
ser una unidad de cuenta. Pero ¿qué significa eso realmente?

Medio de cambio significa que es un mecanismo de
pago, que usted puede usar para pagarle a alguien por algo
o para extinguir una deuda o una obligación financiera.
Para ser un buen medio de cambio no necesita ser aceptado
universalmente (nada lo es), pero debe ser ampliamente
aceptado *en el contexto particular* para el que se
está utilizando.

Reserva de valor significa que en el corto plazo (sin
importar cómo lo defina) su dinero valdrá lo mismo que
vale hoy. Para ser una buena reserva de valor, usted debe
estar razonablemente seguro de que su dinero comprará
más o menos la misma cantidad de bienes y servicios
mañana, el próximo mes o el próximo año. Cuando esto deja
de funcionar, el valor del dinero disminuye, un proceso a
menudo llamado hiperinflación. Rápidamente, las personas
desarrollan maneras alternativas para denominar valor
y efectuar transacciones, como el trueque o el uso de una
moneda "fuerte" o más exitosa y estable.

Unidad de cuenta significa que es algo que usted puede
usar para comparar el valor de dos artículos o para sumar el

valor total de sus activos. Si usted registra el valor de todas
sus posesiones, necesita alguna unidad para asignarles
un precio y así obtener un total. Por lo general, esa es su
moneda local (libras esterlinas o dólares estadounidenses o
la que fuera), pero en teoría puede usar cualquier unidad. La
última vez que hice la suma, tenía artefactos en mi estudio
equivalentes a 0.2 Lamborghinis. Para ser una buena unidad
de cuenta, el dinero debe tener un precio *bien* aceptado o
comprendido sobre los activos; de lo contrario, es difícil
calcular el valor total de todos sus activos y, si fuera necesario,
convencer a otros de ese valor.

Aunque algunos creen que el "dinero bueno" debería
cumplir con todas estas funciones, otros piensan que las tres
funciones pueden ser cumplidas por diferentes instrumentos.
Por ejemplo, no hay razón real para que algo usado como
medio de cambio (por ejemplo, algo que puede usarse para
cancelar una deuda inmediatamente) deba ser también una
reserva de valor de largo plazo.

¿Es el dinero de hoy un buen dinero?

Es discutible qué tan bien se comparan las formas de dinero
que generalmente consideramos como "buen dinero" con
estas propiedades. El dólar estadounidense es quizás la
forma más prominente de dinero que tenemos hoy en día,
y puede considerarse la mejor, al menos por el momento.
¿Pero qué tan *bueno* es? El dólar es generalmente aceptable
para pagos, sin duda en los Estados Unidos, e incluso en
otros países, por lo que es un excelente medio de cambio en
esos contextos (pero menos en Singapur). Y es una excelente

unidad de cuenta, porque a muchos activos se les asigna precios en dólares, incluyendo materias primas globales como el petróleo crudo y el oro.

¿Pero cómo le fue como reserva de valor? Según el St. Louis Fed (el Banco Federal de Reserva de St. Louis), el poder adquisitivo de los USD (dólares estadounidenses), desde la perspectiva del consumidor, ha caído más del 96 % desde que el Sistema Federal de Reserva fue creado en 1913.

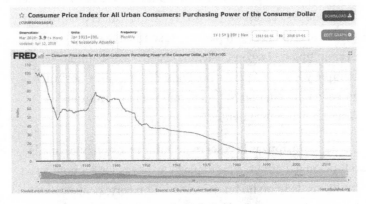

Fuente: St. Louis Fed.[4]

Considerando que el poder adquisitivo del USD a lo largo del tiempo ha disminuido significativamente, ha sido una mala reserva de valor a largo plazo. De hecho, la gente no ha guardado los billetes debajo del colchón por décadas porque saben que el dinero en efectivo no es una buena reserva de valor. Y si lo hicieran, descubrirían que el poder adquisitivo ha disminuido o, peor aún, que los

---

4   El Banco Federal de Reserva de St. Louis, https://fred.stlouisfed.org/series/
CUUR0000SA0R

billetes han salido de circulación y ya no los aceptan en las tiendas. De hecho, el dólar, como sucede con casi todas las monedas gubernamentales, está diseñado para perder valor constantemente, impulsado por la política. Podemos predecir, más o menos, que el USD perderá unos cuantos puntos porcentuales de su poder adquisitivo cada año. Esto se conoce como inflación de precios (a diferencia de la inflación monetaria, que es un incremento en el número de dólares en circulación). La inflación de precios se mide por el IPC (Inflación de Precios al Consumidor), que es un índice que mide los cambios en el precio de una canasta teórica de productos que se eligen para representar el gasto de un hogar urbano típico.[5] La composición de la canasta cambia con el tiempo, y los legisladores no dejan de jugar diversos trucos con ella para adaptar la tasa de inflación a cifras que les resulten más convenientes.[6]

Por lo tanto, quizás la reserva de valor no es un buen medio o función del dinero a largo plazo, y quizás los economistas y los libros de texto no tengan razón. Con certeza necesitamos las tres "funciones del dinero", pero quizás no en el mismo instrumento. Quizás el dinero satisface una necesidad (la cancelación inmediata de obligaciones), mientras que la reserva de valor en un plazo más largo se puede conseguir mediante otros activos. En términos de la función del dinero como "reserva de valor", lo relevante es la previsibilidad en el corto plazo del valor o del poder adquisitivo: necesito saber que, mañana o el próximo mes, un dólar puede comprarme

---

5   Hay otras formas de medir el poder adquisitivo del USD, como la inflación subyacente, que es más o menos el IPC sin los efectos de precios volátiles como los alimentos y la energía.

6   Para obtener más información, visite https://www.bls.gov/cpi/questions-and-answers.htm

más o menos lo mismo que un dólar hoy y que pagará deudas inmediatas. Pero para la preservación del valor a largo plazo, quizás la vivienda o las tierras u otros activos sean más confiables.

¿Cómo les va a las criptomonedas en comparación con las definiciones estándar de dinero?

Bitcoin como medio de cambio

Como medio de cambio, *Bitcoin* tiene algunas características interesantes. Es el primer activo digital de valor que puede transferirse por Internet sin que un tercero en específico tenga que aprobar la transacción o la pueda denegar.

También es un activo que se transfiere de un propietario al otro en lugar de moverse por una serie de débitos y créditos de terceros (por ejemplo, a través de uno o más bancos). En este sentido, es verdaderamente novedoso.

Vale la pena repetirlo:

Bitcoin es el primer activo digital que se puede transferir a través de Internet sin que un tercero en particular tenga que aprobar la transacción o la pueda denegar.

¿Puede hacer pagos con *bitcoins*? Sí, claro que sí, en cualquier momento y en cualquier lugar. ¿Es rápido? A veces, dependiendo de una serie de factores. A una velocidad de pago que varía entre segundos y horas, ciertamente es más rápido que algunos métodos de pago tradicionales, pero más lento que otros. Diferentes criptomonedas pagan transacciones a diferentes velocidades.

¿*Bitcoin* es ampliamente aceptado? Bueno, es ampliamente aceptado en su propia comunidad, y algunos prefieren usarlo en lugar de usar mecanismos de pago tradicionales.[7] Pero según estándares globales, no, no es ampliamente aceptado. ¿Esto puede cambiar? ¿Es posible que más y más empresas acepten *bitcoins* u otras criptomonedas? Quizás no ocurra en grandes economías estables, pero posiblemente sí en economías más pequeñas e inestables. Hay una serie de factores que debemos considerar cuando decidimos si los *bitcoins* se deben preferir a las monedas locales u otras alternativas existentes.

¿Qué hay de la aceptación por parte de los vendedores? De vez en cuando, usted podría leer que un proveedor ahora acepta *bitcoins* u otra criptomoneda como pago. ¿Qué está ocurriendo? ¿No significa esto que los *bitcoins* están mejorando como medio de cambio? Bueno, sí y no. En realidad, la mayor parte de las empresas que dicen aceptar el *Bitcoin* como pago en realidad no acepta *bitcoins* ni los incluye en sus estados de cuenta. En cambio, utilizan procesadores de pago de criptomonedas que actúan como intermediarios cotizando al cliente un precio en *bitcoins* (sobre la base de los precios actuales de *bitcoins* a dólares en varios *exchanges* de criptomonedas), aceptando los *bitcoins* del cliente y luego transfiriendo una cantidad equivalente de moneda convencional (*fiduciaria* en la jerga) de la manera aburrida en la cuenta bancaria del proveedor.

7　Una vez pagué con bitcoins por unas cuantas noches de alojamiento en San Francisco. Fue mucho más fácil, más barato y rápido que pedir detalles bancarios y hacer un pago internacional. Pero, claro, tanto el propietario como yo usamos bitcoins. De hecho, para hacer pagos internacionales dentro de la comunidad de las criptomonedas es mucho más fácil, barato y rápido pagar con criptomonedas que con transferencias bancarias.

Así es como funciona:

1. El cliente llena su carrito de compras con artículos, luego hace clic en "pagar".

2. Se le muestra el valor total de los artículos *en moneda local*. "¿Cómo quisiera pagar?"

3. El cliente selecciona *"bitcoin"*.

4. Luego se le muestra la cantidad de *bitcoins* que debe pagar. El procesador de pago calcula esta cantidad usando la tasa de cambio actual entre *Bitcoin* y la moneda local, que se encuentra en una o más casas de cambio de criptomonedas.

5. El cliente, entonces, tiene poco tiempo para aceptar el precio antes de que el precio del *bitcoin* cambie y el procesador de pago deba volver a asignar el precio del carrito. El tiempo de actualización del precio puede ser tan corto como 30 segundos debido a la volatilidad de *Bitcoin*. ¡30 segundos!

Bitpay[8] es un buen ejemplo de este tipo de procesador de pago de criptomonedas. En el período de 2013 a 2015, muchos vendedores anunciaron que ahora aceptaban *Bitcoin*. Esa fue buena publicidad barata para los vendedores y varias empresas lo hicieron: Microsoft, Dell e incluso, mi favorito, Richard Branson, para los viajes de Virgin Galactic. Solo piénselo: ¡En 2013, usted podía comprar un viaje al espacio y pagarlo con *bitcoins*! Sin embargo, desde entonces, varios vendedores han renunciado a *Bitcoin* como método de pago.

En estos casos en los que un proveedor dice que acepta *Bitcoin* como pago, los *bitcoins son* un medio de cambio

---

8   Bitpay, https://bitpay.com

desde la perspectiva del cliente. Pero estos casos son raros y, actualmente, no es un medio de cambio ampliamente usado.
En julio de 2017, el banco de inversión Morgan Stanley elaboró un informe sobre la adopción de *Bitcoin* por parte de vendedores,[9] que descubrió que, en 2016, solo cinco de los 500 principales vendedores en línea aceptaban *Bitcoin* y, en 2017, ese número cayó a tres.

Bitcoin como reserva de valor

Por ahora, dejemos de lado la discusión sobre si la "reserva de valor" es una propiedad válida *del dinero*, o si solo debe ser un atributo de un *activo*.

En cambio, hagamos la siguiente pregunta: ¿Qué quiere usted de su reserva de valor? ¿Cuál es su función? ¿Su función es hacerlo más rico para que pueda comprar más juguetes o su función es mantener su valor para que pueda planificar bien su vida? Y si su función es hacerlo más rico para que usted pueda comprar más juguetes, ¿cuánta volatilidad y riesgo a la baja está dispuesto a soportar? ¿Estamos hablando de una reserva de valor a corto plazo, quizás una inversión especulativa, o de una reserva de valor a largo plazo, a menudo un activo de riesgo más bajo?

Bitcoin, como inversión especulativa, ha funcionado sorprendentemente bien. Todo lo que empiece con precio cero, y que actualmente no tenga un precio cero, es muy bueno. *Bitcoin* empezó con un valor cero en 2009 y, ahora, menos de diez años después, cada *bitcoin* vale miles de

9   Frank Chaparro, "MORGAN STANLEY: "La aceptación de Bitcoin es prácticamente cero y sigue disminuyendo", Business Insider, 12 de julio de 2017, https://www.businessinsider.com/bitcoin-price-rises-but-retailers-wont-accept-it-7-2017

dólares. Con seguridad, su valor se ha apreciado desde su creación. ¿Pero lo compraría ahora? ¿Convertiría todos sus ahorros a este activo para reservar valor (a diferencia de apostar y esperar a que ocurra una rápida apreciación de precios)? Bueno, debido a su volatilidad de precios, que es muy alta en comparación con la mayoría de las monedas fiduciarias, probablemente la respuesta sea que no, si está buscando una reserva de valor estable. Como una reserva de valor a largo plazo, supongo que usted quiere, como mínimo, algo que pueda usarse para comprar, dentro de veinte años, una canasta de productos prácticamente idéntica a la canasta que puede comprar ahora. Por lo tanto, si usted lo compró en el momento correcto, *Bitcoin* sin duda ha sido una buena *inversión*, pero su volatilidad lo convierte en una reserva de valor nauseabunda.

¿Tienen *Bitcoin* u otras criptomonedas tienen el *potencial* para mantener su valor a largo plazo, como algunas personas esperan del oro? Posiblemente. De acuerdo con sus reglas de protocolo actuales, los *bitcoins* se crean a una tasa conocida (12,5 BTC cada 10 minutos, aproximadamente), y esa tasa disminuirá con el tiempo. Por lo tanto, su oferta es comprendida y predecible, con un límite de casi 21 millones de BTC y no sujeto a creación arbitraria, a diferencia de las monedas fiduciarias.[10] Limitar la oferta de algo puede ayudar a mantener su valor si la demanda es estable o aumenta, aunque la desventaja de una oferta conocida, predecible y completamente rígida no relacionada con una demanda

---

10   Sin embargo, tenga en cuenta que, si la mayor parte de la comunidad de Bitcoin está de acuerdo, la tasa de creación y el número máximo de BTC se pueden cambiar. Como no existe una gobernanza central o formal, las reglas se pueden cambiar de acuerdo con las preferencias de la comunidad, aunque es difícil impulsar cambios polémicos a menos que haya un amplio apoyo. Consulte la sección sobre las bifurcaciones de las criptomonedas.

fluctuante, da como resultado una volatilidad perpetua de precios," lo cual no es bueno si está buscando estabilidad de precios.

Bitcoin como unidad de cuenta

Como una unidad de cuenta, *Bitcoin* fracasa rotundamente por su volatilidad de precios en comparación con el USD y todo lo demás en el mundo. El hecho de que casi no haya vendedores que estén dispuestos a poner precio en *bitcoins* a los artículos (ni siquiera vendedores que venden parafernalia relacionada con criptomonedas) es evidencia de que los *bitcoins* no son una buena unidad de cuenta.

Usted no mantendría sus cuentas en BTC. No registraría el precio de su laptop en BTC. Con seguridad no haría su contabilidad de fin de año en BTC,[12] y si intentara presentar sus balances obligatorios en BTC, no cumpliría con los estándares contables en todas las jurisdicciones. Si fuera masoquista, *podría* preparar un inventario y denominar todo en BTC, pero primero tendría que averiguar el precio de las cosas en USD (digamos que mi laptop tiene un valor de USD 200), luego convertir ese número a un número en *Bitcoin* a la tasa de cambio de "¿cuál es el precio del *Bitcoin* en dólares en este mismo segundo?". Entonces, muy brevemente, puede decir que "todas mis posesiones mundanas valen 3,0364 BTC". Casi con seguridad, en cuestión de minutos u horas, ese

---

11   "Robert Sams on Rehypothecation, Deflation, Inelastic Money Supply and Altcoins". Great Wall of Numbers. 20 de agosto de 2014. https://www. ofnumbers.com/2014/08/20/robert-sams-on-rehypothecation-deflation-inelastic-money-supply-and-altcoins/

12   A menos que sea un operador de BTC y tenga una orden de incrementar el número de BTC administrados.

número de BTC no tendría sentido ya que el cambio de BTC a USD fluctúa muy rápidamente.

El economista monetario JP Koning comparó la volatilidad del precio del *Bitcoin* con el oro e hizo la siguiente observación en Twitter:[13]

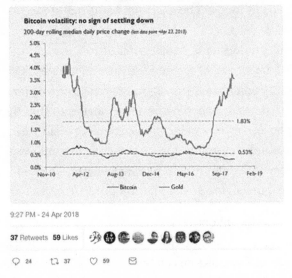

¿Disminuirá la volatilidad del precio del *Bitcoin*? Es lo que todo el mundo cree, pero, personalmente, lo dudo. Un argumento que solía escuchar era: "Cuando el precio del

---

13   Koning, JP. Publicación en Twitter. 24 de abril de 2018, 09:27 p.m. https://twitter.com/jp_koning/status/988771481810186241

BTC esté realmente alto, la volatilidad del precio disminuirá porque será necesario mucho dinero para obligar a que el precio suba o baje". Este argumento tiene fallas. Un precio puede ser alto, pero si un mercado no tiene liquidez, pequeñas cantidades de dinero aún pueden hacer que el precio fluctúe. La estabilidad se determina más por la *liquidez* de un mercado (cuántas personas están dispuestas a comprar y vender a cualquier precio) que por el precio de un activo. Pero incluso los mercados líquidos pueden moverse rápidamente si la percepción del mercado sobre el valor del activo cambia de repente. Además, este argumento se basa en el hecho de que el precio del *Bitcoin* llegue realmente alto... No hay ninguna buena razón por la que el precio del *Bitcoin* deba llegar "realmente alto". Además, como se discutió anteriormente, la oferta del *Bitcoin* es *rígida*. Si hay un aumento en la demanda, no hay impacto en la tasa a la que se generan los *bitcoins* (a diferencia de los bienes y servicios normales), por lo que no hay un efecto amortiguador en el precio, y esto es válido para cualquier precio; *incluso* si la volatilidad disminuyera, los comerciantes pudieran simplemente asumir mayores consecuencias, a menudo con apalancamiento, lo que cambiaría el precio otra vez.

En el momento en que escribo este libro hay una búsqueda de "monedas estables", criptomonedas cuyos precios sean relativamente estables en comparación con otra cosa como, por ejemplo, un dólar estadounidense. A menos que estén respaldados 1 a 1 con el activo pertinente, las monedas estables son muy difíciles de producir porque, esencialmente, usted está tratando de equiparar el precio de algo dinámico con el de otra cosa con una dinámica diferente, y como veremos en la siguiente sección sobre la historia del dinero, nadie ha tenido éxito en algo semejante a largo plazo: con el tiempo, la paridad se termina rompiendo. Si surgiera una moneda estable exitosa, las cosas podrían volverse más interesantes.[14]

Hay un caso en el que el BTC se puede usar como unidad de cuenta: cuando da valor a cestas de otras criptomonedas. Si usted es un operador normal que opera activos como acciones, es una buena idea que sepa el valor actual de sus activos en su moneda local (por ejemplo: USD, EUR o GBP). Si usted es un operador de criptomonedas, probablemente aún quiera saber el valor total de sus activos en su moneda local, pero en este caso tan específico quizás quiera también entender su saldo en BTC, ya que es el líder del mercado en el mundo de las criptomonedas (se puede decir que el BTC es el USD de las criptomonedas). Quizás sus inversionistas le permitan manejar algunos *bitcoins* con la esperanza de que convierta sus *bitcoins* en más *bitcoins*. En este caso, el valor de sus activos en BTC es más importante que el valor en USD. Este es un nicho.

El estado actual de las criptomonedas como dinero

Mark Carney, gobernador del Bank of England, resumió el estado actual del *valor monetario* del *Bitcoin* durante una sesión de preguntas y respuestas en la Regent's University London, el 19 de febrero de 2018:[15]

---

14   Aquí estoy hablando de una moneda independientemente estable, que es diferente a una moneda que está 100% respaldada por otra cosa (básicamente, un "recibo de depósito" que se puede canjear a la par por el activo de respaldo).

15   David Milliken: "Carney, del Bank of England, dice que el Bitcoin 'prácticamente falló' como moneda", Reuters, 19 de febrero de 2018, https://www.reuters.com/article/us-%20britain-boe-carney-currencies/boes-carney-says-bitcoin-has-pretty-much-%20failed-as-currency-idUSKCN1G320Z

*"Hasta el momento, [el Bitcoin] prácticamente ha
fallado en... los aspectos tradicionales del dinero. No
es una reserva de valor porque es muy cambiante.
Nadie lo usa como un medio de cambio...".*

Quizás *Bitcoin* sufrió dolores de crecimiento durante su
infancia, pero eso no significa que debamos descartarlo y que
la historia deba terminarse aquí. Según el sitio web *Bitcoin
Obituary*,[16] ¡al *Bitcoin* se le ha declarado muerto más de 300
veces! Pero sigue vivo. Al menos, se sigue negociando en
exchanges con un precio que no es cero. Parece que la gente
intenta encajar el *Bitcoin* en un cubo ya existente ("Es una
moneda/un activo/una propiedad/oro digital"), y cuando
muestra algunas características que difieren de otros en el
cubo, se le declara un fracaso. Tal vez la respuesta sea no
tratar de hacerlo encajar en ningún modelo ya existente, sino
diseñar o definir un nuevo modelo, y juzgar al *Bitcoin* y a
otros criptoactivos por sus propios méritos.

Asimismo, tenga en cuenta que los banqueros centrales
pueden tener un conflicto de interés al comentar sobre
nuevas formas de dinero. Los banqueros centrales cumplen
un papel fundamental en mantener la estabilidad monetaria
y económica, y sus herramientas (la cantidad de dinero en la
economía y el precio del dinero de préstamo) se aplican a sus
respectivas monedas fiduciarias. Si se adopta ampliamente
y si no es controlada por el banco central, cualquier forma
nueva de dinero tienen el potencial de dañar la capacidad del
banco central de cumplir con su mandato. Las formas nuevas
de dinero podrían perturbar y desestabilizar las economías,
lo cual, desde el punto de vista del banquero central, no

---

16   https://99bitcoins.com/bitcoin-obituaries/

es bueno. Por lo tanto, no esperemos que los banqueros centrales adopten con entusiasmo nuevas formas de dinero que no están bajo su control.

UNA HISTORIA BREVE DEL DINERO: DISIPANDO MITOS

Hasta ahora, hemos hablado de las criptomonedas y cómo se comparan con el "dinero" *como lo definimos actualmente*. Pero ¿el dinero siempre ha sido igual? Para comprender dónde podrían encajar las criptomonedas, debemos tratar de entender la historia del dinero en sí: sus éxitos, sus fracasos y sus innovaciones tecnológicas. Es un tema fascinante, ya que hay tantos datos interesantes y malentendidos comunes por solucionar.

El texto definitivo sobre el tema es *A History of Money from Ancient Times to the Present Day* [*Historia del dinero: desde tiempos ancestrales hasta el hoy*] de Glyn Davies,[17] quien pasó nueve años investigando para escribir el libro como profesor emérito de banca y finanzas en la University of Wales. Su hijo, Roy Davies, resume su trabajo en el sitio web de la Exeter University.[18] Gran parte de esta sección se basa en la línea de tiempo trazada por Roy, usada con su permiso. Los errores y omisiones son míos. Espero que esta sección les resulte tan fascinante como me resultó a mí mientras hacía la investigación para este libro.

---

17 Davies, Glyn. *A History of Money from Ancient times to the Present Day*. Cardiff: University of Wales Press, 1996

18 http://projects.exeter.ac.uk/RDavies/arian/llyfr.html

Formas de dinero

Los conceptos y eras que quiero abarcar son:

- Trueque (vamos a intercambiar objetos de valor)

- Dinero mercancía (el dinero es el objeto de valor)

- Dinero representativo (el dinero es un derecho sobre el objeto de valor)

- Moneda fiduciaria (el dinero está completamente desvinculado del objeto de valor)

Trueque

Es de conocimiento general que antes de que existiera el dinero, las transacciones se realizaban mediante el intercambio de bienes cuando ambas partes se ponían de acuerdo en el trato. "Señor, sus cinco ovejas viejas y feas por mis 20 fanegas de fino maíz". Pero es difícil hacer trueques. Es muy raro que usted quiera algo que otra persona tiene y, al mismo tiempo, esa persona quiera algo que usted tiene, y que ambos estén preparados y sean capaces de hacer un intercambio. Los economistas llaman a esta extraña situación una "doble coincidencia de deseos" y, aparte de los días de mercado en las economías de subsistencia, esta situación casi nunca ocurre. Entonces, el argumento es que el dinero se inventó para hacer que fluya el trato. El dinero es algo que todos aceptan con alegría a cambio de otras cosas, por lo que sirve como activo intermediario para los momentos en los que usted no tiene algo que la otra persona quiera. En resumen, la ineficiencia del trueque dio origen al dinero.

Este elegante argumento parece ser intelectualmente ingenioso. Desafortunadamente, sin embargo, no existe evidencia alguna de ello. Es pura fantasía. ¡Los libros de texto están equivocados! Cuando usted escuche a alguien decir que el dinero fue inventado para reemplazar al trueque, por favor, eduque a esa persona o hable con alguien más.

Que el dinero resuelva las deficiencias del trueque es un mito popularizado en 1776 por Adam Smith en *La riqueza de las naciones*. Ilana E. Strauss habla de esto en una lectura divertida y reveladora, "El mito de la economía del truque", publicada en *The Atlantic*,[19] donde cita a la profesora de antropología de Cambridge, Caroline Humphrey, en un artículo de 1985, *"El trueque y la desintegración económica"*:[20]

> *"Nunca antes se ha descrito un ejemplo de una economía de trueque, pura y simple, y menos aún el surgimiento del dinero a partir de ella, ... toda la etnografía disponible sugiere que nunca ha ocurrido algo así".*

Las economías se desarrollaron sobre la base de una confianza mutua, obsequios y deudas u obligaciones sociales: "Tenga un pollo ahora, pero recuerde esto más adelante". Las primeras comunidades eran pequeñas y estables, y los individuos solían crecer juntos y se conocían bien. La reputación dentro de una comunidad era crucial, por lo que la gente no solía faltar a su palabra. Pero las personas igual

---

19   https://www.theatlantic.com/business/archive/2016/02/barter-society-myth/471051/

20   https://www.academia.edu/3621994/Barter_and_Economic_%20 Disintegration

tenían que mantener algún tipo de registro de las deudas o favores debidos. El comercio (el intercambio simultáneo de bienes no monetarios) sí existía, pero ocurría principalmente cuando había falta de confianza (por ejemplo, con extraños o enemigos), o cuando existía una gran posibilidad de que la deuda se olvidara o de que no se pudiera pagar fácilmente, como con comerciantes ambulantes.

El surgimiento del dinero para resolver el problema del pago de una deuda o favor tiene más sentido que el surgimiento del dinero como una solución para la *doble coincidencia de deseos*. De hecho, David Graeber detalla la existencia de sistemas de deuda y crédito antes del dinero, que como tal aparece antes que el trueque, en su fascinante e influyente libro *Deuda: Los primeros 5000 años.*[21]

Dinero mercancía

Con el dinero mercancía, el *token* físico que se tramita es *en sí* valioso; por ejemplo, los granos, que tienen un valor intrínseco, o los metales preciosos, que tienen un valor extrínseco.

Las buenas formas de dinero mercancía tienen un valor estable y conocido, y son relativamente fáciles de mantener e intercambiar, o de "gastar". También deben ser consistentes, y una unidad estandarizada facilita las cosas. Por ejemplo, cantidades estandarizadas de cereales o ganado, que tienen un valor intrínseco por ser comestibles, y los metales preciosos o las conchas, que tienen un valor extrínseco por ser tanto escasos como hermosos.

---

21 Graeber, David. Deuda: Los primeros 5000 años. Melville House Publishing, 2011

Nota: un argumento que a los defensores de las
criptomonedas les gusta usar es que los *tokens* deben
ser valiosos porque son escasos (¡Solo habrá 21 millones
de *bitcoins*, así que eso los hace valiosos!) Este no es un
argumento sólido. Algo puede ser escaso, pero eso no significa
que sea, o deba ser, valioso.

Debe haber uno o más factores subyacentes que lo hagan
deseable: belleza, utilidad o algo más. Y estos factores
subyacentes deben crear una demanda del artículo.
Los dos factores subyacentes en *Bitcoin* que crean una
demanda son que:

1. Es el instrumento de valor más reconocido que puede
   transmitirse por Internet sin necesidad de un permiso
   de intermediarios específicos.

2. Es resistente a la censura.

Dinero representativo

El dinero representativo es una forma de dinero cuyo valor
deriva de ser un *derecho* sobre algún artículo subyacente. Por
ejemplo, un recibo de un joyero por un poco de oro que tiene
bajo su custodia. El recibo podría pasarse a otra parte para
transferir ese valor. Se podría decir que el valor del *token* está
respaldado por el valor del activo subyacente. Las cuentas o
recibos (o "*tokens*") de almacenamiento están respaldados
por el valor de los bienes contenidos en el almacén y son
buenos ejemplos de dinero representativo.

El dinero representativo se diferencia del dinero mercancía
en que depende de un tercero (por ejemplo, el gerente del
almacén o el joyero) para poder suministrar el artículo

subyacente al canjear los *tokens*, por lo que existe cierto riesgo de contraparte: ¿Qué pasa si el tercero falla?

Los *tokens* del dinero representativo eran similares a los bonos al portador, donde la persona que tenía un papel tenía el derecho a reclamar el valor del activo subyacente (a veces a pedido, a veces en una fecha de vencimiento). Estos *tokens* se utilizaban como usamos el dinero en efectivo hoy en día para liquidar transacciones, y fueron un paso entre el uso del dinero mercancía (por ejemplo, monedas de metales preciosos) y la moneda fiduciaria.

Moneda fiduciaria

El dinero mercancía fue gradualmente reemplazado por el dinero representativo, que fue casi totalmente reemplazado por la "moneda fiduciaria". Todas las principales monedas soberanas reconocibles son fiduciarias. El dinero fiduciario o dinero *fiat* (que en latín significa "dejar que se haga") es dinero porque la ley lo dice, y no porque tenga valor fundamental o intrínseco. El dinero fiduciario no tiene valor intrínseco ni es convertible.[22] Los avisos en los billetes a menudo dicen algo así como "Prometo pagar al portador, a pedido, la suma de…" pero no llegará muy lejos si acude al emisor de la moneda fiduciaria, generalmente el banco central, y dice: "Oye, devuélveme parte del activo subyacente para esto".

En el mejor de los casos, obtendrá un billete nuevo.

---

22   Los bancos centrales sí guardan oro, activos financieros y monedas extranjeras; es solo que no prometen dárselos cuando usted se presente con un billete en la mano.

Entonces, ¿cómo y por qué son valiosas las monedas fiduciarias? Hay dos razones principales:

1. Son declaradas moneda de curso legal por ley, lo que significa que en esa jurisdicción legal deben aceptarse como el pago válido de una deuda. Por lo tanto, la gente las usa.

2. Los gobiernos solo aceptan sus propias monedas fiduciarias para los pagos de impuestos. Esto proporciona a las monedas fiduciarias una utilidad fundamental, ya que todos deben pagar impuestos.[23]

Según el diario *The Economist*, las criptomonedas tienen características fiduciarias[24] ya que simplemente se declara así, pero, hasta el día de hoy, las criptomonedas no han sido declaradas de curso legal en ningún país. Hablaremos del curso legal más adelante en el libro.

El dinero a través del tiempo

En esta sección, he tratado de elegir eventos interesantes en la historia del dinero que ayuden a formar un panorama de cómo llegamos a donde estamos.

9000 a.C.: el ganado, dinero mercancía

Las primeras formas de dinero mercancía fueron el ganado, especialmente el bovino, y los productos vegetales como los cereales. El ganado se ha usado como dinero mercancía desde, aproximadamente, el año 9000 a.C. Como tal, las

---

23   Bueno, excepto corporaciones y gente muy rica, al parecer ☺

24   https://www.economist.com/free-exchange/2017/09/22/bitcoin-is-fiat-money-too

vacas probablemente sean la forma más duradera, si no exitosa, de dinero. Se siguen utilizando en algunas partes del mundo. Por ejemplo, en marzo de 2018, se cree que 100 cabezas de res robadas en Kenia se utilizaron para pagar una dote.[25]

¿Una vaca pasaría las tres preguntas sobre "si es dinero" que a los economistas les gusta usar? La historia nos dice que las vacas son un medio de cambio, por lo tanto, marquemos esa casilla. Uno asumiría que, si se usa para comprar y vender cosas, la gente podría tener cierta idea del precio de otros objetos *en vacas*. De ser así, ¿eso convertiría a la vaca en una unidad de cuenta decente. ¿Pero es una reserva de valor? Mmm, hay algunas complejidades, como que el precio de las vacas varía según su raza y edad, y que las cabezas de ganado se pueden morir. Por otro lado, las vacas tienen algo así como una tasa de interés porque tienen la capacidad de reproducirse.

Entonces, mientras que una sola vaca puede no ser una buena reserva de valor, un rebaño sí puede serlo. Los economistas monetarios disfrutan discutiendo sobre este tipo de cosas.

3000 a.C.: bancos

Entre los años 3000 y 2000 a.C., se crearon los bancos en Babilonia, Mesopotamia, la tierra que ahora equivale aproximadamente a Irak, Kuwait y Siria. Los bancos evolucionaron a partir de los almacenes, que eran lugares para custodiar mercancías como el cereal, el ganado y los metales preciosos.

---

25   https://www.the-star.co.ke/news/2018/03/21/baringo-stolen-cattle-suspected-to-be-used-for-paying-dowry_c1733135

2200 a.c.: las pepitas de plata

Alrededor de 2250-2150 a.c., los lingotes de plata fueron estandarizados y garantizados por el estado en Capadocia (lo que hoy en día es Turquía), y esto ayudó a que fueran aceptados como dinero. La plata era el patrón de referencia por excelencia del precioso dinero de metal. Esto muestra un cambio interesante del uso de mercancías que claramente tienen un valor intrínseco (ganado y cereales que se pueden comer) al uso de mercancías que tienen un valor extrínseco debido a su escasez y durabilidad. Durante este cambio, podemos imaginar que las personas de ese entonces tenían discusiones como las que tenemos hoy sobre el *Bitcoin*. "Sí, pero la plata no tiene un valor *intrínseco*. No puedo alimentar a mi familia con plata". Así que, en la próxima cena, si se vuelve a tocar el tema del "valor intrínseco", podemos decir: "A ver, chicos, estamos discutiendo lo mismo desde el 2200 a.c.".

1800 a.c.: ¡Regulación!

Si quiere culpar a alguien por las regulaciones, culpen a Hammurabi, sexto rey de Babilonia, quien reinó entre 1792 y 1750 a.c. y elaboró el *Código de Hammurabi*. Este conjunto de leyes fue considerado en algún momento la primera legislación escrita en la historia de la humanidad y los 282 casos de jurisprudencia incluyen disposiciones económicas (precios, aranceles y comercio), derecho de familia (matrimonio y divorcio), así como derecho penal (asalto, robo) y derecho civil (esclavitud, deuda). También incluía las primeras leyes para operaciones bancarias.

Código de Hammurabi en una tableta de arcilla. Fuente: Wikimedia.[26]

Solo piénselo: esos libertarios que proclaman que la regulación es innecesaria, pero luego exigen que se haga algo cuando pierden dinero en estafas de criptomonedas, ¡apenas están descubriendo el valor de las reglas que han existido desde que las leyes se redactaron por primera vez!

1200 a.C.: las conchas como dinero

En 1200 a.C., las conchas de los caracoles cauri eran usadas como dinero en China. Los cauris son caracoles de mar, encontrados más comúnmente en las orillas del Océano Índico y en las aguas del sudeste asiático. Wikipedia describe los cauris como:

---

un grupo de pequeños a grandes caracoles marinos,
moluscos gasterópodos marinos de la familia Cypraeidae,
los cauris. La palabra cauri también se usa con frecuencia
para hacer referencia solo a las conchas de estos
caracoles, que a menudo tienen forma parecida a un
huevo, excepto que son planos en la parte inferior.

Un cauri vivo. Fuente: Wikipedia.[27]

Según el Registro Mundial de Especies Marinas[28] (WORMS, en inglés), la nomenclatura zoológica de los cauris es Monetaria Moneta (Linnaeus, 1758). ¡Este caracol de mar representa tanto al "dinero" que los científicos lo llamaron "dinero dinero"!

De hecho, los chinos llamaron a estas criaturas "dinero" mucho antes de que los occidentales lo hicieran: el radical 貝 (贝 en chino simplificado y pronunciado bèi), significa concha

---

27   https://en.wikipedia.org/wiki/Cowry

28   http://www.marinespecies.org/aphia.php?p=taxdetails&id=216838

o moneda, e incluso se ve como un cauri. Las palabras y caracteres chinos relacionados con el dinero, la propiedad o la riqueza a menudo usan este radical.

Conchas de cauri. Fuente: Wikipedia.[29]

Como con el ganado, la práctica de usar conchas de cauri como dinero sobrevivió hasta los años 1950, en algunas partes de África.

700-600 a.C.: monedas de metal mixto

Entre 640 y 630 a.C., vemos las primeras muestras de monedas en Lidia (hoy, Turquía), que era un centro de comercio con grandes provisiones de oro. Las primeras monedas estaban hechas de una mezcla natural de oro y plata llamada electro. ¡No es coincidencia que una de las primeras

---

29   https://en.wikipedia.org/wiki/Shell_money

y populares billeteras de *Bitcoin*, creada en 2011 por Thomas
Voegtlin, también se llame Electrum![30]

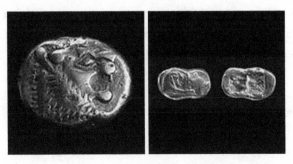

Lydian coins. Fuente: britishmuseum.org[31]

Según el Museo Británico, estas monedas no eran totalmente
redondas, sino que se crearon con diversos pesos estándar. Se
cree que, para muchas de las transacciones, las monedas eran
pesadas y no contadas para varias transacciones.

600-300 a.c.: monedas redondas

Las primeras monedas redondas surgieron en China,
hechas de metales comunes (no preciosos). Aún eran dinero
mercancía, por lo que su valor estaba en el valor del metal,
que era poco. Su poco valor significaba que las monedas eran
útiles para realizar transacciones cotidianas.

c. 550 a.C.: monedas de metales preciosos puros

Lidia, que debió de haber sido el Silicon Valley de la Edad de
Hierro, siguió innovando y produciendo monedas de plata y

---

30   https://electrum.org

31   http://britishmuseum.org/explore/themes/money/the_origins_of_coinage

oro por separado, cuyo uso comenzó a extenderse. Supongo que este es uno de los primeros ejemplos de "FinTech" (tecnología aspx financiera): usar tecnología para inventar nuevos instrumentos financieros. La próxima vez que un banquero proclame que ellos fueron los pioneros del FinTech, iles puede decir que los lidios llegaron primero en 550 a.c.!

Según Amelia Dowler, curadora del Museo Británico,

> *La plata era más accesible que el oro y, por su menor valor, podía ser usada para transacciones más pequeñas, por lo que era mejor en el mercado. Por lo tanto, fueron las monedas de plata las que rápidamente ganaron popularidad y, durante el siglo VI a.c., se abrieron casas de moneda en las ciudades griegas de todo el Mediterráneo.*

Fuente: bbc.co.uk[32]

405 a.C.: primer ejemplo de la Ley de Gresham

En el año 405 a.c. se produjo la famosa sátira política de Aristófanes, *Las ranas*. En ella se cuentan las aventuras de Dionisio y su esclavo tratando de lograr que el ingenioso poeta Eurípides volviera desde el infamando a Atenas, que se había vuelto aburrida. La obra contiene el primer ejemplo conocido de la Ley de Gresham: *que el dinero malo desplaza al bueno*. Esto significa que usted va a preferir guardar el dinero bueno, o más valioso, y gastar el dinero malo, o menos valioso, si otros lo aceptan. Por lo tanto, si puede elegir entre gastar una moneda de oro devaluado (mezclado con otros metales comunes), y ambas tienen el mismo valor *nominal*,

---

32   http://www.bbc.co.uk/ahistoryoftheworld/objects/7cEz771FSeOLptGIElaquA

por supuesto que elegirá gastar la moneda devaluada, y la
moneda buena desaparece de circulación.

He aquí el Coro, lamentando que ahora usan nuevas monedas
de cobre feas en lugar de las anteriores monedas de oro, y
con un ligero sentimiento en contra de los migrantes para
dar el toque:

*Muchas veces he notado que en nuestra ciudad sucede con
los buenos y malos ciudadanos lo mismo que con las piezas
de oro antiguas y modernas. Las primeras no falsificadas, y
las mejores sin disputa por su buen cuño y excelente sonido,
son corrientes en todas partes entre griegos y bárbaros,
y sin embargo no las usamos para nada, prefiriendo esas
detestables piezas de cobre, recientemente acuñadas,
cuya mala ley es notoria. Del mismo modo despreciamos
y ultrajamos a cuantos ciudadanos sabemos que son
nobles, modestos, justos, buenos, honrados, hábiles en la
palestra, en las danzas y en la música, y preferimos para
todos los cargos a hombres sin vergüenza, extranjeros,
esclavos, bribones de mala ralea, advenedizos, que antes la
república no hubiera admitido ni para víctimas expiatorias.*

Fuente: libertyfund.org[33]

345 a.C.: orígenes de las palabras casa de la moneda y "moneda"

En el centro de Roma se construyó un templo dedicado a
la diosa Juno Moneta. Juno era la diosa de la protección y
Moneta se deriva del latín *monere*, que significa "advertir o

---

33   https://oll.libertyfund.org/page/images-of-liberty-and-power-ludwig-
mises-greshams-law-and-ancient-greek-silver-coins

aconsejar". Se dice que la diosa Junio hizo advertencias o dio consejos, al menos en un par de ocasiones. Primero, cuando los galos saquearon Roma en 390 a.c., los gansos sagrados de Juno advirtieron al comandante romano Marcus Manlius Capitolinus que los galos se acercaban, permitiéndole proteger el Capitolio. En segundo lugar, durante un terremoto, cuando una voz que salía del templo aconsejó a los romanos sacrificar a una cerda preñada.[34]

A partir del 269 a.c., la casa de la moneda romana se ubicó en este templo y duró varios siglos. Así que las expresiones "casa de moneda" y "moneda" se derivan de Juno Moneta.

336–323 a.C.: paridad entre oro y plata

Alejandro el Grande simplificó el tipo de cambio de plata a oro al declarar un tipo de cambio fijo de diez unidades de plata equivalentes a una unidad de oro. Pero esta paridad fracasó con el tiempo.

En efecto, los estadounidenses intentaron hacer lo mismo en el siglo XVIII, tasas de 15:1 y 16:1. Luego hablaremos de lo que es la paridad de las monedas, cómo se maneja y cuán difícil es de mantener. Este punto es relevante en la actualidad porque hay muchos intentos de crear una criptomoneda "estable", algunos de los cuales dependen de una entidad o de un contrato inteligente automatizado para defender una paridad al comprar cuando el precio está muy bajo y vender cuando el precio está muy alto.

---

34   NB Aunque esta historia particular no es universalmente aceptada por académicos e historiadores, pero involucra la historia de las palabras "casa de la moneda" y "moneda" y pensé que valía la pena incluirla. Visite: https://penelope.uchicago.edu/Thayer/E/Gazetteer/Places/Europe/Italy/Lazio/Roma/Rome/_Texts/PLATOP*/Aedes_Junonis_Monetae.html

323-30 a.C.: recibos de almacén: dinero representativo

Ptolomeo, guardia griego de Alejandro el Grande, se estableció como gobernante de Egipto. Creó una dinastía que gobernó Egipto hasta el fallecimiento de Cleopatra con la conquista romana del año 30 a.c. Los ptolomeos, como se conocía a los gobernantes, establecieron un sistema de cuentas de almacén en el que se podía pagar deudas transfiriendo la propiedad del grano de un dueño a otro sin mover físicamente el grano almacenado dentro.

118 a.C.: billetes de cuero

En China se usaban cuadrados de cuero de venado blanco con bordes de colores como dinero. Este quizás sea el primer tipo de billete documentado. Luego, China experimentaría con billetes de papel, los que dejaron de usar por unos cientos de años antes de volverlos a usar.

30 a.C.–14 d.C.: ¡reforma tributaria!

Augusto César, hijo adoptivo de Julio César, extendió el cobro de impuestos de Roma a las provincias, regularizando las cargas impositivas que, hasta entonces, se habían descentralizado a las provincias. Él introdujo los impuestos a las ventas, a la tierra y de capitación. Estos impuestos no eran universalmente impopulares, especialmente en las provincias, donde los impuestos hasta entonces habían sido algo arbitrarios. Si usted odia pagar impuestos, probablemente odie más aún pagar impuestos arbitrarios con frecuencias arbitrarias. Augusto César también emitió monedas nuevas de oro, plata, bronce y cobre casi puros.

Hacia 270 d.C.: devaluación e inflación

En los siguientes 300 años, el contenido de plata en las monedas romanas cayó del 100 % al 4 %. ¡Vaya devaluación! Pero como vimos anteriormente, el valor del dólar estadounidense ha caído 96 % en un tercio del tiempo.[35] Los intentos de líderes como el emperador Aurelio por purificar las monedas fracasaron ya que, siguiendo la lógica de la Ley de Gresham, y la gente hizo circular sus monedas devaluadas y acumuló las puras.

306–337 d.C.: oro para los ricos, monedas envilecidas para los pobres

Constantino, el primer gobernador romano cristiano, emitió una nueva moneda de oro, el *solidus*, que fue usado exitosamente y sin devaluación durante los siguientes 700 años, lo que fue un tremendo logro. Sin embargo, también produjo monedas envilecidas de plata y cobre. De esta manera, los ricos podían usar las lindas monedas de oro brillante que mantenían su valor, mientras que los pobres usaban las monedas que constantemente perdían valor. ¿Sorprendente?

c. 435 d.C.: no más monedas para los británicos durante 200 años

¡Los anglosajones invadieron Gran Bretaña y las monedas dejaron de usarse como dinero durante 200 años! Resulta que el dinero puede estar o no a la moda, dependiendo de la política en determinado momento. Solo porque crecemos

---

35   Esta no es una comparación homogénea, ya que no sabemos cómo cambió el poder adquisitivo de esas monedas en ese período.

con un tipo de dinero no significa que este va a durar
para siempre.

806–821 d.C.: dinero fiduciario en China

Debido a una escasez de cobre, el emperador chino Hien
Tsung emitió billetes para los comerciantes que querían hacer
grandes pagos sin el inconveniente de usar pesadas monedas.
En los siguientes cientos de años hubo mucha sobreimpresión
e inflación, lo que causó que el papel moneda se depreciara
en comparación con los metales. Este es un tema del que
escuchamos una y otra vez.

El papel moneda llegó a Europa a través de Marco Polo, un
veneciano que realizó numerosos viajes y supo del papel
moneda por sus viajes a China entre 1275 y 1292.

El papel moneda solo se usó en China por unos cuantos años,
durante los cuales la inflación la inflación se disparó debido a
la impresión descontrolada. En los años 1400, aparentemente
dejaron de usar papel moneda durante unos cientos de años.

1300: los peniques británicos se encogieron
dos veces

En 1344 y 1351, en dos oportunidades separadas, el rey
Eduardo III redujo el tamaño y la calidad del penique. El rey
era dueño de las casas de moneda, así que un penique más
pequeño y menos fino significaba que el rey podía emitir más
peniques con la misma cantidad de metal, lo que significaba
más ganancias o *señoreaje* para el rey.

La devaluación de todas las formas de dinero que no sean
dinero mercancía parece ser un tema común en la historia.

1560: ¡Ley de Gresham!

Otro año, otra reforma monetaria: esta vez, la reina Isabel I retiró y fundió monedas, separando los metales comunes de los metales preciosos. Thomas Gresham se convirtió en asesor de la reina y se dio cuenta de que el dinero malo desplazaba al bueno.

1600: el auge de los orfebres

Los orfebres en Gran Bretaña se convirtieron en banqueros, ya que sus bóvedas eran utilizadas para almacenar monedas, y sus billetes y recibos se convirtieron en un método de pago conveniente.

1660: el banco central

El banco central más antiguo del mundo, Sveriges Riksbank, fue creado en Suecia. Al principio, el banco estaba prohibido de emitir billetes por las lecciones aprendidas del Stockholms Banco, el primer banco sueco. Stockholms Banco emitió los primeros billetes de Europa, pero se dejó llevar y emitió más de los que se podía canjear, una técnica de creación conocida como banca de reserva fraccionaria. Stockholms Banco quebró cuando los titulares de los billetes quisieron recuperar las monedas de metal subyacentes. En 1668 se fundó el Sveriges Riksbank y, luego, en 1701 se le permitió emitir billetes, entonces llamados notas de crédito. Obtuvo exclusividad para la impresión de billetes 200 años después, en 1897, con la primera Ley Riksbank.

La sede del Riksbank en Järntorget, en el casco
antiguo de Estocolmo. Fuente: Riksbank.[36]

El Riksbank se destaca por su actitud hacia la innovación: en
julio de 2009 fue el primer banco central en cobrar dinero a
los bancos comerciales por mantener los depósitos a un día,
en lugar de pagar intereses, lo que llevó la tasa de depósitos
a un día hasta el -0,25 % (anualizado). Profundizó esta tasa
de interés, así como otras tasas asociadas, en 2014 y 2015.
Este fue un esfuerzo por estimular la economía fomentando
préstamos y gastos de dinero en lugar de la acumulación,
cuando la expansión cuantitativa no estaba teniendo el
efecto deseado.

1727: ¡sobregiros!

Se fundó el Royal Bank of Scotland, introduciendo un servicio
de sobregiros, mediante el cual ciertos solicitantes podían

---

36   https://www.riksbank.se/en-gb/about-the-riksbank/history/historical-
timeline/1600-1699/first-building-of-its-own/

tomar prestado dinero, hasta un cierto límite, y se les cobraba intereses solo por el monto retirado, en lugar de por el monto completo. Esta era una forma de FinTech.

1800–1860: depreciación del cauri

Este es un gran ejemplo de cómo la oferta de dinero causa inflación de precios: cuando las conchas de cauri se introdujeron por primera vez en Uganda, alrededor de 1800, se podía comprar una mujer por dos conchas. Durante los siguientes 60 años, cuando se empezó a importar conchas a gran escala, los precios aumentaron y, para 1860, comprar a una mujer costaba mil conchas.

Piedras rai

Ninguna historia del dinero estaría completa si no se mencionaran a las piedras rai (a veces llamadas fei), que aún se usan en la isla de Yap.

Yap es una pequeña isla en los Estados Federados de Micronesia, aproximadamente a 2000 km al este de Manila, Filipinas. Es conocida por sus magníficos lugares para el buceo y sus piedras rai. Las piedras rai son discos de piedra grandes y circulares con un agujero en el centro, para ayudar con el transporte. Están hechas de piedras extraídas de la isla de Palau, a unos 400 km de distancia, llevadas en canoa con un cierto esfuerzo y que son usadas hasta el día de hoy como dinero.

En una entrevista con la BBC, John Tharngan, funcionario de preservación histórica,[37] explica el origen de las piedras rai:

> *Varios cientos de años atrás, algunas personas de Yap salieron en un viaje de pesca y llegaron accidentalmente a Palau. Vieron las estructuras de piedra caliza que se producían naturalmente en esa isla y pensaron que se veían muy bien. Rompieron un trozo de piedra y lo tallaron con herramientas hechas de concha. Llevaron a casa una piedra con forma de ballena, que en yapese se llama "rai", y de ahí proviene la palabra.*

Hay piedras rai de todos los tamaños, desde unos palmos hasta más de tres metros de diámetro, y su valor se basa principalmente en su historia, pero también en su tamaño y su acabado. Según el excelente blog Moneyness,[38] del economista monetario JP Koning, W.H. Furness, quien pasó un año en la isla, escribió en su libro de 1910 *The Island of Stone Money, Uap of the Carolines*:

---

37 http://news.bbc.co.uk/hi/english/static/road_to_riches/prog2/tharngan.stm

38 https://jpkoning.blogspot.sg/2013/01/yap-stones-and-myth-of-fiat-money.html

*Una rai del largo de tres palmos y de buena blancura y forma debería comprar cincuenta canastas de comida (una canasta mide, aproximadamente, 46 cm de largo y 25 cm de profundidad, y los alimentos son raíces de taro, cocos, batatas y plátanos; o vale un cerdo de 36 o 45 kilos, o mil cocos, o una concha de perla del largo de una mano más el ancho de tres dedos hasta la muñeca. Intercambié un hacha pequeña de mango corto por una rai de buen blanco y cincuenta centímetros de diámetro. Por otra **rai**, un poco más grande, les di una bolsa de 23 kilos de arroz... me dijeron que una **rai** con un buen acabado, de unos 120 cm, es el precio que generalmente se paga a los padres o al jefe de la aldea como compensación por robar una **mispil** [mujer].*

En cuanto a registrar los cambios de propiedad de estas inmanejables piezas, Tharngan comenta:

No es difícil saber quién es el propietario de cuál pieza porque todas las piezas junto a una casa suelen pertenecer a esa casa. Todas las piezas que se encuentran en las áreas de baile sí cambian de propietario cada cierto tiempo, pero el cambio siempre se hace en público, frente a los jefes o los ancianos, de manera que todos recuerdan qué pertenece a quién.

También está el caso de una gran piedra que se perdió en el mar, caso registrado por Furness, quien escuchó la leyenda contada por un adivino y exorcista local. El adivino le dijo a Furness que hacía unas cuantas generaciones, una gran piedra se había perdido en el mar, y que, aunque no estaba físicamente presente y nadie la podía ver, los reclamos sobre la propiedad de la piedra seguían teniendo valor.

El caso particular de la piedra *rai* en particular es usado por
algunos economistas como un ejemplo de dinero fiduciario
que existe en las sociedades primitivas. Sin embargo, Dror
Goldberg negó en su artículo del 2005, *Famous Myths of
Fiat Money*,[39] que fuera fiduciario. No había evidencia de que
esta piedra fuera usada en el comercio, ya que la propiedad
permanecía en la familia, y el valor de la piedra perdida fue
acordado por la comunidad, no mediante un decreto legal.
Goldberg sostiene que las piedras rai tienen valor legal,
histórico, religioso, estético y sentimental, y, por lo tanto, no
son fiduciarias. Además, no hay buenos ejemplos de dinero
fiduciario en las sociedades primitivas.

1913: nacimiento del Sistema de Reserva Federal de los Estados Unidos

En 1913, la Ley de la Reserva Federal fue promulgada en EE.
UU. Esta ley creó el Sistema de Reserva Federal, el sistema de
banca central de EE.UU. La ley fue redactada por influyentes
banqueros comerciales y otorgó al banco central el monopolio
sobre el precio y la cantidad de dinero existente; asimismo,
tenía el mandato de maximizar el empleo y garantizar la
estabilidad de precios. El sistema tiene componentes del
sector público y del sector privado, y los Bancos de Reserva
Federales regionales son propiedad de los grandes bancos
privados de los EE.UU. Hablamos en mayor detalle sobre la
Reserva Federal en el Anexo.

El dólar estadounidense se mantuvo en un patrón oro durante
un tiempo bajo el Sistema de Reserva Federal, como veremos
en la sección sobre los patrones oro.

---

39 https://www.scribd.com/document/149418119/Famous-Myths-of-Fiat-
Money

1999: el euro

El 1 de enero de 1999, el euro se convirtió oficialmente en la moneda de los estados miembro de la Unión Europea: Bélgica, Alemania, España, Francia, Irlanda, Italia, Luxemburgo, Países Bajos, Austria, Portugal y Finlandia. Los billetes y monedas en euros entraron en circulación en 2002. Esta es la moneda oficial de diecinueve de los veintiocho estados que actualmente forman parte de la UE, seis países fuera de la jurisdicción de la UE y varias otras entidades no soberanas.

2009: ¡*Bitcoin*!

El 3 de enero de 2009 nació, o fue minado, el primer *Bitcoin*. ¿Cómo se relaciona el *Bitcoin* con el dinero? Hablaremos del *Bitcoin* en mayor profundidad más adelante, pero primero se le describió como una "criptomoneda". Y solo por la palabra "moneda" la gente empezó a pensar... *¿es dinero? ¿cumple con las tres funciones tradicionales del dinero? ¿qué es el dinero de todos modos? ¿el Bitcoin cuenta?*

Definir el *Bitcoin* es una actividad popular para los reguladores y legisladores que necesitan determinar si los *bitcoins* están dentro de su competencia o no. Sospecho que las cosas hubieran sido diferentes si el *Bitcoin* hubiera sido inicialmente definido como una "criptomercancía" o un "criptoactivo". Resulta que es difícil hacer que el *Bitcoin* encaje en las categorías existentes, por lo que quizás pertenezca a una nueva clase de activo, junto con otras criptocosas.

El hecho es que la definición de *Bitcoin* no importa para nuestros objetivos. No importa cómo defina el dinero, no importa si *Bitcoin* cumple con los requisitos o no. *Bitcoin* tiene algunas características que, desde un ángulo, lo hacen parecer dinero y, desde otro ángulo, lo hacen parecer una mercancía como el oro.

El dinero está en el ojo de quien lo ve. Hoy en día, tenemos tantas formas de dinero, todas con características y compensaciones ligeramente diferentes, que el *Bitcoin* y sus hermanos pueden llevarse bien con las demás, y lo harán.

Dinero suficientemente bueno

Me gusta usar el concepto de "dinero suficientemente bueno". Si el dinero que usted quiere usar es suficientemente bueno para sus fines, entonces está bien. Por ejemplo, cuando tomo prestado efectivo de mis colegas para comprar mi almuerzo, a veces les pago con *créditos de Grab*.

Grab es una aplicación de transporte similar a Uber, pero ubicada en Asia, y también tiene una función de billetera que usted recarga con su tarjeta de crédito o débito. Los créditos están denominados en moneda local y pueden ser usados para pagar por sus recorridos, pueden ser enviados a otros usuarios o pueden usarse para pagar por productos en algunas tiendas. Algunos de mis colegas usan Grab para sus taxis, así que pagarles en créditos de Grab está bien para mí y bien para ellos. Por lo tanto, los créditos de Grab son "dinero suficientemente bueno" en lo que a nosotros respecta para ese uso de pequeña denominación en particular. Pero no podría comprar una casa con créditos de Grab y una compañía tampoco pagaría una factura considerable con ellos. En esas situaciones no se trataría de "dinero suficientemente bueno".

Aparentemente, las personas y las empresas aceptarían una amplia variedad de formas de dinero mientras puedan dar *el siguiente* paso con él, ya sea pagar un taxi, cancelar facturas o ahorrarlo para una apreciación de valor en el largo plazo.

Los patrones oro

Algunas personas hablan del Patrón Oro. De hecho, no existe algo como el patrón oro. Hay algunos *tipos* de patrón oro:

1. **Patrón moneda de oro.** Las monedas están hechas de oro y tienen cierto peso y pureza en unidades estándar convenientes en lugar de formas, tamaños y pesos aleatorios. Esto se llama *patrón moneda de oro*. La palabra original en latín, *specie*, significa "la forma real". Este es dinero mercancía.

2. **Patrón lingotes de oro.** Los billetes (pedazos de papel) son canjeables o *convertibles* en el emisor (por lo general, el banco central) por oro, generalmente en la forma de lingotes de oro (esto significa barras de oro de ciertos pesos y purezas estándar). A esto se le llama *patrón lingotes* oro. Esto es dinero representativo.

3. **Patrón lingotes de oro no convertible.** Es cuando el emisor declara que su moneda vale cierta cantidad de oro, pero no le permite a usted intercambiar su dinero por oro. Esto empieza a hacer borrosas las líneas que separan el dinero representativo del dinero fiduciario.

Cuando las personas hablan del patrón oro, por lo general se refieren al patrón lingotes de oro, en el que un billete representa una *cantidad definida* de oro y puede ser canjeado por ella. El emisor de la moneda, que por lo general es el banco central, iguala su moneda a un peso fijo en oro puro o fino y le dice al mundo que intercambiará una unidad

de moneda por cierta cantidad de oro almacenado en
sus bóvedas.

Esta es una paridad cambiaria, que vimos anteriormente,
y significa que el banco debe tener oro en sus bóvedas para
seguir siendo creíble y promete permitir a las personas
canjear sus billetes por oro. La cantidad de oro que usted
tiene en sus bóvedas es irrelevante si no deja que las personas
canjeen sus billetes.

Cuando unos cuantos países adoptan un patrón oro, se puede
hablar de paridad efectiva de las tasas de cambio entre sus
respectivas monedas. En teoría, usted siempre puede vender
una moneda por oro y luego comprar una cantidad conocida
de otra moneda con "patrón oro" con él. Por lo tanto, las tasas
de paridad del oro también determinan las tasas de cambio
de moneda a moneda. Antes de la Primera Guerra Mundial,
la tasa de cambio efectiva entre el dólar estadounidense y la
libra esterlina era $4,8665 por £1 porque ambas monedas
tenían un patrón oro. Por supuesto, hay costos y riesgos
involucrados en las transacciones, el almacenamiento y el
transporte del oro, por lo que es una paridad efectiva con
cierto margen de maniobra, en lugar de una paridad absoluta.

Antes de ver un ejemplo de patrón oro, aclaremos algo de
terminología. El oro y la plata se miden por peso (o masa,
para ser pedante). Las unidades son *granos* y *onzas troy*.
Hay 480 granos en una onza troy y doce onzas troy en una
libra troy. En términos del patrón, esto significa que una onza
troy pesa 31,10 gramos, aproximadamente 10 % más pesada
que una onza "normal" (o *avoirdupois*) de 28,35 gramos.
Los viejos hábitos tardan en morir: la onza troy sigue siendo
la medida usada hoy para asignar un precio al oro y a otros
metales preciosos.

El pequeño disco dorado cerca al marcador de 5 cm es una pieza
de oro puro que pesa un grano troy. Fuente: Wikipedia.[40]

Patrón oro en los Estados Unidos

A pesar de que varios países han intentado lograr la paridad
de sus monedas con el oro, la historia de EE. UU. ha sido
interesante. De acuerdo con el libro *Brief History of the Gold
Standard in the United States*,[41] publicado por el Servicio
de Investigación del Congreso, Estados Unidos atravesó por
numerosos períodos con múltiples intentos por lograr la
paridad del dólar estadounidense con el oro. Con el tiempo,
todos fracasaron. Veamos qué pasó.

1792–1834, patrón moneda bimetálica: Existieron
monedas de oro (águilas de $10 y cuartos águila de $2,50)
y de plata estandarizadas, acuñadas por el gobierno. La
definición de un dólar se basaba en un cierto peso de plata o
cierto peso de oro que valoraba los metales en una proporción

---

40   https://en.wikipedia.org/wiki/Grain_(unit)

41   https://fas.org/sgp/crs/misc/R41887.pdf

de 15:1. Los mercados internacionales valoraban el oro un poco más de lo que implicaba la paridad de EE. UU., de manera que las monedas de oro salían de EE. UU., dejando a EE. UU. con el uso de, principalmente, monedas de plata.

1834–1862, la plata sale de EE. UU.: Estados Unidos cambió su proporción a 16:1 acuñando monedas de oro con un poco menos de oro. Los mercados internacionales ahora usan un poco más de plata de lo que implica esta proporción. Por lo tanto, las monedas de plata salieron de EE. UU., que usó, principalmente, las monedas nuevas de oro con menos oro. ¡Es difícil lograr la paridad en artículos que se comercializan en mercados del exterior!

1862, el caos de la Guerra Civil y el papel moneda fiduciario: El gobierno de los Estados Unidos emitió billetes de dólares llamados "greenbacks" [dólares verdes]. Los *greenbacks* eran billetes declarados de curso legal, pero no se podían convertir a oro o plata. Esto sacó a EE. UU. del patrón metálico y lo pasó al papel moneda fiduciario. El dólar perdió valor en el mercado y las personas preferían guardar 23,22 granos de oro más que un dólar.

1879–1933, un verdadero patrón oro: Un dólar se redefinió en términos del peso del oro de la preguerra (pero no de la plata) de $20,67 por onza troy. El Tesoro emitió monedas de oro y billetes de oro convertibles (canjeables), y los *greenbacks*, una vez más, se pudieron canjear por oro. El Sistema de la Reserva Federal se creó en 1913.

Permítanme divagar solo para divertirnos un poco. Este era un período político difícil que coincidió con el nacimiento del populismo en los Estados Unidos. De hecho, el libro de L. Frank Baum, *El maravilloso mago de Oz* es visto por algunos como una ingeniosa sátira política, una parábola sobre el populismo y un comentario sobre la política monetaria. Las referencias son muchas. ¿El camino de ladrillo amarillo? Oro. ¿Las zapatillas de rubí? En el libro estaban hechas de plata y eran una referencia a la demanda populista para que se "acuñe, gratis y sin límite, monedas de oro y plata" en una proporción 16:1. ¿El espantapájaros? Agricultores que no eran tan débiles como se pensaba. ¿El hombre de hojalata? Trabajadores industriales. ¿Monos voladores? Indios de las praderas. ¿El león miedoso? William Jennings Bryan, representante de Nebraska en el Congreso y posteriormente candidato presidencial. ¿La Ciudad Esmeralda, donde vive el mago? Washington D.C. El mago, ¿un anciano que obtiene su poder mediante engaños? Bueno, elija a cualquier político en Washington. Ahora, ¿pueden adivinar a qué hace referencia "Oz"? Sí, a la unidad para pesar metales preciosos. En su fascinante ensayo "Money and Politics in the Land of Oz,"[42] Quentin P. Taylor, profesor de historia en Rogers State College, habla de estas analogías con mayor detalle.

1934–1973: el *New Deal* [literalmente, Nuevo Trato] y el fin del verdadero patrón oro. La Ley de Reserva de Oro de 1934 devaluó el dólar de $20,67 a $35 por onza troy y puso fin a la convertibilidad para los ciudadanos. "La libre circulación de monedas de oro es innecesaria", dijo el presidente Franklin Roosevelt al Congreso, insistiendo en que la transferencia de oro "solo es esencial para el pago de balanzas comerciales internacionales". La Ley de Reserva de Oro proscribió la posesión privada de oro, lo que obligó a las personas a venderlo al Tesoro. Aquellos a quienes se les descubría acumulando oro en monedas o lingotes podía ser

---

42   http://www.independent.org/publications/tir/article.asp?id=504

castigado con una multa de hasta $10 000 y/o cárcel. Según
Wikipedia:[43]

> Un año antes, en 1933, la Orden Ejecutiva 6102 había
> tipificado como delito que los ciudadanos estadounidenses
> posean o intercambien oro en cualquier parte del mundo,
> con excepción de algunas joyas y monedas de colección.
> Estas prohibiciones se relajaron a partir de 1964 y, el 24 de
> abril de ese año, se volvió a permitir que los inversionistas
> privados tuvieran certificados de oro, aunque la obligación
> de pagar al titular del certificado, a pedido, en oro no
> se cumplió. En 1975, los estadounidenses nuevamente
> pudieron poseer y comercializar oro libremente.

Este patrón cuasioro se mantuvo bajo el acuerdo monetario
internacional Bretton Woods de 1944. El acuerdo Bretton
Woods se explica con mayor detalle más adelante.

1971: La administración Nixon dejó de convertir libremente
dólares a su tasa de cambio oficial de $35 por onza troy. Esto
puso fin al acuerdo Breton Woods efectivamente.

1972: El dólar se devaluó de $35 a $38 por onza troy.

1973: El dólar se devaluó de $38 a $42,22 por onza troy.

1974: El presidente Gerald Ford volvió a permitir la
propiedad privada del oro en los Estados Unidos.

1976: Se abandonó el patrón oro en EE. UU.: el dólar
estadounidense se convirtió en dinero fiduciario puro.

---

43   https://en.wikipedia.org/wiki/Gold_Reserve_Act

Entonces, las personas hablan del patrón oro, pero seamos realistas: no se trata realmente de patrón oro si (a) las personas no pueden canjear sus dólares por oro y (b)) siguen cambiando la tasa. Resulta que implementar un patrón oro es difícil, ¡incluso si usted puede encarcelar a alguien por poseer oro!

Moneda fiduciaria y valor intrínseco

"Sí, pero el *Bitcoin* no tiene valor *intrínseco*", es un comentario que escucho mucho de personas que tratan de entender por qué el *Bitcoin* tiene un precio.

Sin embargo, no es un argumento muy bueno en contra del *Bitcoin*. Las monedas fiduciarias (USD, GBP, EUR, etc.) tampoco tienen valor intrínseco. De hecho, las monedas fiduciarias se definen por no tener valor intrínseco.

Vale la pena repetirlo. *Las monedas fiduciarias no tienen valor intrínseco.*

¡Pero eso está bien! En el sitio web del Banco Central Europeo (ECB)[44] se puede leer:

> *Los billetes y monedas en euros son dinero, pero también lo es el saldo en una cuenta bancaria. ¿Qué es el dinero en realidad? ¿Cómo se crea y cuál es el papel del ECB?*

---

44   https://www.ecb.europa.eu/explainers/tell-me-more/html/what_is_money.en.html

La cambiante esencia del dinero

La naturaleza del dinero ha evolucionado con el tiempo. Las primeras formas de dinero eran, por lo general, dinero mercancía, un objeto hecho de algo con valor de mercado, como una moneda de oro. Luego, el dinero representativo consistió en billetes que podían ser intercambiados por cierta cantidad de oro o plata. Las economías modernas, incluyendo la zona del euro, se basan en dinero fiduciaria. Este es dinero que se declara de curso legal y lo emite un banco central, pero, a diferencia del dinero representativo, no puede convertirse en, por ejemplo, un peso fijo de oro. No tiene valor intrínseco (el papel usado para los billetes, en principio, no tiene valor) pero se sigue aceptando a cambio de bienes y servicios porque las personas confían en que el banco central preservará el valor del dinero a lo largo del tiempo. Si los bancos centrales fallaran en esta tarea, el dinero fiduciario perdería su aceptabilidad general como medio de cambio y su atractivo como reserva de valor.

La St. Louis Fed, en el episodio nueve de un podcast llamado *Functions of Money—The Economic Lowdown Podcast Series*, dice:

> *El dinero fiduciario es dinero que no tiene valor intrínseco y no representa un activo en una bóveda en algún lugar. Su valor proviene de ser declarado "de curso legal", una forma aceptable de pago, por el gobierno del país que lo emite.*

Así que la próxima vez que alguien mencione el valor intrínseco, trate de ser paciente y explíquele que el valor intrínseco realmente no importa. Lo que importa es si hay *utilidad* en el activo. ¿Qué tan útil es? Bueno, la moneda fiduciaria es útil, al menos porque es el instrumento de pago con el que paga sus impuestos al estado, y más ampliamente porque es de curso legal y debe ser aceptado por los comerciantes.

Si usted no paga sus impuestos va a prisión o algo peor. Entonces, algunos afirman que la moneda fiduciaria está respaldada por la amenaza de violencia de parte del estado. Otros dicen que la moneda fiduciaria está respaldada por la confianza en las instituciones del estado, lo que es *ligeramente* vago, ¿no cree? Pero, al menos, tiene algo de sentido, a diferencia de la criptomoneda favorita: *"Bitcoin* está respaldado por las matemáticas", lo cual es completamente absurdo. Aunque al principio suene profundo, no se detenga a pensar en lo que significa. Las matemáticas se usan para determinar qué transacciones son válidas y cuáles no, y se usan para controlar la velocidad a la que se crean los *bitcoins*, pero esto no es un "respaldo" en el sentido de que un bono está respaldado por la empresa que lo emite o un dólar estadounidense está respaldado por activos en el balance de la Reserva Federal, o una empresa emergente está respaldada por un capitalista de riesgo.

Moneda de curso legal

Cuando una moneda es declarada de curso legal significa que, por estatuto (por ley), las personas deben aceptarla como mecanismo de pago para cumplir con una obligación financiera y que usted puede pagar sus impuestos con ella.[45]

---

45 En pro de la integridad, debo agregar que hay excepciones y disposiciones para poder aceptar transacciones privadas siempre que se acuerden bilateralmente.

No todos los billetes y monedas son de curso legal en todas las circunstancias. Las monedas, en general, no son de curso legal fuera de su jurisdicción de origen. Por ejemplo, alguien en el Reino Unido puede negarse a aceptar rublos rusos como pago de una deuda. Esto no impide que un destinatario acepte rublos si lo desea; simplemente evita que alguien pueda obligar a un destinatario a aceptarlos.

Asimismo, en varios países usted no puede obligar a un destinatario a aceptar un pago en una loca cantidad de cambio suelto: existen reglas específicas sobre lo que cuenta como moneda de curso legal. En Singapur, según la Ley de Divisas de 2002,[46] no se puede obligar a nadie a aceptar más de $2 en cualquier combinación de monedas de 5c, 10c, 20c, y no se puede obligar a nadie a aceptar más de $10 en monedas de 50c. En la actualidad no hay límites para el pago en monedas de un dólar, pero después de una serie de incidentes sonados en 2014, en los que personas y comerciantes pagaron fuertes cantidades con cambio suelto,[47] la Ley de Divisas está siendo reconsiderada para establecer un límite de curso legal uniforme más memorable de diez monedas por denominación, para todas las denominaciones, por transacción. Esto significa que, legalmente, un pagador podría utilizar hasta 10 monedas de 5 centavos, 10 centavos, 20 centavos, 50 centavos y un dólar, pero no más, por transacción.

También en Singapur, en virtud del Acuerdo de Intercambiabilidad de Monedas de 1967, el dólar de Brunéi

---

46   https://sso.agc.gov.sg/Act/CA1967

47   https://www.straitstimes.com/singapore/courts-crime/jover-chew-former-boss-of-mobile-air-jailed-33-months-for-conning-customers

es aceptable como "moneda corriente" en una proporción de
1:1. En Singapur, se puede pagar un café entregando el mismo
monto en dólares de Brunéi. Los bancos en ambos países
aceptarán la otra moneda a la par.[48]

Zimbabue utiliza dólares estadounidenses como la moneda
principal para poner precios a productos y transacciones
gubernamentales, pero acepta las siguientes monedas como
de curso legal: euro, dólar estadounidense, libra esterlina,
rand sudafricano, pula de Botsuana, dólar australiano, yuan
chino y yen japonés. Su propia moneda, el dólar de Zimbabue,
no está en esa lista. También hay diversas versiones del dólar
de Zimbabue (con diferentes precios) y el país es un caso
de estudio fascinante sobre cómo no tener una moneda. Es
muy confuso para los compradores, ¡pero un deleite para los
economistas monetarios!

Paridad cambiaria

Paridad cambiaria es cuando alguien a cargo declara que una
moneda vale un monto fijo de otra moneda y luego intenta
mantener esa tasa de cambio haciendo coincidir la oferta de
cualquiera de las monedas con la demanda. Si las personas
piensan que su paridad está equivocada, puede surgir un
mercado negro en el que las personas cambien las monedas a
lo que perciben como un tipo de cambio más preciso.

¿Cómo se mantiene una paridad? Primero, con amenazas.
Anuncia la tasa de paridad y luego declara las sanciones para
las personas que se encuentren desviándose de la misma.

---

48   https://www.bullionstar.com/blogs/jp-koning/singapore-brunei-and-the-
10000-banknote/

Esto podría significar multas, prisión o quizás algo peor. Pero
también necesita ser creíble e intentar evitar que emerjan
mercados negros. La credibilidad surge de contar con
suficiente cantidad de ambas monedas para igualar lo que el
comerciante quiera intercambiar.

Por ejemplo, digamos que usted es el rey de un país y declara
una paridad de una manzana = una naranja. Si un año, por
cualquier motivo, la gente realmente quiere manzanas, la
demanda de manzanas excederá la demanda de naranjas.
Por eso, la gente podría prepararse para pagar dos naranjas
por una manzana. Pero usted declaró una paridad, por lo
que todos irán con usted con las naranjas que no quieren y
exigirán una manzana por cada naranja que le lleven. Así
que, para mantener la paridad, es mejor que tenga muchas
manzanas para entregar. Si no las tiene, entonces emergerá
un mercado negro que lo va a excluir y la gente empezará a
cambiar una manzana por más de una naranja, burlándose
de su paridad. Por lo tanto, usted necesita tener en reserva al
menos tantas manzanas como naranjas hay circulación.

Y viceversa. Si, por otro lado, la gente realmente quiere
naranjas, usted va a necesitar muchas naranjas para entregar,
y recibirá manzanas (que nadie quiere) a cambio.

Así que, para mantener una paridad hasta el final, usted
necesita tener en reserva tantas manzanas como naranjas hay
en circulación, y necesita tener en reserva tantas naranjas
como manzanas hay en circulación. O, en el mundo fiduciario,
usted necesita respaldar su moneda fiduciaria al 100 % con
la moneda con la que se está igualando, al tipo de cambio fijo
(un acuerdo que se conoce como "caja de conversión").

Si bien los bancos centrales pueden evitar que sus monedas incrementen su valor creando tanta moneda fiduciaria como quieran y, por lo tanto, poniendo un límite al valor de su moneda, es más difícil para ellos evitar que sus monedas pierdan valor, porque necesitan otras monedas con las cuales recomprar su moneda para apuntalar su precio.

Así es como, básicamente, George Soros, hizo quebrar al Banco de Inglaterra. Tenía más municiones que el Banco.

George Soros y el Banco de Inglaterra

Rohin Dhar detalla la historia en priceonomics.com:[49] en octubre de 1990, el Banco de Inglaterra se unió al Mecanismo de Tipos de Cambio (MTC) de Europa y se comprometió a mantener la tasa de cambio de los marcos alemanes y la libra esterlina entre 2,78 y 3,13 marcos por libra. Para 1992, era obvio para el mercado que la libra esterlina tenía una valuación muy alta, incluso en el límite inferior de 2,78 marcos por libra, y el precio real de la libra debería de haber sido más bajo.

En los meses previos a septiembre de 1992, Soros, a través de su fondo de cobertura Quantum, pidió prestadas libras a todos los que pudo y las vendió a todos los que quisieran comprarlas. Pedir prestado algo para venderlo con la intención de volver a comprarlo después a un precio más bajo se conoce como "vender en corto". De acuerdo con un artículo en The Atlantic,[50] Soros construyó una posición corta

---

49   https://priceonomics.com/the-trade-of-the-century-when-george-soros-broke/

50   https://www.theatlantic.com/business/archive/2010/06/go-for-the-jugular/57696/

de 1500 millones de dólares en libras esterlinas. La noche del martes 15 de septiembre, el fondo aceleró su apuesta y vendió más, extendiendo la posición corta del fondo de $1500 millones en libras esterlinas a $10 000 millones, empujando el precio de la libra esterlina cada vez más abajo de la noche a la mañana, mientras el Banco de Inglaterra estaba ausente de los mercados.

A la mañana siguiente, el Banco de Inglaterra tuvo que comprar libras esterlinas para apuntalar el valor de la libra esterlina y mantener la paridad a la que se comprometió. ¿Pero con qué puede comprar libras esterlinas el Banco de Inglaterra? Sus reservas: otras monedas o dinero prestado. El Banco de Inglaterra anunció que pediría prestado hasta $15 mil millones para comprar libras esterlinas. Y Soros estaba preparado para vender esa cantidad para neutralizar la demanda creada por el Banco de Inglaterra... era un juego arriesgado. Entonces, el banco compró mil millones de libras esterlinas en varios lotes, e incrementó las tasas de interés de corto plazo en dos puntos porcentuales para encarecer los préstamos de Soros. Recuerde que Soros estaba tomando prestadas libras esterlinas para venderlas y tuvo que pagar intereses sobre las libras que estaba pidiendo prestadas. Pero fue demasiado tarde. Los mercados no reaccionaron y el precio de la libra esterlina no subió. A las 7:30 de esa noche, el Banco de Inglaterra se vio forzado a abandonar el MTC y dejar que la libra esterlina flotara. Durante el mes siguiente, el precio de la libra esterlina cayó de 2,78 marcos a 2,40 marcos por libra. A ese miércoles crítico se le llamó Miércoles Negro, y Soros se hizo conocido como el hombre que llevó al Banco de Inglaterra a la quiebra.

Bretton Woods

La reunión de Bretton Woods se trató de paridad cambiaria. El 1 de julio de 1944, durante la Primera Guerra Mundial, delegados de 44 países se reunieron en Bretton Woods, Nuevo Hampshire, EE. UU., durante 21 días para discutir la normalización de las relaciones comerciales y financieras.

El resultado fue una especie de acuerdo de patrón oro internacional en el que el dólar estadounidense se vinculó al oro a $35 por onza troy, y otras monedas fueron vinculadas al dólar (con un margen de maniobra de 1 %) y podían canjearse por oro en el Tesoro de los EE. UU. Se establecieron el Fondo Monetario Internacional y el Banco Internacional de Reconstrucción y Fomento (el IBRD, por sus siglas en inglés, que con el tiempo se convertiría en parte del Banco Mundial). En ese tiempo, los estadounidenses comunes aún tenían prohibido poseer oro que no fuera en joyas.

Antes de eso, en 1931, Gran Bretaña, la mayor parte del Commonwealth, a excepción de Canadá, y varios otros países habían abandonado el patrón oro. Por lo tanto, Bretton Woods marcó el retorno a cierto tipo de patrón oro.

El Acuerdo de Bretton Woods no funcionó. Los países con frecuencia devaluaban monedas con respecto al dólar y al oro. Por ejemplo, en 1949, Gran Bretaña devaluó la libra esterlina en, aproximadamente, un 30 %, de $4,30 a $2,80, y varios otros países hicieron lo mismo.

En 1971, el Acuerdo de Bretton Woods se disolvió luego de que EE. UU. dejara de cumplir con la convertibilidad de dólares a oro. Esto coincidió con una gran caída en las reservas de oro de EE. UU. y el aumento de los activos extranjeros sobre dólares estadounidenses.

Expansión cuantitativa

La expansión cuantitativa (QE) con frecuencia se menciona en conversaciones sobre monedas fiduciarias, y la gente la describe como "imprimir dinero", pero no es tan simple. La QE es un eufemismo para una autoridad emisora (por lo general un banco central) que incrementa la cantidad de dinero fiduciario en circulación con el fin de estimular a una economía en decadencia. Así que a la gente le preocupa que este dinero adicional "diluya" el valor del dinero existente, lo que hace que la gente se preocupe por la sostenibilidad del sistema fiduciario.

"Imprimir dinero" es una mala descripción de la QE. Piénselo. Si el banco central realmente imprimiera dinero, física o digitalmente, ¿a quién se lo daría y cómo?

Entonces, ¿cómo funcionan las QE? El banco central compra activos, generalmente bonos, del sector privado (bancos comerciales, gestores de activos, fondos de cobertura, etc.) en el mercado secundario. Estos son bonos que ya han sido emitidos y ahora son negociados por participantes del mercado financiero. Los bancos centrales, en términos generales, piensan que el sector privado tiene un equilibrio de dos cosas: dinero y no dinero (otros activos financieros). Y los bancos centrales pueden, hasta cierto punto, controlar ese equilibrio comprando activos financieros al sector privado para agregar dinero, o vendiendo activos financieros al sector privado para sacar dinero.

¿Por qué bonos? Porque nos reconforta saber que nuestros bancos centrales solo poseen activos seguros y, por lo general, los bonos se perciben como *seguros*, o al menos más seguros que otros instrumentos financieros. Su valor también se ve afectado por las tasas de interés, algo sobre lo que un banco central tiene control.

¿De quién pueden comprar bonos los bancos centrales? Con seguridad, ni de mí ni de usted directamente porque no tenemos ese tipo de relación con los bancos centrales. Como veremos en la siguiente sección, los bancos centrales tienen relaciones financieras con ciertos bancos comerciales llamados bancos de compensación, los cuales tienen cuentas llamadas cuentas de reserva en el banco central. Entonces, los bancos centrales compran bonos a los bancos de compensación y luego pagan abonando dinero nuevo a las cuentas de reserva de los bancos. Los bancos de compensación también pueden actuar como agentes de otros obligacionistas que deseen vender bonos al banco central a través de los bancos de compensación.

Los bancos centrales empiezan el trayecto comprando bonos del gobierno (bonos del Tesoro estadounidense, etc.) porque son considerados los bonos con menos riesgos. Cuando esos se acaban, pasan a bonos con mayor riesgo, como los emitidos por corporaciones. El problema es que el banco central termina con una serie de bonos en su balance general; y recuerde que, desde la perspectiva del balance general, son los bonos los que "respaldan" la moneda.

Las QE generan dos inquietudes:

1. Con un exceso de QE, el valor del dinero va a disminuir porque hay más desbordándose en el sector privado, lo que no es bueno para los que ahorran, y también podría causar una inflación de precios (aunque esto no lo hemos visto aún).

2. Un banco central posee activos financieros que podrían
    perder valor, dañando el balance general del banco
    central al caer el valor de los activos que posee.

Podemos ver el impacto que la QE ha tenido en los balances
generales del banco central desde la más reciente crisis
financiera global:

Gráfica 1 Crecimiento reciente de los balances del banco central

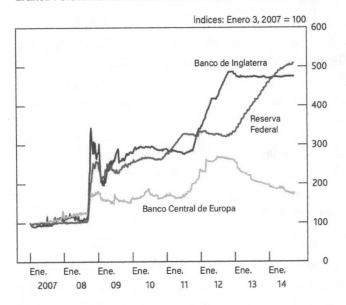

Fuente: Banco de Inglaterra[51]

51   https://www.bankofengland.co.uk/-/media/boe/files/ccbs/resources/
understanding-the-central-bank-balance-sheet.pdf

Resumen

La historia del dinero se caracteriza por sus fracasos. La inflación, la dilución, la devaluación, el recorte, las nuevas acuñaciones y la creación de nuevos *tokens* con cada vez menos valor, todo esto ocurre con frecuencia. El tema con el dinero parece ser que, sin importar la forma que tome, termina diluido ya sea por devaluación o por creación excesiva hasta un cierto límite; entonces ocurre una reforma.

El ritmo de la devaluación monetario parece haber aumentado, y el último experimento en devaluación es el de la QE. Las paridades monetarias son difíciles de manejar a menos que estén 100 % respaldadas con reservas, y aunque puedan tener éxito algunas veces, mayormente fracasan con el tiempo.

¿Son las monedas fiduciarias son la mejor solución para el dinero? ¿Continuará sobreviviendo el dinero fiduciario sobre la base de la fe y confianza que la gente tiene en los gobiernos de hoy?

Quién sabe. Algunos creen que las criptomonedas son nuevos contendientes con diferente forma. La narrativa de los legisladores ha pasado de ignorar las criptomonedas a afirmar que no son una amenaza para la estabilidad económica, a discutir una potencial amenaza. Un capítulo del Informe económico anual del BPI,[52] publicado por el Banco de Pagos Internacionales en junio de 2018, dice:

---

52   https://www.bis.org/publ/arpdf/ar2018e5.pdf

Un tercer desafío, de más largo plazo, tiene relación con la estabilidad del sistema financiero. Falta ver si el uso generalizado de criptomonedas y productos financieros de efecto inmediato relacionados dará pie a nuevas vulnerabilidades financieras y riesgos sistémicos. Será necesaria una estrecha supervisión de los avances.

Aunque se podría decir que hoy tenemos mejores herramientas y tecnología que en cualquier momento del pasado, los humanos siguen siendo humanos y van a seguir haciendo lo que puedan por una ganancia, y se van a aferrar al poder y a la riqueza, cometiendo con frecuencia los mismos errores que sus predecesores.

Parte 2

DINERO DIGITAL

Vale la pena entender cómo se usa hoy en día el dinero digital para pagar deudas. A lo largo de mi carrera he pasado tiempo con personas con experiencia muy diversas, desde recién graduados hasta profesionales experimentados que usan corbatas y trabajan en bancos y consultorías de gestión. Sin embargo, rara vez me encuentro con personas que realmente comprendan cómo se realiza un pago y que puedan explicar con claridad cuánto dinero se mueve en el sistema financiero.57

¿Cómo se realizan los pagos interbancarios?

Los bancos necesitan pagarse entre sí todo el tiempo, a veces porque un cliente ha dado instrucciones al banco para que realice un pago en su nombre, a veces porque un banco necesita pagar a otro banco como resultado de su propia actividad comercial o crediticia. Aquí vamos a ver el pago de banco a banco, que surge cuando un cliente desea hacer un pago a alguien más que es cliente de otro banco.

Comprendemos con facilidad los pagos físicos que se hacen directamente cuando se paga en efectivo por algo sin que haya un intermediario. Esto se puede describir como "de persona a persona" ("peer-to-peer") ya que usted simplemente entrega efectivo a la otra persona. No hay nadie en el medio, usted no necesita instruir o pagar a un tercero y nadie puede detener el pago. El pago en efectivo es también resistente a la censura. Si usted es el destinatario, puede tener la certeza, luego de una inspección, de que el billete o las monedas son únicos (no son falsificaciones) o, de lo contrario, no los debe aceptar y ya no hay transacción. También es evidente que el pagador no ha gastado ya ese mismo dinero en efectivo (o no lo tendría para dárselo), y, además, no puede usar el mismo efectivo para pagarle a usted y a otra persona a la vez (porque el efectivo físico no existe en dos lugares a la vez). Claro, todo esto es pura intuición.

Tan pronto como entre al mundo digital, las cosas se vuelven un poco más complejas. Los activos digitales son fáciles de copiar. A diferencia del efectivo físico, usted no puede darle un activo digital, como un archivo, a alguien como moneda de pago. Bueno, puede hacerlo, pero no lo van a valorar porque no pueden saber si es único. No pueden estar seguros de que usted lo va a borrar luego de enviarlo, y no pueden saber si ya envió o enviará una copia del archivo a otra persona.[53] Este problema con los activos digitales se denomina problema de "doble gasto".

Wikipedia[54] describe el doble gasto como:

> ...*una falla potencial en un esquema de dinero digital por la que un mismo* token *digital puede gastarse más de una vez. Esto es posible porque un* token *digital consta de un archivo digital que puede ser duplicado o falsificado.*

El mundo del dinero digital resuelve este problema usando un tenedor de libros, quien es un tercero independiente que está regulado, por lo que se puede confiar en que mantendrá libros contables y registros precisos y cumplirá con ciertas

---

53   Me recuerda a las películas en las que el malo vende información, quizás una lista de agentes secretos, a otro malo y promete que esa es la única copia de esa información. Al parecer, los malos son muy confiados.

54   https://en.wikipedia.org/wiki/Double-spending

reglas. Por ejemplo, confiamos en que PayPal no está creando dólares de PayPal de la nada porque cada saldo en PayPal debe estar respaldado por un balance equivalente en su banco, y confiamos en que los reguladores harán su trabajo y cerrarán PayPal si no se comporta bien. También confiamos en que cuando instruimos a nuestro banco que haga un pago, el monto de dinero que sale de nuestra cuenta es el mismo que el monto que entra a la cuenta del destinatario (menos comisiones, claro).

Por lo tanto, con cualquier forma de activo digital, necesitamos a un tenedor de libros de confianza para que mantenga una lista de quién posee qué y quién juega según determinadas reglas bien comprendidas y confiables. A menudo, ellos tienen una licencia emitida por una autoridad que les da cierta credibilidad y aumenta nuestra confianza en que están realizando sus actividades de acuerdo a ciertos estándares.

Ahora, vamos a ver cómo el movimiento de bits y bytes, de débitos y créditos produce el efecto de que el dinero pasa instantáneamente de una persona a otra.

¿Cómo se hacen los pagos?

¿Cómo es que el dinero digital se mueve de una cuenta bancaria a otra? Cuando Alice quiere pagarle $10 a Bob, ¿Alice simplemente resta $10 de su cuenta y le dice al banco de Bob que agregue esos $10 a la cuenta de Bob? Y luego, ¿cómo es que los bancos liquidan esos $10 entre ellos?

Puede ser algo complejo. Desarrollemos esto dando una mirada a los siguientes escenarios:

1. En el mismo banco

2. En bancos diferentes

3. Transfronterizo (misma moneda)

4. Cambio de divisas

Mismo banco

Si Alice está tratando de pagar $10 a Bob y ambos tienen cuentas en el mismo banco, esto es relativamente sencillo. Alice instruye a su banco que haga el pago, y el banco entonces ajusta sus registros restando $10 de la cuenta de Alice y agregando $10 a la cuenta de Bob. En jerga bancaria, algunos bancos llaman a esto "transferencia contable", ya que es solo una transferencia de una cuenta a otra y el dinero no sale ni entra del banco.

Si usted imagina que un banco administra una hoja de cálculo gigante con una lista de titulares de cuenta en la primera columna y una lista de saldos en la otra columna, el banco entonces resta 10 de la fila de Alice y agrega 10 a la fila de Bob. Yo llamo a esta transferencia contable una transacción "-10/+10". Debido a que este asiento contable ha sido completamente interno para el banco, podemos decir que la transacción "se liquida en los libros del banco" o que "el banco lo liquida".

Antes

Banco	
Alice	£100
Bob	£100

Después

Banco	
Alice	£ 90
Bob	£110

Una transferencia contable

Es importante comprender que el dinero en las cuentas de los clientes es un *pasivo* de los bancos: cuando usted inicia sesión en su banca en línea y ve $100 en su cuenta, esto significa que el banco le *debe* $100 y debe pagarle ese dinero a su solicitud (a través de una ventanilla o de un cajero automático) o debe pagarle a alguien más (una cafetería, un supermercado o a su amigo) cuando usted le instruya y autorice a que lo haga.

Así que, mientras que desde *su* punto de vista el dinero en su cuenta es un activo, desde el punto de vista del banco, el dinero en su cuenta es un pasivo pendiente. Así que la transacción en el balance general del banco (donde se registran los activos y los pasivos) se ve más así:

Antes

Banco			
Activos		Pasivos	
		Alice	$ 100
		Bob	$ 100

Después

Banco			
Activos		Pasivos	
		Alice	$ 90
		Bob	$ 110

Los bancos registran las cuentas de los clientes como pasivos.

Aunque no tocamos el lado de los activos del balance general para transferencias entre clientes del mismo banco, lo vamos a necesitar después.

Bancos diferentes

Ahora, considere que Alice quiere pagar $10 a Bob, pero tienen cuentas en diferentes bancos, aunque en el mismo país y en la misma moneda. Alice instruye a su banco, el Banco A, que retire $10 de su cuenta y los pague a la cuenta de Bob en el Banco B. En la jerga bancaria, Alice es el pagador y Bob es el beneficiario.

De manera que el Banco A reduce el saldo de Alice y el Banco B incrementa el saldo de Bob.

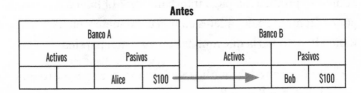

Antes					
Banco A			Banco B		
Activos	Pasivos		Activos	Pasivos	
	Alice	$100		Bob	$100

Después					
Banco A			Banco B		
Activos	Pasivos		Activos	Pasivos	
	Alice	$90		Bob	$110

Alice le paga a Bob.

El problema

Si bien los clientes están felices, ¿puede ver el problema desde el punto de vista de los bancos?

Ahora el Banco A debe a Alice $10 menos que antes y, por lo tanto, está mejor, pero ahora el Banco B debe a Bob $10 más, por lo que está peor. De modo que esto no puede ser todo. ¡El Banco B estaría furioso!

La solución

Esta instrucción de pago debe ser equilibrada mediante una transferencia de banco a banco: el Banco A debe pagar al Banco B $10 para equilibrar los movimientos de la cuenta del cliente y completar el pago de un extremo al otro.

¿Cómo se produce un pago interbancario? El Banco A podría poner un montón de billetes en una camioneta y enviarlos al Banco B. Esto haría que ambos bancos estén parejos:

- El Banco A debe a Alice $10 menos, pero paga $10 en billetes al Banco B

- El Banco B debe a Bob $10 más, pero recibe $10 en billetes del Banco A

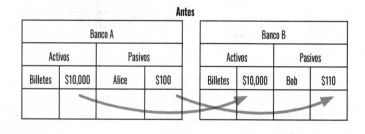

Antes

Banco A				Banco B			
Activos		Pasivos		Activos		Pasivos	
Billetes	$10,000	Alice	$100	Billetes	$10,000	Bob	$110

Después

Banco A				Banco B			
Activos		Pasivos		Activos		Pasivos	
Billetes	$9,990	Alice	$90	Billetes	$10,010	Bob	$110

La solución de "los billetes en una camioneta".

Sin embargo, en la mayoría de los países, cuando los bancos quieren transferir dinero entre ellos no ponen montones de billetes en camionetas, sino que hacen pagos digitales.

Las soluciones digitales

Hay dos formas principales en las que un banco puede pagar digitalmente a otro banco: usando cuentas en bancos corresponsales o usando el sistema de pago del banco central.

Cuentas de bancos corresponsales

Si usted establece un nuevo negocio, lo primero que querrá hacer es abrir una cuenta bancaria para poder hacer y recibir pagos.

Los bancos no son diferentes. Incluso si fundara un nuevo banco, usted necesitaría cuentas bancarias para poder participar en los pagos digitales.

Cuentas en bancos corresponsales es la jerga de la industria para hacer referencia a las cuentas bancarias que los bancos abren en otros bancos. También se les denomina "nostros" (*nostro* es una palabra en latín que significa "nuestro, nuestra", como en "nuestra cuenta"). La banca corresponsal describe actividades relacionadas con el uso de estas cuentas.

En el balance general de su nuevo banco, los depósitos que usted mantiene en su *nostros* aparecerían como activos, de la misma manera en que usted (como individuo) considera que los depósitos que mantiene en su banco son sus activos. El banco en el que usted abrió la cuenta, su banco corresponsal, muestra estos fondos como su pasivo, de la misma manera en que su propio banco de consumo ve sus depósitos individuales como sus pasivos.

Banco Nuevo

Activos		Pasivos	
Depósitos	£ 10,000		

Banco Grande

Activos		Pasivos	
		Banco Nuevo	£ 10,000

Depósitos en mi *nostro* en el Banco Grande

La banca corresponsal son solo bancos que
mantienen cuentas entre sí.

Si busca en Google el nombre de su banco y "bancos
corresponsales", podría encontrar una lista de cuentas en
las que guardan su dinero en moneda extranjera. Este es un
ejemplo del Commonwealth Bank of Australia (CBA):[55]

---

55   https://www.commbank.com.au/support.imt.correspondent-banks.html

Business > International business > International payments > Correspondent banks

Correspondent Banks

In order to receive money from overseas, you may be asked to provide details of which banks the Commonwealth Bank maintains accounts with. The names and associated details of the Commonwealth Bank's Correspondent Banks are detailed below:

Currency Name	Currency Code	CBA's Correspondent Bank	Correspondent's SWFT Code
US Dollar	USD	Bank of New York Mellon, New York	IRVTUS3N
Euro	EUR	Societe Generale, Paris	SOGEFRPP
Great British Pound	GBP	National Westminster Bank Plc, London	NWBKGB2L
New Zealand Dollar	NZD	ASB Bank Ltd, Auckland	ASBBNZ2A
Canadian Dollar	CAD	Royal Bank of Canada, Toronto	ROYCCAT2

Puede ver que el CBA ha abierto una cuenta en dólares estadounidenses en el Bank of New York Mellon y una cuenta en euros en Société Générale. Los códigos SWFT identifican a esos bancos específicos.

Entonces, volvamos a nuestro ejemplo. Si el Banco A tuviera una cuenta en el Banco B, podría instruir al Banco B que transfiera los $10 de su cuenta a la cuenta de Bob:

Antes

Banco A			
Activos		Pasivos	
		Alice	$100
Cta Banco B	$10,000		

Banco B			
Activos		Pasivos	
		Bob	$100
		Banco A	$10,000

Después

Banco A				Banco B			
Activos		Pasivos		Activos		Pasivos	
		Alice	$90			Bob	$110
Cta Banco B	$9,990					Banco A	$9,990

El Banco A paga de su nostro.

De esta manera, los bancos cuadran a la perfección:

- El Banco A debe a Alice $10 menos, pero tiene $10 menos en su cuenta en el Banco B

- El Banco B debe a Bob $10 más, pero debe al Banco A $10 menos

El problema con las cuentas en bancos corresponsales

A pesar de que las cuentas en bancos corresponsales permiten que los pagos fluyan, también pueden presentar dificultades para los propios bancos. Imagine que administra un banco y tienen que mantener cuentas en todos los demás bancos a los que sus clientes podrían querer transferir dinero. Tendría que abrir cuentas en todos los bancos del mundo, solo por si uno de sus clientes quiere transferir dinero a alguien con una cuenta. Sería una pesadilla operativa.

Pesadilla

Banco A			
Activos		Pasivos	
Cta Banco B	$10,000		
Cta Banco C	$10,000		
Cta Banco D	$10,000		
Banco ...	$10,000		
Cta Banco ZZ	$10,000		

El problema con la banca corresponsal.

Y sería costoso, ya que necesitaría tener un saldo positivo en cada uno de esos bancos antes de recibir las instrucciones de pago y, como todos sabemos, el dinero guardado en cuentas corrientes no genera muchos intereses. Sería preferible poner ese capital a trabajar en algún otro lugar. ¡Y también es riesgoso! ¿Qué pasaría si alguno de sus bancos corresponsales cae en bancarrota? Perdería su dinero.

Las cuentas en bancos centrales proporcionan una manera más eficiente.

Cuentas en bancos centrales

Una de las funciones que cumple un banco central es permitir que los bancos en su jurisdicción hagan pagos entre sí sin necesidad de que cada uno deba mantener cuentas entre sí. La idea es que el banco central actúe como banco para los bancos en su zona monetaria. Esto permite que se realicen los pagos entre cualquiera de los bancos en la jurisdicción, y estos solo tienen que mantener una cuenta en el banco central en lugar de cuentas en todos los otros bancos de la jurisdicción.

El dinero que se mantiene en el banco central se denomina reservas.

Banco central: el banco de un banquero

Banco Central		
Activos	Pasivos	
	Banco A	$ 10,000
	Banco B	$ 10,000
	Banco C	$ 10,000

Banco A	
Activos	
Reservas	£10,000

Banco B	
Activos	
Reservas	£10,000

Banco C	
Activos	
Reservas	$10,000

Cada banco mantiene una cuenta en el banco central.

Los bancos pueden mantener varias cuentas en los bancos centrales, cada uno para distintos propósitos, de la misma manera en que usted puede tener varias cuentas de ahorro (un depósito para la casa que espera comprar, para unas vacaciones, un auto nuevo, una boda, provisiones de emergencia, etc.). Aquí nos preocupamos por las cuentas que se usan para pagos interbancarios.

A los sistemas que administran estos registros les denominamos *sistemas de liquidación de pagos interbancarios*. En general, hay dos tipos:

- Sistemas de liquidación neta diferida (DNS)

- Sistemas de liquidación bruta en tiempo real (RTGS)

Sistemas DNS

Los sistemas DNS son sistemas que ponen en cola los pagos que adeudan los bancos entre sí y luego hacen un único pago al final de un período determinado de tiempo (por ejemplo, al final de cada día). Los pagos en ambas direcciones se "compensan" y se hace un único pago del saldo pendiente, en la dirección que se deba, al final del período. Por ejemplo, a lo largo del día, el Banco A acumulará pagos dirigidos al Banco B, y el Banco B acumulará pagos para el Banco A. Al final del día, estos pagos se juntarán y se hará un único pago que represente el total neto adeudado, ya sea por el Banco A al Banco B o por el Banco B al Banco A, dependiendo de las transacciones del día.

Los sistemas DNS usan el capital eficientemente. Los bancos deben reservar solo el monto *neto* previsto de salida en un período determinado, teniendo en consideración el monto de entrada esperado. Usted hace lo mismo cuando reserva dinero para los gastos del próximo mes, pero compensa sus ingresos previstos (por ejemplo: su salario) en ese período.

Pero hay un riesgo *crediticio* que se acumula durante cada período, el cual describe el riesgo de que el flujo de entrada previsto no ingrese o, en el peor de los casos, que un banco se declare en bancarrota a mitad del período. Este riesgo puede tener un impacto sistémico, ya que una obligación no pagada puede afectar la capacidad del destinatario para realizar sus pagos. Se necesita un mecanismo para asegurar el mínimo impacto en los participantes restantes.

Sistemas RTGS

Con los sistemas RTGS, los ajustes -10/+10 en los libros contables del banco central se hacen en "tiempo real" durante el día, tan pronto como un cliente da una instrucción de pago. Cada instrucción de pago se liquida independiente y no se agrupa, ni se junta, ni se compensa con ninguna otra instrucción. Esto se conoce como "liquidación bruta", lo opuesto a "liquidación neta".

Los sistemas DNS solían ser populares, pero, hoy en día, la mayoría de los bancos centrales también operan algún tipo de sistema RTGS para liquidar instrucciones de pago de manera inmediata, y los clientes esperan cada vez más que los pagos se hagan en tiempo real. Estos sistemas RTGS operan por lo menos durante horas de oficina, y varios sistemas hoy operan 24/7, al menos para transacciones pequeñas. Los bancos deben reservar más capital para asegurar que todos los pagos se puedan realizar inmediatamente.

Entonces, volvamos al ejemplo. ¿Cómo es que Alice paga a Bob si sus dos bancos usan un sistema RTGS?

Ya que tanto el Banco A como el Banco B están en el sistema RTGS del banco central, este último lleva a cabo el -$10/+$10 para retirar el dinero de la cuenta del Banco A y agregarla a la cuenta del Banco B. Este es el acuerdo entre ambos bancos y en la terminología de la industria se dice que el banco central "compensa" la transacción. La cuenta que cada banco mantiene en el banco central para este fin a veces se denomina cuenta de compensación.

Antes

Banco Central		
Activos	Pasivos	
	Banco A	$10,000
	Banco B	$10,000

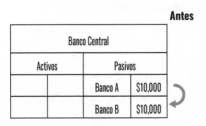

Banco A		
Activos		Pasivos	
Reservas	$10,000	Alice	$100

Banco B		
Activos		Pasivos	
Reserves	$10,000	Bob	$100

Después

Banco Central		
Activos	Pasivos	
	Banco A	$9,990
	Banco B	$10,010

Banco A		
Activos		Pasivos	
Reservas	$9,990	Alice	$90

Banco B		
Activos		Pasivos	
Reservas	$10,010	Bob	$110

Pago interbancario vía RTGS.

Entonces, para recapitular, y recuerde, aquí estamos tratando con una sola moneda:

- Si ambos clientes tienen cuenta en el mismo banco, entonces el banco mismo compensa la transacción.

- Si dos bancos tienen una relación de "banca
  corresponsal", entonces el banco destinatario compensa
  la transacción.

- Si hay un sistema de banco central, RTGS o DNS,
  entonces el banco central compensa la transacción.

Compensación

Desafortunadamente, la palabra *compensación* hace
referencia a cosas diferentes en diferentes contextos. Como
acabamos de ver, la compensación en relación con *pagos*
hace referencia a la transacción final -$10/+$10. No se
debe confundir con la compensación en *la compraventa de
valores*, que significa algo distinto.

En negociación de valores (por ejemplo: acciones) dos partes
llegan a un acuerdo, digamos que en una bolsa de valores:
una compra de o vende a la otra, a cambio de efectivo
electrónico. Pero no intercambian el efectivo y las acciones
directamente entre sí, sino que liquidan contra una parte
central de compensación. Entonces, una vez que se acuerda
un trato entre las partes A y B, A y B en realidad acuerdan con
C, la parte compensadora central.

C, la contraparte compensadora central (CCP, por sus siglas
en inglés), actúa como la contraparte legal para ambas
partes. Por ejemplo: A compra acciones de B, A envía el
efectivo o los fondos a C[56] y B envía las acciones a C.[57] Una
vez que C ha recibido el monto correcto de fondos y acciones
de las respectivas partes, reasigna los fondos y las acciones

---

56   O, más precisamente, al custodio del efectivo de C.

57   O, más precisamente, al custodio de activos de C.

respectivamente, es decir, da las acciones a A y los fondos, a
B. Esta configuración elimina el riesgo crediticio entre A y B:
A y B ya no tienen riesgo crediticio entre sí; en cambio, ambos
tienen riesgo crediticio con C, en quienes ambos confían para
este fin, al menos más de lo que confían el uno en el otro.

Bancos de compensación

Volviendo a los pagos, en algunos países solo algunos bancos
pueden tener cuentas con el banco central. Estos también se
llaman "bancos de compensación" porque pueden compensar
pagos, como vimos anteriormente, a través del banco
central. Los bancos más pequeños o los bancos extranjeros
con presencia local que no pueden acceder al banco central
deben abrir cuentas con un banco de compensación. Los
bancos de compensación cobran comisiones desde su
posición privilegiada.

De esta manera, se forma una pirámide, una jerarquía de
relaciones en la que el banco central se encuentra en la cima,
los bancos de compensación se ubican un escalón más abajo y
al final están los bancos más pequeños, o no compensadores,
que no tienen una cuenta en el banco central. Estos usan un
banco de compensación para hacer los pagos, de la misma
manera en que un banco de compensación usa al banco
central, sabiendo que el banco de compensación puede
recurrir al banco central para compensar sus propios pagos
cuando sea necesario.

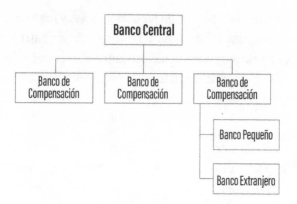

Jerarquía de los bancos.

Jurisdicciones diferentes operan de forma diferente. El sistema RTGS del Reino Unido, por ejemplo, conocido como CHAPS, tiene muchos niveles. Muy pocos bancos[58] tienen cuentas en el banco central del Reino Unido, el Banco de Inglaterra; mientras que, en Hong Kong, a todos los bancos autorizados que operan en la jurisdicción se les exige tener una cuenta en su banco central, la Autoridad Monetaria de Hong Kong.[59]

A pesar de que mantener un conjunto central de libros contables administrado por un banco central es mucho más eficiente que cada banco mantenga muchas cuentas (o "nostros") con todos los demás bancos, este sistema solo funciona dentro de una jurisdicción y en una moneda. Entonces, si bien la mayoría de las jurisdicciones

---

58   29 participantes al 19 de mayo de 2018:
https://www.bankofengland.co.uk/payment-and-settlement/chaps aunque esto está cambiando y el Banco de Inglaterra permitirá que más participantes accedan a sus sistemas de pago.

59   154 participantes al 30 de abril de 2018:
http://www.hkicl.com.hk/clientbrowse.do?docID=7195&lang=en

económicamente desarrolladas tendrán sistemas RTGS
o DNS centralmente autorizados para compensar pagos
interbancarios dentro de ese país para su respectiva moneda
local, no existe un "banco central" para el mundo entero,[60]
ni siquiera el Banco Mundial, sin importar lo elegante y
ambicioso que sea el nombre.

Pagos internacionales

¿A qué nos referimos con pagos internacionales? Bueno, hay
dos tipos principales.

En primer lugar, está el pago transfronterizo en una *única
moneda*. El destinatario recibe las unidades de la misma
moneda que envía el remitente. Por ejemplo, alguien envía
dólares estadounidenses a través de una frontera y alguien
más recibe dólares estadounidenses. Esto significa que los
dólares estadounidenses están *saliendo* de su zona de moneda
local (en este caso, Estados Unidos) o están *regresando* a su
zona de moneda local o se están *moviendo entre* dos países
fuera de su zona de moneda local (por ejemplo: entre el Reino
Unido y Singapur).

En segundo lugar, hay una transferencia de valor que cruza
fronteras, *con cambio de divisas*, donde el remitente y el
destinatario trabajan en diferentes monedas. Por ejemplo, al
remitente le retiran libras esterlinas de su cuenta en libras
esterlinas en el Reino Unido y al destinatario le depositan

---

60   En realidad, hay una entidad llamada Banco de Pagos Internacionales (BIS),
que es una especie de Banco Central para el Banco Central, pero que facilita los
pagos soberanos de país a país, como los pagos por reparación de guerra (dinero
pagado por el perdedor al ganador para cubrir los daños causados durante la
guerra), en lugar de los pagos comerciales que surgen del sector privado.

dólares de Singapur en su cuenta en dólares de Singapur, en Singapur.

Al explorar estos conceptos por separado veremos que el dinero, en general, no sale de su zona de moneda local. Como hemos visto, no hay un banco central del mundo que compense pagos comerciales internacionales, por lo que tenemos que bajar de nivel a los sistemas de banca corresponsal menos eficientes donde los bancos mantienen cuentas entre sí.

Transferencias transfronterizas en una sola moneda

¿Alguna vez se ha puesto a pensar cómo es que su banco puede ofrecerle una cuenta corriente en una moneda de una jurisdicción en la que su banco no tiene una licencia bancaria? ¿Cómo lo hace? ¿Cómo hace y recibe los pagos?

La respuesta, como ya lo debe de haber adivinado, es que el banco tiene una cuenta en un banco corresponsal con licencia en el país de esa moneda. Por ejemplo, un banco de Singapur (SG) podría no tener una licencia bancaria en el Reino Unido (UK). Si desea ofrecer mantener libras esterlinas (GBP) para sus clientes, mantendrá una cuenta denominada (un nostro) en libras esterlinas con un banco en el Reino Unido, preferiblemente en un banco de compensación, y entonces la usará como una megacuenta (llamada una cuenta "ómnibus") para todos sus clientes en libras esterlinas.

Banco SG			
Activos		Pasivos	
Cta Banco UK	£ 600	Alice	£ 200
		Bob	£ 400

Banco UK			
Activos		Pasivos	
		Banco SG	£ 600

Nota: Estas son cuentas en libras esterlinas (£) en el banco de Singapur

Cuentas en moneda extranjera.

Entonces, siendo cliente de un banco en Singapur, Alice (una nueva Alice) podría iniciar sesión en el sitio web de su banco en Singapur y ver si tiene £200 en su cuenta en libras esterlinas, pero las £200 se encuentran realmente en el Reino Unido bajo el nombre del banco de Singapur, junto con cualquier otra libra esterlina que el banco en Singapur manta para sus otros clientes. Alice cree que tiene £200 en el banco en Singapur, pero, en realidad, el dinero se encuentra en un banco en el Reino Unido, y su banco en Singapur solo le muestra parte de una cuenta más grande que el banco tiene en nombre de todos sus clientes con libras esterlinas.

Envío de libras esterlinas del Reino Unido a Singapur

Veamos, entonces, lo que ocurre cuando Bob (un nuevo Bob), el amigo británico de Alice, quiere enviar £10 a la cuenta en libras esterlinas de Alice en su banco en Singapur. Supongamos que Bob tiene una cuenta en el Reino Unido con un banco diferente al banco que el banco de Singapur de Alice usa como banco corresponsal.

Antes

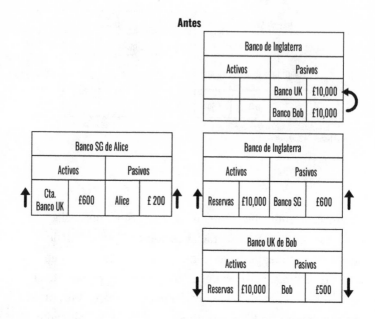

Banco de Inglaterra		
Activos	**Pasivos**	
	Banco UK	£10,000
	Banco Bob	£10,000

Banco SG de Alice			
Activos		**Pasivos**	
Cta. Banco UK	£600	Alice	£ 200

Banco de Inglaterra			
Activos		**Pasivos**	
Reservas	£10,000	Banco SG	£600

Banco UK de Bob			
Activos		**Pasivos**	
Reservas	£10,000	Bob	£500

Después

Banco de Inglaterra		
Activos	**Pasivos**	
	Banco UK	£10,010
	Banco Bob	£9,990

Banco SG de Alice			
Activos		**Pasivos**	
Cta. Banco UK	£610	Alice	£210

Banco de Inglaterra			
Activos		**Pasivos**	
Reservas	£10,010	Banco SG	£610

Banco UK de Bob			
Activos		**Pasivos**	
Reservas	£9,990	Bob	£490

Bob envía £10 de su cuenta en libras esterlinas en su
banco en Reino Unido a la cuenta en libras esterlinas
de Alice en su cuenta en el banco de Singapur.

Cuando Alice en Singapur recibe libras esterlinas de Bob,
el dinero realmente se está moviendo dentro del sistema
RTGS del Banco de Inglaterra y llega al *nostro* del banco de
Singapur en su banco corresponsal en el Reino Unido. Las
libras esterlinas no entran ni salen del país, simplemente
cambian de propiedad dentro del Reino Unido.

Cuando los bancos (con frecuencia los más grandes) tienen
subsidiarias con licencias bancarias en otras jurisdicciones, de
preferencia utilizarán sus subsidiarias para sus *nostros*. Por
ejemplo, un banco estadounidense, Citibank N.A., tiene un
banco subsidiario en el Reino Unido llamado "Citibank N.A.
Sucursal Londres",[61] que es un banco de compensación en el
Reino Unido. Entonces, Citibank N.A. usaría Citibank N.A.
Sucursal Londres como su *nostro* en libras esterlinas. Así que,
si Alice y Bob abrieran cuentas en libras esterlinas en Citibank
N.A., los fondos realmente se mantendrían en Citibank N.A.
Sucursal Londres:

---

61   Nota: Hay una diferencia entre una sucursal y una subsidiaria. Una sucursal
es una compañía extranjera que opera en un país (no constituida localmente),
mientras que una subsidiaria es una compañía constituida localmente de
propiedad de una compañía extranjera. De manera verdaderamente confusa,
"Citibank N.A. Sucursal Londres" es una subsidiaria de Citibank N.A., no
una sucursal, aunque en su nombre diga "Sucursal Londres". Esto se debe,
probablemente, a motivos históricos.

Los bancos globales a menudo usan a sus subsidiarias como corresponsales

Citibank N.A. (Banco de US)				Rama de Citibank N.A. London (Banco de UK)			
Activos		Pasivos		Activos		Pasivos	
Subsidiaria del Reino Unido	£600	Alice	£200			Matriz estadounidense	£600
		Bob	£400				

Esto es lo que ocurre si uno de los bancos está en el país de la moneda que se moviliza.

Envío de dólares estadounidenses (USD) del Reino Unido a Singapur

Hemos visto lo que ocurre si uno de los bancos está operando en la zona local de la moneda que se moviliza. ¿Pero qué pasa si ambos bancos están fuera de esa zona? Por ejemplo, ¿qué pasa si Bob, en el Reino Unido, quiere pagarle a Alice, en Singapur, USD $10?

Tanto Bob como Alice tienen cuentas en "moneda extranjera", en dólares, en sus respectivos bancos, en sus respectivos países. Ninguno de los bancos tiene licencias bancarias en EE. UU., por lo que deben tener cuentas bancarias corresponsales (sus respectivos *nostros*) en un banco corresponsal de EE. UU. En el caso más simple, si ambos usan el mismo banco corresponsal, entonces los USD son compensados por ese corresponsal, quien se encarga de la partida contable -$10/+$10 entre los *nostros* de los bancos.

Si los bancos tienen *nostros* en USD en *diferentes* bancos corresponsales, entonces los USD son compensados por el banco central, la Reserva Federal que, como hemos visto anteriormente, registra el movimiento -$10/+$10 entre las cuentas de los bancos corresponsales.

Fíjese que los USD se movilizan en Estados Unidos, no en el Reino Unido ni en Singapur. ¡Las monedas (en forma electrónica) se quedan dentro de su zona local![62]

Y ese es el escenario feliz en el que los bancos de Alice y Bob tienen la suerte de tener *nostros* en bancos de compensación en USD (que a su vez tienen cuentas en el banco central). A veces, los bancos más pequeños o los bancos autorizados en lugares menos regulados podrían no ser capaces de establecer relaciones bancarias en las principales jurisdicciones bancarias del exterior: los grandes bancos de compensación creen que los bancos pequeños no valen el esfuerzo, el riesgo, el papeleo necesario para establecer y mantener una relación de trabajo de mucha confianza. Los bancos vistos como de mayor riesgo deben abrir cuentas en bancos locales vistos como de menor riesgo, los que pueden tener cuentas corresponsales en bancos pequeños de EE. UU. que, a su vez, tienen cuentas corresponsales en los principales bancos de compensación de EE. UU.

Por eso los pagos demoran más, hay mayor riesgo operativo, hay menos transparencia y se acumulan las comisiones. El efecto de esto, en la práctica, es una forma de exclusión financiera. Algunos pequeños bancos e instituciones financieras en regiones menos estables son prácticamente excluidos del sistema financiero principal, y esto perjudica su crecimiento y el crecimiento de las empresas y otras actividades económicas de sus clientes dentro de sus economías locales.

---

62   Por supuesto, el efectivo físico puede cruzar fronteras.

Esta forma de exclusión financiera está aumentando. Por ejemplo, el Banco Mundial realizó un estudio en 2015[63] de 110 autoridades bancarias, 20 bancos grandes y 170 bancos locales y regionales más pequeños. Descubrió que apenas la mitad de los objetos de estudio experimentaron una disminución en las relaciones de banca corresponsal, reduciendo directamente su capacidad para llevar a cabo transacciones en moneda extranjera. Operadores de Transferencias Monetarias (MTO, no bancarios) también se incluyeron en el estudio y se encontró que de los MTO encuestados, 28 % de los directores de MTO y el 45 % de sus agentes ya no podían acceder a servicios bancarios. De esos, 25 % ya no pueden operar y 75 % tuvieron que encontrar canales alternativos para las transacciones en moneda extranjera.

Los grandes bancos han estado cerrando los *nostros* de bancos extranjeros, especialmente de aquellos bancos de jurisdicciones consideradas de mayor riesgo. Los grandes bancos culpan al riesgo de ser multados o de sufrir daños a su reputación si los bancos para los que abren *nostros* son descubiertos usando esos *nostros* para actividades ilegales o antiéticas, o son relacionados con las mismas.

Esto también ha afectado a la industria de las criptomonedas. En 2015, hubo rumores de que los grandes bancos estadounidenses amenazarían con aislar a los bancos más pequeños si los bancos más pequeños continuaban con el cambio de *bitcoins*. Esta "reducción de riesgos", como se le conoce eufemísticamente, se está utilizando para aislar a

---

63   https://documents1.worldbank.org/curated/en/580351481271839569/
pdf/110880-BRI-EMCompass-Note-24-De-risking-and-Trade-Finance-11-
15-PUBLIC.pdf

las partes que más necesitan de sus servicios y está creando un foso alrededor de las economías más grandes, evitando que las economías más pequeñas prosperen. Mi columnista de finanzas favorito, Matt Levine, hizo algunos comentarios sobre las amenazas de los grandes bancos de aislar a los bancos más pequeños que negocian con criptomonedas en su columna en Bloomberg, "Money Stuff":[64]

> *Aquí, la preocupación es que JPMorgan podría transferir dinero a otro banco, y que ese otro banco pueda transferir dinero para un cambio de **bitcoins**, y que ese **exchange** de bitcoins pueda transferir dinero a un traficante de drogas. Esto, a los ojos de la ley, significa que el mismo JPMorgan bien podría también estar traficando drogas.*

> *A veces pienso en la analogía entre bancos y líneas aéreas: si un narcotraficante usa un banco para mover dinero, ese banco es responsable, pero si el narcotraficante solo se sube a un avión con una maleta de dinero, nadie piensa en que la línea aérea sea responsable.*

> *Pero esto va mucho más allá. Esto es como si un taxista volara en United Airlines de Nueva York a Miami, y en Miami recogiera a un chico propietario de un bote y lo llevara al puerto, y luego el chico del bote transportara las maletas de dinero para un narcotraficante, y usted culpara a United.*

> *Muchísimas transacciones financieras legítimas serán recortadas si usted castiga a los bancos por trabajar con personas que trabajan con personas que trabajan con personas que cometen delitos.*

---

64   https://www.bloomberg.com/view/articles/2017-04-27/fund-conflicts-and-tax-napkins

Eurodivisas

La realidad es siempre más complicada que la teoría, especialmente en banca. Las divisas en realidad *pueden* crearse y existir fuera de sus zonas locales y de sus jurisdicciones de origen. Ejemplos de ello son las eurodivisas, como el eurodólar, el euro-euro, la euro-libra esterlina. El prefijo euro-se originó a partir de la región de Europa, y no se debe confundir con:

* el euro como moneda misma (€), o

* la terminología usada en el cambio de divisas (FX), como "euro / dólar", que hace referencia a la tasa de cambio entre euros y dólares.

En este contexto, el prefijo "euro" indica que la moneda existe fuera de su zona de origen. Se usó primero cuando se creó el primer préstamo en USD fuera de los EE. UU., en Europa. De esta manera, el eurodólar, la eurolibra esterlina y el euroeuro significan, respectivamente, un dólar estadounidense que existe fuera de EE. UU., una libra esterlina que existe fuera de UK y un euro que existe fuera de la eurozona.

¿Cómo se crean las eurodivisas? Cuando un banco otorga un préstamo en una moneda fuera de su zona de moneda local (por ejemplo, un banco inglés que otorga un préstamo en dólares estadounidenses), crea una moneda que existe fuera de su zona de moneda local (es decir, depósitos en dólares estadounidenses que existen fuera de los Estados Unidos). Esto está permitido y es una práctica comercial normal, muy común de hecho, pero complica el mundo financiero, especialmente cuando los países están tratando de contar cuánto de su propia moneda existe en el mundo. Por lo tanto,

no es el caso que todas las monedas estén directamente
controladas por su respectivo banco central.

En esta etapa, vale la pena romper un mito frecuente.
Comúnmente se cree que los bancos toman dinero de
un cliente y se lo prestan a otro. Esta es una forma de
pensar poco rigurosa sobre la banca y lleva a conclusiones
incorrectas. Los bancos crean dinero, en forma de depósitos,
cuando otorgan préstamos. Estos nuevos depósitos son
dinero nuevo, a veces llamado "dinero creado por una pluma",
porque los banqueros solían aprobar préstamos firmando
un documento con una pluma estilográfica. Si usted obtiene
un préstamo no asegurado de un banco, el banco agrega
depósitos a su cuenta (aumentando sus pasivos totales)
y agrega un préstamo a su balance general (aumentando
sus activos totales). Se ha creado dinero nuevo; no ha sido
"tomado" de otro depositante. El Banco de Inglaterra explica
esto en una investigación titulada "Money Creation in the
Modern Economy".[65]

Cambio de divisas

Ahora que nos hemos ocupado de los pagos en una sola
moneda (es decir, el movimiento a través de las fronteras de
valor denominado en una sola moneda), ¿qué hay del cambio
de divisas? ¿Qué pasa si Alice quiere enviar GBP de su cuenta
en libras esterlinas para que lleguen como USD a la cuenta de
Bob en dólares estadounidenses?

El dinero no se "convierte" simplemente en otro dinero
solo gracias a los bancos. Las libras esterlinas no se pueden

---

65   https://www.bankofengland.co.uk/quarterly-bulletin/2014/q1/money-
creation-in-the-modern-economy

convertir en dólares estadounidenses como un litro de leche
no se puede convertir en un litro de cerveza, o una pepita
de plata no se puede convertir en una pepita de oro. 1 libra
no son 1,2 dólares. 1 libra no es siquiera "lo mismo que" 1,2
dólares. Las libras esterlinas son un activo completamente
diferente a los dólares estadounidenses, y los activos y las
monedas *no pueden* y *no se* transforman mágicamente de un
tipo a otro. Siempre necesita de un tercero que esté preparado
para aceptar una moneda y darle la otra.

No, las libras no se convierten mágicamente en dólares

Usted tiene que encontrar a alguien con quien intercambiarlas

En un pago que involucra dos monedas, alguien en algún
lugar está actuando como un tercero dispuesto a aceptar
algo de su divisa a cambio de algo de la otra divisa. Cuando
Alice paga GBP para que lleguen USD a la cuenta de Bob,
el papel de cambista debe cumplirlo el banco de Alice, el

cual va a restar GBP de la cuenta de Alice y abonar USD al banco de Bob, o lo cumplirá el banco de Bob, que aceptará GBP del banco de Alice y abonará USD a la cuenta de Bob. O Alice podría usar un tercero específico, un MTO como Transferwise. Transferwise y otros MTO similares tienen cuentas en moneda local en bancos de varios países, y recibirán las GBP de Alice en su cuenta GBP en Londres, e instruirán a su banco en USD en Nueva York que envíen USD de su cuenta USD a la cuenta de Bob. Por lo tanto, Transferwise ha cambiado el saldo de monedas que mantiene al mantener más GBP y menos USD. Esto a su vez cambia el riesgo que surge de las fluctuaciones cambiarias, es decir, los movimientos en el valor de esas monedas en relación con las demás. Para mantener su perfil de riesgo original, Transferwise esperará que alguien envíe dinero al revés, ayudando a ajustar sus cuentas, o podría tratar de vender esas GBP extras a otro agente a cambio de USD.

Opción 1: El banco (remitente) de Alice hace el cambio restando libras de Alice y abonando sus dólares a Bob

Antes

Banco UK			
Activos		Pasivos	
		Alice	£200
Nostro US	$10,000		

Banco US			
Activos		Pasivos	
		Bob	$500
		Banco UK	$10,000

Después

Banco UK			
Activos		Pasivos	
		Alice	£100
Nostro US	$9,880		

Banco US			
Activos		Pasivos	
		Bob	$620
		Banco UK	$9,880

Opción 2: El banco (destinatario) de Bob hace el cambio recibiendo libras de Alice y abonando dólares a Bob

Antes

Banco UK			
Activos		Pasivos	
		Alice	£200
		Banco US	£10,000

Banco US			
Activos		Pasivos	
		Bob	$500
Nostro US	£10,000		

Después

Banco UK			
Activos		Pasivos	
		Alice	£100
		Banco US	£10,100

Banco US			
Activos		Pasivos	
		Bob	$620
Nostro UK	£10,100		

Opción 3: Tercero (por ejemplo: Transferwise) hace el cambio recibiendo las libras de Alice y enviando sus dólares a Bob.

Antes

Banco UK			
Activos		Pasivos	
		Alice	£200
		Transferwise	£10,000

Banco US			
Activos		Pasivos	
		Bob	$500
		Transferwise	$10,000

Transferwise			
Activos		Pasivos	
Nostro UK	£10,000		
Nostro US	$10,000		

Después

Banco UK		
Activos	Pasivos	
	Alice	£100
	Transferwise	£10,100

Banco US		
Activos	Pasivos	
	Bob	$620
	Transferwise	$9,880

Transferwise		
Activos		Pasivos
UK Nostro	£10,100	
US Nostro	$9,880	

Transacciones transfronterizas con cambio de divisas

Billeteras de dinero electrónico

En los últimos años, las billeteras digitales se han vuelto más populares, y el panorama de la industria sigue evolucionando rápidamente. Por lo general, las billeteras digitales son aplicaciones en teléfonos inteligentes que permiten a los clientes abrir cuentas. Los clientes financias sus billeteras usando una tarjeta de crédito o débito, un pago bancario o pagando dinero físico a un agente, generalmente una tienda de conveniencia. Una vez que el dinero se ha transferido del cliente al operador de la billetera, el cliente ve el saldo en su billetera y puede usarlo. Dependiendo de los servicios provistos por la billetera, esta puede usarse para almacenar valor temporalmente o enviar dinero a otros clientes, pagar cuentas, comprar entradas, comprar en diversos negocios, pagar taxis, pagar abarrotes en la caja registradora e incluso pagar multas de tránsito. Varios proveedores ofrecen el número de una tarjeta de crédito o débito "virtual" que está conectada a la billetera digital del cliente. Esto permite que los clientes que, de otra manera, no podrían obtener una tarjeta de crédito o débito hagan pagos en cualquier lugar donde esas tarjetas sean aceptadas, y a veces incluso retirar efectivo de cajeros automáticos.

PayPal, Venmo (de propiedad de PayPal) y Starbucks son billeteras digitales en Estados Unidos. En India, Paytm y Oxigen son los principales proveedores. GoPay, propiedad de la aplicación de viajes compartidos de indonesia GoJek, es popular en Indonesia y está ganando terreno en el resto del sudeste asiático, donde la aplicación dominante de viajes compartidos Grabo también tiene una billetera. En China, Alipay y WeChat Pay son ampliamente usadas para almacenar valor y realizar pagos. La tasa de crecimiento de clientes de estas billeteras es impresionante: solo Alipay tiene más de 500 millones de usuarios registrados y 100 millones de usuarios activos todos los días.

Las primeras billeteras fueron provistas por empresas de telecomunicaciones (telcos), que ya estaban negociando con tiempo de comunicación prepagado, un tipo diferente de moneda digital. Fue un pequeño paso para permitir que los clientes transfirieran dinero a una billetera denominada en moneda fiduciaria en lugar de en "minutos", especialmente porque la billetera existiría en un dispositivo que probablemente el cliente había comprado en la empresa de telecomunicaciones (¿recuerda cuando los teléfonos estaban marcados con el logotipo de la empresa de telecomunicaciones?). Sin embargo, las empresas de telecomunicaciones no pudieron mantener su liderazgo inicial debido a su enfoque de "jardín amurallado", por lo que esta primera ola de billeteras digitales no fue, en general, exitosa.

Las billeteras de hoy en día han sido desarrolladas o bien por empresas privadas que podían navegar bien el camino del tiempo de transmisión a la billetera (PayTM), o por empresas de transporte que, gracias a su popularidad, tienen una escala gigantesca (Grab, GoJek), o por empresas que empezaron como aplicaciones de mensajería social y agregaron el servicio de pagos (WeChat).

Estas empresas operan bajo diferentes licencias en diferentes jurisdicciones. Los nombres de las licencias normativas usadas por estas empresas de billeteras difieren según la jurisdicción.

Algunos ejemplos son: e-Money, Money Transmitter, Stored Value Card, Remittance, Wallet, Money Transfer, entre otros. Estas licencias tienden a ser más fáciles de obtener que las licencias bancarias, pero las actividades permitidas son más limitadas. Por lo general, en la mayoría de las jurisdicciones, los licenciatarios tienen prohibido otorgar préstamos o crear dinero, un privilegio que se le da a los prestamistas y a los bancos. Cada dólar o unidad de moneda que el cliente ve en su aplicación debe estar respaldado por un dólar equivalente en la cuenta bancaria de la empresa.

Las billeteras de dinero electrónico son fáciles de entender desde la perspectiva de los pagos. Cada operador tiene una cuenta bancaria que está delimitada para solo contener el dinero del cliente. Esta cuenta no debe ser usada para operaciones de la empresa tales como recibir ingresos o pagar salarios. Cuando los clientes transfieren fondos a sus billeteras, esas transferencias se realizan a esta cuenta bancaria. Cuando los clientes de un operador mueven dinero entre ambas, no hay cambio de dinero en la cuenta bancaria, pero el operador de la billetera registra un débito para un cliente y un crédito para el otro, un -$10/+$10 en sus libros contables. Si un cliente retira dinero de su cuenta, entonces el operador de la billetera realiza la correspondiente transferencia bancaria a la cuenta bancaria del cliente. Los clientes no se limitan a individuos. Comerciantes, conductores de minitaxis y entidades del sector público son clientes frecuentes de billeteras, y las billeteras se están convirtiendo en una manera conveniente y común de pagar cuentas en algunos países.

El surgimiento de las billeteras, que en parte se debe a su enfoque en brindar una experiencia superior para los usuarios superior, ha causado cierta preocupación a los bancos. En algunas jurisdicciones, los bancos están perdiendo relevancia entre sus clientes y perdiendo datos e ingresos por pagos. Cada vez con mayor frecuencia, las billeteras se colocan entre los clientes y sus respectivos bancos.

En Europa, uno de los "challenger banks", o bancos retadores, Revolut, usa una licencia para billeteras de dinero electrónico, por lo que, técnicamente, no es un banco. A pesar de esto, ofrece una gama completa de pagos, ahorros, seguros, pensiones, préstamos e inversiones. Revolut es el punto inicial de cara al cliente a través del cual los proveedores autorizados ofrecen sus servicios. Esta dinámica genera interesantes preguntas sobre el futuro de los bancos licenciados.

Los bancos deben tomar una difícil decisión: o bien intentan volver a interactuar con sus clientes y volverse más relevantes proporcionando mejores experiencias para los usuario, o bien se enfocan en convertirse en conductos financieros extremadamente eficientes en segundo plano. Ambos modelos son viables si se ejecutan bien.

Parte 3

CRIPTOGRAFÍA

CRIPTOGRAFÍA

Es el momento de respirar profundamente. Para entender
realmente al *Bitcoin* y las criptomonedas a un nivel mayor
que solo el de una conversación social, debe entender
algunos conceptos de una rama de las matemáticas
llamada criptografía. En esta sección sobre criptomonedas
supondremos que usted está familiarizado con los conceptos
aquí discutidos.

No se salte este capítulo, va a ser divertido. La criptografía
se trata, entre otras cosas, de enviar mensajes secretos que
solo pueden ser leídos por el destinatario previsto. Es lo
que usan los espías. Vamos a hablar de cifrado y descifrado
(la codificación y decodificación de mensajes), *hashing*
(convertir datos en una *recopilación* de huellas digitales)
y firmas digitales (pruebas de que se ha creado o aprobado
un mensaje).

Sin embargo, la criptografía no es *solo* para espías, criminales
y terroristas. Actualmente se usa mucho para proteger la
información que viaja por el Internet. La "s" en "https"
significa seguro. Eso significa que la criptografía se está
utilizando para garantizar que el sitio web que usted está
visitando es, de hecho, un sitio web auténtico. También
significa que los datos que vuelan entre usted y ese sitio web
están encriptados o revueltos, de manera que los curiosos
no puedan leer fácilmente las comunicaciones entre su
dispositivo y el sitio web al que está accediendo.

CIFRADO Y DESCIFRADO

A pesar de que la criptografía se utiliza para muchos más propósitos que simplemente cifrar y descifrar mensajes secretos, el cifrado es el uso más conocido de la criptografía, así que empecemos por ahí. Por lo general, las *blockchains* no están cifradas, pero comprender el cifrado proporciona una buena base para la criptografía que se usa mayormente en *blockchains*.

El cifrado es el proceso de convertir un *mensaje humano de texto simple* (es decir, legible) en un texto cifrado (un revoltijo, algo ininteligible), por lo que, si el mensaje cifrado es interceptado, el entrometido no lo puede entender. *El descifrado* es el proceso de convertir el texto cifrado ininteligible nuevamente en un texto simple y legible. "Romper" el texto cifrado significa resolver cómo descifrar el texto cifrado sin que nos den una "clave" (ver más abajo).

Digamos que Alice quiere enviar un mensaje a Bob, para que solo Bob lo pueda leer (siempre son Alice y Bob, y eso lo veremos más adelante). Alice y Bob primero acuerdan un esquema. Usemos un esquema muy simple en el que ellos cifren el texto cambiando cada letra por un número determinado de lugares más adelante en el alfabeto. Ellos acuerdan usar "+1" como la "clave", lo que significa que cada letra se mueve un lugar más adelante en el alfabeto. Por lo que A se convierte en B, B se convierte en C, C se convierte en D, etc. Este esquema se llama Cifrado César.

Alice escribe esta nota en texto simple: "Veámonos, Bob".

Alice lo cifra cambiando cada letra una vez hacia la derecha: "Wfbnpñpt, Cpc".

Alice envía el texto cifrado a Bob.

Bob descifra el texto cifrado cambiando cada letra retrocediendo cada letra una posición y obtiene el texto simple: "Veámonos, Bob".

Este tipo de cifrado es parte de una familia llamada "cifrado simétrico", porque la misma clave (+1, en este caso) se usa tanto para las etapas de cifrado como de descifrado.

Hoy en día, este método de cifrado no se usa en la vida real. En primer lugar, porque es muy fácil de identificar y romper usando técnicas como el análisis de frecuencia de las letras. En segundo lugar, y más importante aún, Alice y Bob primero tienen que comunicarse para ponerse de acuerdo sobre qué clave usar para el esquema. Tenían que ponerse de acuerdo en el "+1" primero. ¿Cómo saben que alguien no estaba espiando cuando lo acordaron?

Quizás Alice y Bob se encontraron físicamente antes y acordaron el "+1" en persona, pero si sospechan en algún momento que un fisgón los ha comprometido, ya sea en esa reunión o durante el curso de sus conversaciones, ¿cómo podrían, entonces, acordar una nueva clave sin que el fisgón se dé cuenta de esa nueva comunicación?

En un mundo en el que nuestros dispositivos están constantemente iniciando conexiones con nuevos sitios web, cualquier "saludo" inicial en el que una clave simétrica se acuerde y se comparta entre su dispositivo y el sitio web es un punto débil, y cualquier curioso que espíe ese intercambio inicial puede descifrar los mensajes secretos para el resto de la conversación. Más adelante vamos a explorar la criptografía *asimétrica*, una forma de cifrado de uso mucho más común.

¿Por qué el cifrado es relevante para las *blockchains*? En realidad, no es tan relevante. Varios periodistas y consultores de gestión hablan sobre *blockchains* cifradas, pero están confundiendo *datos cifrados*, que no se usaron en la primera generación de *blockchains*,[66] con *criptografía*, que se usa ampliamente en *blockchains* para *hashing* y firmas digitales, como veremos más adelante.

En la red de *Bitcoin* nada está cifrado por defecto. Se trata de que los datos de transacciones en texto simple sean replicados en toda la red para que cualquiera los pueda leer y validar.

Sin embargo, otros esquemas criptográficos como los esquemas de claves públicas, que se verá a continuación, se usan mucho en *Bitcoin*, ya que son hashes criptográficos.

Criptografía de clave pública

El cifrado César que acabamos de describir es conocido como un cifrado *simétrico* porque se usa la misma clave para cifrar y descifrar el mensaje. En criptografía pública, la clave que se usa para descifrar un mensaje es diferente (pero está matemáticamente vinculada) a la clave usada para encriptar el mensaje. La criptografía de clave pública es descrita como un esquema asimétrico porque la clave usada para descifrar el mensaje no es la misma que la clave usada para cifrarlo. Esto lo hace más seguro.

---

66   En algunas plataformas más nuevas de *blockchain* hay algunas capas adicionales de "privacidad" en las que los datos cifrados son emitidos a una amplia audiencia o subconjunto y solo pueden ser descifrados por las partes que tienen la clave de descifrado.

Usando criptografía asimétrica, si usted quiere recibir
mensajes cifrados crea dos claves matemáticamente
vinculadas: una clave *pública* y una clave privada. Juntas se
llaman par de claves. Usted puede compartir su clave pública
con el mundo y cualquiera la puede usar para cifrar mensajes
por usted. Usted usa su clave *privada*, que solo usted
conoce, para descifrar esos mensajes. Cualquiera que le envíe
mensajes cifrados usando su clave pública sabe que *solo* usted
los puede descifrar.

Criptografía simétrica

Criptografía asimétrica

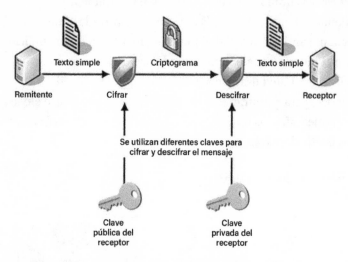

Fuente: Blog de Sachi Mani[67]

Como hemos visto, uno de los mayores problemas de la criptografía simétrica es cómo compartir una clave, en primer lugar, cuando todas las formas de comunicación están intervenidas. Es difícil estar seguros de que se puede compartir una clave de descifrado con un amigo sin que los curiosos también obtengan la clave. Con la criptografía de clave pública usted transmite su clave pública a todos, sin importar que los fisgones la puedan ver o no. Luego, su amigo cifra el mensaje y se lo envía. Solo usted puede descifrarlo porque solo usted tiene la clave privada. Si un fisgón recibe el mensaje cifrado, no podrá descifrarlo porque no tienen su clave privada. Es un buen sistema y una gran mejora en

---

67   https://sachi73blog.wordpress.com/2013/11/21/symmetric-encryption-vs-asymmetric-encryption/

comparación con los esquemas simétricos, porque usted nunca tiene que comunicar una clave compartida o común.

¿Cómo se ven las claves? Hay muchos esquemas diferentes. PGP (Pretty Good Privacy) es un programa desarrollado originalmente en los años noventa para el cifrado, descifrado y firma digital de mensajes como correos electrónicos. Este programa era tan poderoso que al gobierno de los EE. UU. no le gustó y lo clasificó como Munitions, "Equipamiento Militar Auxiliar", lo que significa que cualquiera que sea descubierto exportándolo desde EE. UU. estaría en grandes problemas. Phil Zimmermann, el creador de PGP, descubrió una alternativa al publicar el código fuente como libro de pasta dura amparándose en la protección de la Primera Enmienda a la exportación de libros.[68] Esto marcó el pico de las tensiones entre el gobierno estadounidense y los individuos apasionados, con toda razón, por la privacidad. Para conocer esta historia en profundidad, recomiendo leer el libro de Steven Levy, *Crypto*, que documenta la historia del PGP y la revolución de la criptografía.

Volvamos a las claves públicas y privadas. Descargué el GPG Suite,[69] un conjunto de herramientas de código abierto y gratuito que cumple con las normas de OpenPGP, y creé un nuevo par de claves. Así es como se ven las claves públicas y privadas:

---

68   https://en.wikipedia.org/wiki/Pretty_Good_Privacy

69   https://gpgtools.org

-----COMIENZO DEL BLOQUE DE CLAVES PÚBLICAS
DE PGP-----

mQINBFrPqNgNgBEACtXSKabvi7Tecyk1BLSPBcafGjpht-
JD+OIiA47yzo4NBRKB8o+q8IHSxHy9dxJXpBMxkX-
qgaIwUc1aaR0AMccqbeqWS0MYroB5qteCC5ithnAyTh-
3BaNkAuWLgFOte4QgJ+Jql8VF+c1hpYxmITgPwYr++rCp/
h4DAuSIKO4I1arc8BSTcP/foZjV1zgDrE0EV9lrX/
iNWU3S9Y3DVoDFTe4TlnS6ar0t4TLo9TqZtPSpLLzgc-
TR4C00jZ0CcCj4AjXAv8zTdswDLsFuL7khf6xYzF-
h4ZohmHM3qaXqnyHAfuwUh2LdE2a8bzjahu9hHuL-
r8mD7jTyP715G2u92ODHKD05HD2mBBlglhLR2cz0d-
C6p4MyTX7Fju93PHuvpdDxlxNTwWEWUDYrUDGG-
D9TzgSoaaSiyxr4dbTeinaGeGF1TRRtFSOSuMacX-
kdipt8gwdgZ7OcSvjhDXqPWHjZnmukisk60YK/
zsdxBFSviIM0GJ7f/JyBJUJEtzJY0sFxWoUtb-
wHV4MW7u8rCfc74keKfolwleUhtwFr3rd2RQw-
7nAgRoOvEXZ46Ir/+QNIl4sxafHnG7J8LR5w5B+Lk-
JGUs9lLq48APEsXyiCp9CntychzgHsYIQdaJb-
G84kcJx84Ujg2hbwD1W5k+0CCtdhzhXwLP+7M-
Jb1t/8Z8BtnguxTwARAQABtCRBbnRvbnkgTGV3aXMg-
PGFudG9ueWxld2lzQGdtYWlsLmNvbT6JAlQEEwEIAD-
4WIQTQh5ifhrStiPdOmBZyTnh3vakkFgUCWs+o2AI-
bAwUJB4YfgAULCQgHAgYVCAkKCwIEFgIDAQIeAQIX-
gAAKCRByTnh3vakkFgsMD/9Chi/7I16nIhIQwlF90juF-
d++mGGBabwl7rUmhykhn9P3B7FriBGBK5kViLfjDlI-
JxAPm5anqLiia2SCBhqRXgAOkDs1UCmSr0QP-
GoVTjcoMpznretSB5yzJU6NZUvoL2m6f2Xlyt7/
Hx2xZQPCZD3F4YCqG7BqFvbC3lh7PR5mSNPiyW0siIK-
F3b7CuqSSZe3kA6N92hJz42yfpFdahq0gXgZaRHzoIy-
oFAfxpIUTASq37VP8oyNWIBZ146pasGPZZemz8DGcN-
p09vrxC3FnpcbgCzmzQFaJ0rpPtpV2m2pTSg2au/
HdQRc7/ZVJVkAgAboURUAEzB41SXuGAt9txB81ebM-
0bgG7/hphVerfrZRiQ/ae9xfCms+Q/LgIVX-
M/4+MqrvMkxD98Bx1J9NhSk3Ybt7CyLGUr95S/
ctwH0H8SdN+gz+82TGa1TSbZdqPw9HXmwXNFa9d2dcN-
MGRp+5Dx2fW1RGo4IFylPFThz9re0psUxt2SGaWOqf-
9bg2HxvckGNx1JOKPdvNC96bEOBV6vlNs1jSAC6S-
BakQBsh71czmfzMG32Kvn15nckdJ3pWIXRkk1iB/
aXEQAEHvCtoJVYqBgFlRohwcRjZjkxywh8ToR-
rq6T2rqyBTTWU8dq3CJ0yMT1vZoYqeioC+bFJztEsu+oG9T-
4toergRkO2LeJrkCDQRaz6jYARAA1038+djsObvbWS4O5OK-

K2z0xeVZZ37NRGfN1orTKnNgN+YWbo5Ii0eK8AhxEYOs/
J8nTo7iSPo6COyOxo54+ku0tAhBjSR4ExAKO+4fzX-
M/34+nMRQKt8OlmHhJsv+vg7lplr/hEQ3np9QsaMLM-
S8PfhF62XcyGqJ8burAFp13pg4oPckAw8n9fHDS9e+B-
GQU6ks+B6c6YcG1wH+vfFP7YswG0afvo59YKFPyxUan9O-
J4hJLDIConWpS5QTgMmGHUDDTJMXjAZMuPK9v1HIL744-
luabi+rIX7eKfIifu5zTSim2O65n-
2MWa8esmPqglIL2OR9COQtxbrSPrjANDVxGP0WetL-
wq27kWAn+zjTPQaEn7W/imoWxFFBHCVgZghnn/
hN6xlM83IXY1GHbdJR4cilVa3BSmvqe3J7e5l3+ppS-
B9z/exHg1pgCtZjGqFXBViqiSQIfKIbIZ2uTb-
JEAEnwSTqJMdsDz+waNyyxCeFdkASOEkgnVs/
S8KPv6YH6Tb7puizvWA04TX17Kdy5qz4e6yBp9SbzE-
HGLbxgEsKUztI5dRQkR1MDU2i6tJVjAIT2RUafcIT-
60S3H4d6Mu3+mwFfT+qD79nEbJw/CvNq1cqKunMIb-
NJi7ZcS+DyybFfYCaKswTkQuyXLU7ko7fWxbCceg-
sY2RHl1i0iLY1Ru40AEQEAAYkCPAQYAQgAJhYhBNCHm-
J+GtK2I906YFnJOeHe9qSQWBQJaz6jYAhsMBQkHhh+AAAo-
JEHJOeHe9qSQWC2gP/3qMme7I6j8VsXT9sPqc36MQoMtFS/
PSNmpA5NQ+V9Ffuepg91Y3VDLz5HV8tz9xw+JaeHS1T-
469DucoIKAAPouk/umVKn/dfGnf/tq44XKyd30VJ/
kJo+mv/LcQmFcwHbwElrlA7qttjJs/iXsr3Ly5ztgM-
mpgYOXk48IISq3sisEaj03Ph7+H5ylPG3FHiMcjef-
g20vAZ3kXZ9kGVnXtjFOOJ9k2UFfWRSLpq8KDW8pz/
Rp5s0a16MlKFaX8HytL1NKu+gtq26NfYP8P/EGjeMf/
AJFZNQv+oq46PH8fqPXxLSp4IWbQTdQXvc12o9uYut-
jfSEqEaWw6UmL01NuPBZYjIb49M3EJSkgl33+8U-
9JnI3p9+H9iRYW/Mnjb0nBZGPw+SwdzSqEvjcI-
67BaL6SfqPrAAqrKsdNtsbr4tL3ssDtcqTOkv21lP+W-
zbSfC1783a+oQUsoggvCb5oOcPO5cwbTrrSebcSf/
KFBQzGxxhzoYp1TKzB127efG/Rwz05GrsFKvtH-
plrj5jGab7Hn8YuYPBtZB77EvYB86NMFQTFn2gUvrA2R/
Rf/r5vyeigP27ClnEvAofTgpUQg3mwTzSB6bMBIst-
k3OYpfy4qNMLluxVA3YaXUC8Lf8jCuQBi+XUDhMKEc-
MtYRJ91YJ/ePA3ZU8iTQ00mYTj0r/VYIy=ieAB

-----FIN DE BLOQUE DE CLAVES PÚBLICAS DE PDG-

```
-----COMIENZO DEL BLOQUE DE CLAVES PÚBLICAS
DE PGP----

lQcYBFrPqNgBEACtXSKabvi7Tecyk1BLSPBcafGjpht-
JD+OIiA47yzo4NBRKB8o+q8IHSxHy9dxJXpBMxkX-
qgaIwUc1aaR0AMccqbeqWS0MYroB5qteCC5ithnAyTh-
3BaNkAuWLgFOte4QgJ+Jql8VF+c1hpYxmITgPwYr++rCp/
h4DAuSIKO4I1arc8BSTcP/foZjV1zgDrE0EV9lrX/
iNWU3S9Y3DVoDFTe4TlnS6ar0t4TLo9TqZtPSpLLzgc-
TR4C00jZOCcCj4AjXAv8zTdswDLsFuL7khf6xYzF-
h4ZohmHM3qaXqnyHAfuwUh2LdE2a8bzjahu9hHuL-
r8mD7jTyP715G2u92ODHKD05HD2mBBlglhLR2cz0d-
C6p4MyTX7Fju93PHuvpdDxlxNTwWEWUDYrUDGG-
D9TzgSoaaSiyxr4dbTeinaGeGF1TRRtFSOSuMacX-
kdipt8gwdgZ7OcSvjhDXqPWHjZnmukisk60YK/
zsdxBFSviIM0GJ7f/JyBJUJEtzJY0sFxWoUtb-
wHV4MW7u8rCfc74keKfolwleUhtwFr3rd2RQw-
7nAgRoOvEXZ46Ir/+QNIl4sxafHnG7J8LR5w5B+LkJ-
GUs9lLq48APEsXyiCp9CntychzgHsYIQdaJbG84kc-
Jx84Ujg2hbwD1W5k+0CCtdhzhXwLP+7MJb1t/8Z8Bt-
nguxTwARAQABAA/9FW3uyhIvks+VZY4KHdQ9Sd8ar-
HTq6IQbRxQyVjfP0YS2gVQnLsoCaO5hoJu9iCA1T-
BgyKkOt7bUe4i8eE5kTmm4N0lgpShK/9Moma3/
Ndp2onr9DNFYmhM11qHdNhOPiH4FodFy5Cx1s71H9pPiny-
f4a35HeivcP9kKsL4Gdnca8MaIdJVCO7146+33kZSpzIC-
jcn9hd092DD6oMF4v+rOgWzF861IpYlN0/JD-
bloZku8i47DFyH+idt2Oa++7ULTNOi87PWRw4W/
VHy6s/rQOdMeFpBRghebHmVNCgxzmpzVx8/
Ya6VrTJ2e9Hw7eNDdkfbbAB08QDqBd9a2RP-
G7QMa7k1SAFmq5wt0oGXhl/rmowem1UQ4mpDb-
yuL43hR8VTtAyG4RsKzj0WWK4jSQEPEeSj6uMyZt4oF-
nrNVTNBEGXCYOaFtj9ufDCUdYuzk7v0eZ4y2G33W-
WI1YXomOkqECd1BA07WTjdKr3HaJiiI+N1UYrmN+d-
NXC6TOvIvCxBX6oc2DSCLHNNRWDFezflCUgbt-
Prn81ieZ1OHsugbE7pFT47fgBSzCK8a4zdrXVFpbwtD-
86tOsLcFLpya6ZVWgnahqXnMfM2FLnlweNeB8X6k0U-
toYNL94fazaqm7jceDPtLl65HiTB+bKrLhV8UMyGk/
jwgKXi4VrSm0GzFOyXEIAMSyQKCgl0z2w/xUC6eBlv-
3vhTlJXEHm3jsHVdzwXGd9bfRqrbX3Y6qTSch4a2MNe8e-
ILEZitely+4NSg88xQnwKM4zRChReQeVT0Ug2YdRyJHeZ/
ynPJQfUJrUSIslFOU+hEDThnQaB9Q4czL26DEKV-
fOJghGQ/6xXS5Hifoe8YJWhyUo/RCfuvFCkFWn-
```

p2qZJaiFW64Md1SY78084W92a3ZQ7wsNPvB2REmok-
fAApXnpBEboIxExuHRQIGiOfXEfivTdWB-
NwNkTTecpDP3cgFtoYBrfSunSIsgmEZcl-
CUyZ56MFQCpGJHrTi8SamTm+A2TKlC9HU0G20d/
Eem73gkIAOGh/rNI8iiTLwdI6C7huin-
pIJms9n2T9AdyZrciq+GY9f6NWPLyjdgYrjd-
C4esyWOBuSTNVokJ95GFRVgii1TeLjP8YUTAi87/
jlaXpGGjYLdVdvfLDw48iT7UXVE79qkcedTiOqULNBLx-
IP0tTt0zI9IDJGi1VbnJZkk8TrL23mQwcSRKT97sapvp-
jXDH9xzHdJw3bv6tkUYaGQgZE8BtelX7kUzUl4S1qSH/
Xp8Ozs1YyyappCfkEkFwlidcUy5rBaO5UYHtEkq6ZuFp-
Meocss+IFl6b1TG16MUZ+LtxKQRZ7b51b/k8bCs3Qh/5/
FgFPZs7694xZY+MRM5bsapcH/RwT1bkTos3F5dk-
BQ4SDEUAXjLDvssjR33u3HGijC/4y2Q1DN5Nk3npg-
ZGOSwu5/S6oTBWRLX7e+NB31+5b9D+pgotgFK90r0AX-
ZuhZxYtNgxsNgwLLQDLY1JEiTPfZzPKGwP162/C4cw/
C0Xum48ynHTjFsMNeP4h8n72NsYmWYVUPsclGGw-
GoMKweJkWdgPcRpnW3OT1/lAjY3enikmXRBeZat-
l+Gr0AszGGU9Iudd1bdNKadbx6ADkVEEAFmNkx5ff-
N1vxHvzEx3KvDtrIhYEiApzLBUK4d5sgq844M3gs-
g25aBfaTrb3M2DGbOApxMwIfn0d9yoqkgqKHs+TaY-
txLbQkQW50b255IExld2lzIDxhbnRvbnlsZXdpc0Bn-
bWFpbC5jb20+iQJUBBMBCAA+FiEE0IeYn4a0rYj3Tp-
gWck54d72pJBYFAlrPqNgCGwMFCQeGH4AFCwkIBwIG-
FQgJCgsCBBYCAwECHgECF4AACgkQck54d72pJBYLDA//
QoYv+yNepyISEMJRfdI7hXfvphhgWm8Je61JocpIZ/
T9wexa4gRgSuZFYi34w5SCcQD5uWp6i4omtkggYak-
V4ADpA7NVApkq9EDxqFU43KDKc563rUgecsyVO-
jWVL6C9pun9l5cre/x8dsWUDwmQ9xeGAqhuwah-
b2wt5Yez0eZkjT4sltLIiChd2+wrqkkmXt5AO-
jfdoSc+Nsn6RXWoatIF4GWkR86CMqBQH8aSFEwEqt+1T/
KMjViAWZeOqWrBj2WXps/AxnDadPb68QtxZ6XG4As5s0B-
WidK6T7aVdptqU0oNmrvx3UEXO/2VSVZAIAG6FEVABM-
weNUl7hgLfbcQfNXmzNG4Bu/4aYVXq362UYkP2nvcXw-
prPkPy4CFVzP+PjKq7zJMQ/fAcdSfTYUpN2G7ewsixlK/
eUv3LcB9B/EnTfoM/vNkxmtU0m2Xaj8PR15sFzR-
WvXdnXDTBkafuQ8dn1tURqOCBcpTxU4c/a3tKbFMb-
dkhmljqn/W4Nh8b3JBjcdSTij3bzQvemxDgVer5Tb-
NY0gAukgWpEAbIe9XM5n8zBt9ir59eZ3JHSd6Vi-
F0ZJNYgf2lxEABB7wraCVWKgYBZUaIcHEY2Y5Mc-
sIfE6Ea6uk9q6sgU01lPHatwidMjE9b2aGKnoqAvmx-
Sc7RLLvqBvU+LaHq4EZDti3iadBxgEWs+o2AEQANdN/

PnY7Dm721kuDuTiits9MXlWWd+zURnzdaK0ypzYDfmFm6OS-
ItHivAIcRGDrPyfJ06O4kj6OgjsjsaOePpLtLQIQY0keB-
MQCjvuH81zP9+PpzEUCrfDpZh4SbL/r4O5aZa/4REN-
56fULGjCzEvD34Retl3MhqifG7qwBadd6YOKD3JAMPJ/
Xxw0vXvgRkFOpLPgenOmHBtcB/r3xT+2LMBtGn76Of-
WChT8sVGp/TieISSwyAqJ1qUuUE4DJhh1Aw0yTF4wGTL-
jyvb9RyC++OJbmm4vqyF+3inyIn7uc00optjuuZ9jFm-
vHrJj6oJSC9jkfQjkLcW60j64wDQ1cRj9FnrS8Ktu5FgJ/
s40z0GhJ+1v4pqFsRRQRwlYGYIZ5/4TesZTPNyF2NRh-
23SUeHIpVWtwUpr6ntye3uZd/qaUgfc/3sR4NaYAr-
WYxqhVwVYqokkCHyiGyGdrk2yRABJ8Ek6iTHbA8/
sGjcssQnhXZAEjhJIJ1bP0vCj7+mB+k2+6bos-
71gNOE15eyncuas+HusgafUm8xBxi28YBLClM7SOXUU-
JEdTA1NourSVYwCE9kVGn3CE+tEtx+HejLt/psBX0/
qg+/ZxGycPwrzatXKirpzCGzSYu2XEvg8smxX2Amir-
ME5ELsly1O5KO31sWwnHoLGNkR5dYtIi2NUbuNABE-
BAAEAD/4sS3wvPsSiwBZJi6M+zai5oCZMi0pkLnUR/
LeH6OACUqTVX/p8NXV6bsY1PPGIav2MRwaGmVNlE-
VaTqi1Ctyyyd58Z3JtAkK90T/5wmzCjOJoMRq5iyEFW-
3f3HVA0RkwqsnuZqxI3uv+c1JbqWqFDOSIED-
qRAOfK+QDWpO8t9+mEvUbkJzVEEotXDbMpK8QIjL3XNF/
K5VkRUEKQHqu/mwqkEUa3wz7Qa4WZeb9VSL6y5j11W-
fVdzaveQd/9nMI6p+Af1+hEPGsCwECifcsjXoa/
sw7bem0fsAUu5gTYzl/kUOe6m6qOswkK1YKZ2n-
4s76COcfLi34rPttAUiwg0ZnBzRBD-
Jp4nB48T1wXBTenbN4lwhLdET6bhhL/Qkzadc-
CFIsYBchDYz80XHr4Mzd3gZqrYFuNf4Ne+Ob/
V1tLNiWC8MTTdE3NaDVy8LGNorRSgDM7oGjjSvSCYE6+N-
JzqRt7PTn1PYtZcYRsyvFTO8Rwp8WedeCNsOsZhH-
vdmEH3ilP3loFV3pdcJtEcBhjqQo7h9t39DDfQOwe-
hHSNXi+b9Wc5kLlPRx6ZeeRPu1p9+0RuCGZux-
QLuzsH5UkWznpb0CkmtkMJpvMuzTB7xV9s/
ldtzMFrfwyVWXg0Bedg16mVZF7S/r+eHGzEGvwaYu-
jXan9kOLYvvrlWQZP5N8x+FQgA2Z+2jhDtIbho/
VC492coTf1N2ctGJDQMryMus2kdhQWMpB0Fg-
pug1ibfPPYGta0ObsgOIQ9j3PtA6kS5yz+-
sUgGXCwY0XIo4O9rWmBrMziLGTtfiFtq90A-
CpEJNM1YkCKDFuGOcZ2023eTQZ3WMQqgak-
gYlmrbIwTCZmfmORpThN8a/zhG+6TUhMqjZ/
M0mWf1mwt4WRhJ8Txojo4U8+G6kZXxmCTOdk2eiIQKl-
CvAvHlhgc8Xf/EKAoxY6gRi/RwXWqVG+3ybAqVT-
JbbIp/9efLjaifCN5MfInRRtMrRtHoSwoKPmt-

McuChkjmZrUyTtTzTevjpzOJIA1y7V9HzqwgA/
UWTpVAnAibOlfvglMy7HKKv2+eGGTJaR+Z/npU9Vm-
J1FjI4xM5k19OreMcHwur++Pg+1vZ3dkcZPR6h7t-
18GCiJ2JSB7CUOiFec6C+pxl2CrGZO8qeRKdC9Tk-
4pvhcuXBbjeguv6xo4H8JGSAC8oPOnjCupu3hWUx-
GRFZL5Ig+lPzqpSJedySUW1BZwyOTtHitbyqluU52D-
1wtfdrqSvZjIi+C5Of6MN9Glf3+Si3QY+bW-
cUSebHEDSNTVOY7aOp2RFOyEhcuEKVLutHDzDkGoltldW/
KsmMz4C3mlmpquZbVYtv5tLMa3gtT2EEc62cm-
fvKrVG1Fe0AXBU9FxVpwf/SgaiW6Q1ddu7NYZMsL-
Mw/YBQiAlcDqlCspRxYRZQLZqxdpCz62IUhI-
1aHd9nIMSWu4ssSvfuU+iBeDiJoL0vRFmnpzmc-
Q4yhV2uLTeVza6BPtHio/qRdtfGHwxIz6x/
VQOfDjIpPGKja6J12eAnOJt5GjYHfSYBuEEHYO+eB-
fU8twQMnFi65+HktOArdrvRq2FsvjjvnvGQXr3wf-
N66d9pMKqcyBtmZMhJDkU8cGTvcMCp1Z3w+GCrLK-
PO5aJXGD5KxrNGkB8vNWdiFynms67Kufka1EnBjg/
v3wnWJWfD4Zgavw7KNTbCOMFcMaWra3p0C4FQSq6aqrKQ18b-
g+lNXUNiQI8BBgBCAAmFiEEOIeYn4a0rYj3TpgWck54d-
72pJBYFAlrPqNgCGwwFCQeGH4AACgkQck54d72pJBYLaA//
eoyZ7sjqPxWxdP2w+pzfoxCgy0VL89I2akDk1D5X-
0V+56mD3VjdUMvPkdXy3P3HD4lp4dLVPjr0O5yg-
goAA+i6T+6ZUqf918ad/+2rjhcrJ3fRUn+Qmj6a/8tx-
CYVzAdvASWuUDuq22Mmz+JeyvcvLnO2AyamBg5eT-
jwghKreyKwRqPTc+Hv4fnKU8bcUeIxyN5+DbS8B-
neRdn2QZWde2MU44n2TZQV9ZFIumrwoNbynP9Gn-
mzRrXoyUoVpfwfK0vU0q76C2rbo19g/w/8Qa-
N4x/8AkVk1C/6irjo8fx+o9fEtKnghZtBN-
1Be9zXaj25i62N9ISoRpbDpSYvTU248FliMhv-
jOzcQlKSCXff7xTOmcjen34f2JFhb8yeNvScFkY/
D5LB3NKoS+NwjrsFovpJ+o+sACqsqx022xu-
viOveywO1ypM6S/bWU/5bNtJ8KXvzdr6hBSy-
iCC8Jvmg5w87lzBtOutJ5txJ/8oUFDMbHGHO-
hinVMrMHXbt58b9HDPTkauwUq+0emWuPmMZpvsefx-
i5g8G1kHvsS9gHzoOwVBMWfaBS+sDZH9F/+vm/J6KA/
bsKWcS8Ch9OClRCDebBPNIHpswEiy2Tc5il/LioOwuW-
7FUDdhpdQLwt/yMK5AGL5dQOEwoRwy1hEn2Vgn948D-
dlTyJNDTSZhOPSv9VgjI==7kkJ

-----FIN DE BLOQUE DE CLAVES PÚBLICAS DE PDG-

Desde luego, este par de claves específico es inútil en este momento, porque he mostrado ambas claves al público.

Eso es PGP. *Bitcoin* usa un programa diferente llamado ECDSA, Elliptic Curve Digital Signature Algorithm (Algoritmo de firma digital de curva elíptica). Funciona de la siguiente manera:

- Elija un número al azar entre 0 y 2256-1 (que, escrito, tenga 78 dígitos: 115, 792, 089, 237, 316, 195, 423, 570, 985, 008, 687, 907, 853, 269, 984, 665, 640, 564, 039, 457, 584, 007, 913, 129, 639, 935). **Esta es su clave privada**.

- Aplique algo de matemáticas ECDSA para generar una **clave pública**. Los algoritmos ECDSA son bien conocidos y hay muchas herramientas para ayudar con los cálculos.

¡Eso es! Ha elegido al azar una clave privada y ha generado matemáticamente una clave pública a partir de ella. A partir de su clave pública, usted puede generar su dirección de *Bitcoin* para compartir con el mundo, pero asegúrese de no decirle a nadie su clave privada. Aunque le fue fácil convertir su clave privada en una clave pública al aplicarle algo de matemáticas ECDSA, es matemáticamente imposible para alguien hacer el proceso inverso y obtener su clave privada a partir de su clave pública.

Para ver un ejemplo real, visite www.bitaddress.org y mueva un poco su mouse para general algo de aleatoriedad. Yo lo hice y este fue el siguiente resultado:

La dirección de *Bitcoin* se deriva de la clave pública. Al pegar la clave privada en la sección "Detalles de la billetera" en el sitio web, puede ver todos los detalles con pelos y señales, incluyendo las claves públicas y privadas en diversos formatos:

Una vez más les digo que este par de claves no sirven de nada ahora, ¡y no recomendaría enviar ningún *bitcoin*!

Ahí lo tienen. Las direcciones de *Bitcoin* (cuentas) se derivan de las claves públicas y, cuando hace una transacción de *Bitcoin*, usted usa su clave privada para firmar o autorizar la transacción, que mueve los *bitcoins* de su cuenta a la cuenta de alguien más. La mayoría de los programas de *blockchain* funciona de esta manera. Los activos digitales se guardan en cuentas hechas a partir de claves públicas, y las respectivas claves privadas se utilizan para firmar transacciones de salida.

HASHES

Una *función hash* es una serie de pasos matemáticos o algoritmos que usted puede llevar a cabo en algunos datos input, produciendo *una huella digital* o una *recopilación* o, simplemente, un *hash*. Hay funciones hash *básicas* (que no se usan en *blockchains*) y hay funciones hash *criptográficas* (que se usan en *blockchains*).

Necesitaremos entender las funciones hash básicas antes de pasar a las funciones hash criptográficas.

Función hash básica

Una función hash realmente básica podría ser: "usa el primer carácter del input". Usando esta función, obtendría:

Hash ("What time is it?") => "W"

¿El input de esta función es "What time is it?" y a veces se le llama *preimagen* o *mensaje*.

El output de esta función es "W" y se llama *recopilación*, el v*alor hash* o simplemente el *hash*.

Las funciones hash son *determinísticas*, porque la salida es *determinada* por el input. Si una función es determinística, siempre produce el mismo output para cualquier input dado. Todas las funciones matemáticas son determinísticas (sumas, multiplicaciones, divisiones, etc.).

Funciones hash criptográficas

Una función hash *criptográfica* es especial y tiene algunas características que la hacen útil en criptografía y para criptomonedas, como veremos más adelante. Wikipedia[70] afirma que la función hash criptográfica ideal tiene cinco propiedades principales (mis comentarios van entre paréntesis):

1. Es determinística, por lo que el mismo mensaje siempre resulta en el mismo hash.

2. El valor hash se calcula rápidamente para cualquier mensaje dado (se puede ir "hacia adelante" fácilmente)

3. No es factible generar un mensaje a partir de este valor de hash, excepto que se intente con todos los mensajes posibles (no se puede ir "hacia atrás")

4. Un pequeño cambio en un mensaje debe cambiar tanto el valor de hash que el nuevo valor del hash parece no correlacionado con el antiguo valor del hash (un pequeño cambio hace una gran diferencia)

5. No es factible encontrar dos mensajes diferentes con el mismo valor de hash (es difícil crear una colisión de hashes)

---

70   https://en.wikipedia.org/wiki/Cryptographic_hash_function

¿Qué significa esto? La combinación de las propiedades 2 (se puede ir "hacia adelante" fácilmente) y 3 (no se puede ir "hacia atrás") significa que las funciones criptográficas a veces se denominan "función de trampa". Es fácil crear un hash a partir de un mensaje, pero no se puede recrear el input a partir del hash. Tampoco se puede adivinar o inferir cuál podría ser el mensaje viendo el hash (propiedad 4). La única manera de ir hacia atrás es tratar todas las combinaciones posibles de inputs y ver si el valor del hash coincide con el que se está tratando de revertir. Esto se llama ataque de fuerza bruta.

Entonces, ¿nuestra función hash previa ("Use el primer carácter") sería una buena función hash *criptográfica*? Veamos:

1. Sí, es determinística. "What time is it?" siempre resulta en el hash "W".

2. Sí, el output se calcula rápidamente; simplemente se toma el primer carácter.

3. Sí, con solo conocer "W" no es posible adivinar la oración original (pero vea el punto 5).

4. No, un pequeño cambio en el mensaje no necesariamente cambia el output. "What time is at" siempre resulta en el hash "W".

5. No, podemos crear fácilmente muchos inputs que resultarán todos en el mismo output. Cualquier cosa que empiece con "W" funcionará.

Así que nuestra función hash anterior no es una buena función hash criptográfica.

¿Qué es una buena función hash criptográfica? Hay algunas funciones hash criptográficas estándar establecidas por la industria que cumplen con todos estos criterios. Tienen nombres como MD5[71] (Message Digest, o Recopilación de mensajes) o SHA-256 (Secure Hash Algorithm, o algoritmo hash seguro), y tienen un beneficio adicional, ya que su output generalmente tiene una longitud fija. Esto significa que sin importar qué utilice como input de la función hash, ya sea una oración, un archivo, un disco duro o un centro de datos entero, usted siempre obtendrá una recopilación corta.

Este es el tipo de output que obtendrá:

```
MD5('What time is it?') -> 67e07d-
17d43ee2e70633123fdaba8181

SHA256('What time is it?') -> 8edb61c4f743e-
be9fdb967171bd3f9c02ee74612ca6e0f6cbc-
9ba38e7d362c4d
```

Incluso puede intentar esto en su computadora. Si tiene una Mac, ejecute la aplicación Terminal y escriba:

md5 -s "What time is it?"

o

echo "What time is it?" | shasum -a 256

Verá que los resultados son los mismos que los míos. Claro, de eso se trata el hash criptográfico: es determinístico.

---

71   MD5 ha sido reconocido como defectuoso porque falla en la resistencia a colisiones, pero fue muy usado durante un período de tiempo. Otros lo han reemplazado, pero se sigue usando cuando el riesgo bajo.

Si cambia ligeramente el input, obtiene un resultado muy diferente:

```
SHA256('Ya es hora') -> 8edb61c4f743e-
be9fdb967171bd3f9c02ee74612ca6e0f6cbc-

9ba38e7d362c4d
SHA256("What time is at?") ->

2d6f63aa35c65106d86cc64e18164963a950b-
f21879a87f741a2192979e87e33
```

Las funciones Hash se pueden utilizar para probar que dos cosas son iguales sin revelar esas dos cosas. Por ejemplo, digamos que usted quiere hacer una predicción y no quiere que otros se enteren de esa predicción, pero quiere tener la capacidad de revelar esa predicción luego. Anotaría la predicción en privado, aplicaría la función hash y mostraría el hash a su audiencia. Las personas pueden ver que se ha comprometido con una predicción, pero no pueden calcular retroactivamente cuál es esa predicción. Luego puede revelar la predicción y otros pueden calcular el hash y ver si coincide con el hash que usted publicó.

En *Bitcoin*, los hashes *criptográficos*, el output de las funciones hash criptográficas, se usan en muchos lugares:

- En el proceso de minado

- Como identificadores de transacciones

- Como identificadores de bloques, para vincularlos en una cadena

- Para asegurar que la manipulación de datos sea evidente inmediatamente.

FIRMAS DIGITALES

Las firmas digitales son muy utilizadas en *Bitcoin* y *blockchains* para crear transacciones válidas, firmando mensajes de transacción para mover monedas de su cuenta a la de otra persona.

¿Qué son las firmas digitales, en el sentido criptográfico? Bueno, aquí podemos darnos el lujo de ser un poco pedantes. *Las firmas digitales* son un subconjunto de *las firmas electrónicas*, que pueden tener muchas formas.

Solo una de estas firmas electrónicas es una firma digital.

| Escribir su nombre en un recuadro no es una firma digital. | Un dibujo que luzca como su firma escrita no es una firma digital. | Una firma digital está conectada matemáticamente al contenido y a su clave privada. |

Una forma de firma electrónica es tan simple como escribir su nombre en un recuadro:

Joe Bloggs

Esta es una firma electrónica, pero no es una firma digital.

Otra forma de firma electrónica es una imagen que parece una firma en tinta líquida, pero que se inserta en un documento:

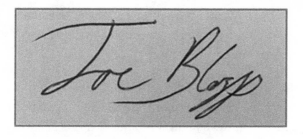

Esta también es una firma electrónica, pero no es una firma digital.

Entonces, ¿cómo se ve una *firma digital*? Creé un pequeño mensaje que contenía el texto "Here is a message I want to sign" [Este es un mensaje que quiero firmar] y lo firmé usando la clave PGP (privada) que generé antes. Así es como se ve:

```
------INICIAR FIRMA PGP-----

iQIzBAABCAAdFiEE0IeYn4a0rYj3TpgWck54d72pJBY-
FAlrPq0EACgkQck54d72p

JBakcw//akztOKUDE7h/uAMcqMlj6r7V/
UYsHZ7AR5j2eplX/Nc8sw/CifK6uPQ/

XWanoI85PaOJgq00i4s5NKC/BOGHDaE+mrkjDjYYJj/
U66jHczpBFiMcJHGM8rOB

SJAIlvI3NLRq45zkV9IizrPbGrrIZ15Kiqvqd7AtSsU-
jwe1ARsZEoqwsXds6EdZA

9oNaz7XN5uNJQ9gVjzxboGP6DXOEdpQWZm0qt6bX-
q8NaPibLB7MqOdHDY0DFLoiY
```

```
Q5IdWRQzEOT3iECHG8rSSNbwDPvi6BsBTCie5OdfFr-
1Mice3UZaflehKqUks4uti

cwLKbtwSXApROOV4cVBUm12+Atqlpggq4O/zjOmlpo-
lnKOK161XKzjhz334iE39u

Pw7pLmnhAcI+kRt4OXDOLOakUhV3iV4/jUo1WEpd2RcB-
zgGRcGn3tTlkMF+fDpZx

8dGNip4OglpRUDHWPSRJYM66elQq7gfDkEUo7j34EVB-
PIzIWkDqD2vdqsZaZHFmA

8TGttea0RdouUSscORBbF/tOPpI7xbh3uaeiqyJfEw-
FoapWGYPfXwPPg7+zUn+O2

32ZAEOnswzGribliVYgOGSr1ABMhWAPmVwBkOFRbbjd-
vkYwUpZ3dEBG8+6AmKIav

559racy4D6pAiFQ9iYWwoQ1A7BKICY51ErvXVY/2Ci-
EO4Q6MCjw=

=vp1n

-----FINALIZAR FIRMA PGP-----
```

Esa es una firma digital. Parece un garabato. Entonces, ¿qué hay de especial en eso? ¿Qué es lo que prueba?

Una firma digital se crea tomando el mensaje que quiera firmar y aplicando una fórmula matemática con su clave *privada*. Cualquiera que conozca su clave *pública* puede verificar matemáticamente que esta firma realmente fue creada por el titular de la clave privada asociada (pero sin saber la clave privada en sí).

De esta manera, cualquiera puede validar de forma independiente que *este* fragmento de dato fue firmado por el titular de la clave privada de *esta* clave pública.

En resumen:

```
Mensaje + clave privada -> firma digital

Mensaje + firma digital + clave pública ->
válida/inválida
```

¿Cómo es esto mejor que una firma de tinta sobre papel? El problema con una firma de tinta es que es independiente de los datos que se firman, y esto genera dos problemas:

1. No hay forma de saber si un documento fue manipulado *después de* que usted hubiera puesto su firma al final.

2. Su firma puede ser copiada con facilidad y usada en otros documentos, sin que usted lo sepa.

Su firma en tinta sobre papel es su firma y no cambia según el artículo que firme: cuando firma un cheque, una carta o un documento. *El punto* es justamente que su firma se vea igual. ¡Es fácil que otras personas la copien! ¡Esta es una pésima seguridad!

En cambio, una firma digital solo es válida para ese fragmento exacto de datos, y no puede ser copiada y pegada debajo de otro fragmento de datos, como tampoco puede ser reutilizada por otra persona para sus propios fines. Cualquier manipulación del mensaje ocasionará que la firma se invalide. La firma digital es una "prueba" única de que la persona que tiene la clave privada realmente aprobó ese mensaje exacto. Nadie más en el mundo puede crear esa firma digital excepto usted, a menos que tengan su clave privada.

Ahora, solo para explicar un paso más, el proceso matemático de "firmar" un mensaje con una clave privada es, en realidad, un proceso de cifrado. ¿Recuerda que se cifran datos con una clave pública y se descifran con una clave privada? Con algunos programas, también se puede hacer al revés: se puede cifrar datos con una clave privada y descifrarlos con una clave pública. Así que, en realidad, el proceso de validación se trata de tomar la firma digital y descifrarla con la clave pública bien conocida, y ver que la firma descifrada coincida con el mensaje que se firma.

Pero ¿qué pasa si el mensaje que se firma es realmente grande, digamos, de gigabytes de datos? Bueno, en realidad usted no quiere una firma digital muy larga, porque sería ineficiente. Por lo tanto, en la mayoría de los programas, en realidad es el *hash* (la huella digital) del mensaje el que se firma con la clave privada para producir una firma digital pequeña, sin importar el tamaño de los datos que se firman.

Hay un buen resumen en el sitio web de Technet de Microsoft:[72]

---

72   https://technet.microsoft.com/en-us/library/cc962021.aspx

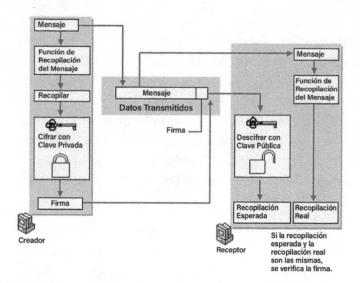

Las firmas digitales se pueden usar para autenticar una transacción o un mensaje, así como para asegurar la integridad de los datos del mensaje. Asimismo, a menos que se copie una clave privada, es imposible que luego se diga "no fui yo". Esta propiedad se llama de "no repudio" y proporciona comodidad para ambas partes de una transacción.

Las firmas digitales se usan en transacciones de *blockchain* porque demuestran la propiedad de una cuenta, y la validez de una firma digital puede demostrarse matemáticamente y fuera de línea, sin preguntarle a cualquier otra parte. Compare esto con la banca tradicional: cuando usted instruye a su banco que haga un pago, primero autentica su identidad iniciando sesión en el sitio web del banco o mostrando su identificación al cajero en la ventanilla. Si el banco cree que usted es el titular de la cuenta, entonces el banco ejecuta la instrucción en su nombre. En un sistema de *blockchain*, donde deliberadamente no hay una organización que le proporcione o mantenga cuentas por usted, sus firmas digitales son la evidencia fundamental que le da derecho a realizar transacciones.

¿POR QUÉ ALICE Y BOB?

En criptografía, parecen ser siempre Alice y Bob. ¿Por qué? Fueron los personajes que primero usaron usados Ron Rivest, Adi Shamir y Leonard Adleman en su artículo de 1978 "Un método para obtener firmas digitales y criptosistemas de clave pública"[73] en lugar de usar "A" y "B" a secas. Desde entonces, la gente usa estos personajes como un guiño a los inventores.

Pero esperen. Hay más. Wikipedia[74] tiene una lista de personajes usados frecuentemente. Estos son algunos de los que me gustan:

- Craig, el descifrador de contraseñas

- Eve, la fisgona

- Grace, el gobierno (que generalmente se caracteriza por estar en contra de la criptografía)

- Mallory, la mala atravesada (la que está en el medio)

- Sybil, la atacante que usa muchos seudónimos para abrumar a Alice y a Bob

Así que ya sabe, por eso es que siempre son Alice y Bob.

---

73 https://dl.acm.org/citation.cfm?doid=359340.359342

74 https://en.wikipedia.org/wiki/Alice_and_Bob

Parte 4

CRIPTOMONEDAS

¿Por dónde empezar? Hay tantas criptomonedas, cada una con un funcionamiento diferente y con diferentes reglas y mecanismos, que no es particularmente fácil hacer generalizaciones precisas. Sin importar cómo describa las criptomonedas, siempre hay excepciones. Por ejemplo, *Bitcoin* usa un mecanismo llamado "prueba de trabajo" para asegurar que cualquiera (al menos en teoría) pueda agregar bloques a la *blockchain* en una cierta cadencia sin que un actor central coordine el acceso o otorgue autorización. La prueba de trabajo genera una competencia justa entre los sumadores de bloques que compiten por agregar bloques. Esta competencia consume electricidad, y mucha,[75] una de las razones por las que algunos describen a *Bitcoin* como un derroche. Sin embargo, no todas las criptomonedas, y con certeza no todas las tecnologías de *blockchain*, funcionan de esta manera. Entonces, es inexacto y, por lo tanto, inútil generalizar y decir que las "criptomonedas" o las *"blockchains"* consumen mucha energía. Solo porque *Bitcoin* funcione de cierta manera, no significa que todo lo demás también.

Teniendo esto en mente empezaremos, sin embargo, por tener una buena base sobre el funcionamiento de *Bitcoin* y luego describiremos algunas diferencias entre *Bitcoin* y otras criptomonedas y sus respectivos protocolos *blockchain* (todo será explicado, ¡no tengan miedo!).

---

75   https://www.wired.com/story/bitcoin-mining-guzzles-energyand-its-carbon-footprint-just-keeps-growing/

BITCOIN

Las personas se refieren a *Bitcoin* como una moneda digital, moneda virtual o criptomoneda, pero quizás sea más fácil pensar en él como un activo electrónico. La palabra *moneda* a menudo confunde a las personas cuando tratan de entender *Bitcoin*. Se quedan atrapadas tratando de entender aspectos de monedas convencionales que no aplican a *Bitcoin*; por ejemplo: lo que lo respalda (nada) y quién establece la tasa de interés (no hay). Además, *Bitcoin* a veces es descrito como un *token digital*, y en algunos aspectos es preciso. Sin embargo, el término *token* también se usa ahora para significar algo más específico, de lo que hablaremos más adelante, por lo que es mejor evitar la ambigüedad de este término.

¿Qué son los *bitcoins*?

Los *bitcoins* son activos digitales ("monedas") cuya propiedad se registra en un libro contable electrónico que se actualiza (casi) simultáneamente en unas 10 000 computadoras independientemente operadas alrededor del mundo que se conectan y conversan entre sí.[76] Este libro contable es el llamado *blockchain* de *Bitcoin*. Las transacciones que registran la transferencia de propiedad de esas monedas se crean y validan de acuerdo con un protocolo, una lista de reglas que define cómo funcionan las cosas y cuál, por lo tanto, regula las actualizaciones del libro contable. El

---

76   Este es el número de nodos alcanzables según https://bitnodes.earn.com al momento de escribir. Tenga en cuenta que no son "millones y millones" de computadoras, como afirman algunos; por ejemplo, Don Tapscott dijo en una de sus charlas TED "y cuando se realiza una transacción, se publica a nivel global, en millones y millones de computadoras". ¡Esta es una grandísima exageración!

protocolo lo implementa un software (una aplicación) que los participantes ejecutan en sus computadoras. Las máquinas que ejecutan las aplicaciones se llaman "nodos" de la red. Cada nodo valida de forma independiente todas las transacciones pendientes donde quiera que surjan, y actualiza su propio registro del libro contable con bloques validados de transacciones confirmadas. Los nodos especializados, denominados mineros, agrupan transacciones válidas en bloques, y distribuyen esos bloques a los nodos en toda la red.

Cualquiera puede comprar *bitcoins*, poseerlos y enviárselos a otras personas. Cada transacción de *Bitcoin* se registra y comparte públicamente en texto simple en la *blockchain* de *Bitcoin*. Contrario a lo que dicen muchos artículos en los medios, la *blockchain* de *Bitcoin no* está cifrada. Por diseño, todos ven los detalles de todas las transacciones. En teoría, cualquiera puede crear *bitcoins* para sí mismos también. Esto es parte del proceso de creación de bloques, llamado *minería*, y que se describe más adelante.

¿Qué sentido tiene *Bitcoin*?

El propósito de *Bitcoin* se describe en su *whitepaper*, un documento corto escrito bajo el seudónimo de Satoshi Nakamoto y publicado en octubre de 2008. Este documento describe *por qué* existe *Bitcoin* y *cómo* debe funcionar. Vale la pena leer el *whitepaper* completo. Solo tiene nueve páginas y está disponible online.[77] El resumen dice:

---

77   https://bitcoin.org/bitcoin.pdf es uno de los lugares donde puede encontrar el *whitepaper*.

Una versión puramente peer-to-peer [de persona a persona]
de efectivo electrónico que permitiría que los pagos en
línea fueran enviados directamente de una parte a otra sin
pasar por una institución financiera. Las firmas digitales
proporcionan parte de la solución, pero los principales
beneficios se pierden si aún se requiere de un tercero de
confianza para prevenir el doble gasto. Proponemos una
solución al problema del doble gasto usando una red de
persona a persona. La red marca la hora de las transacciones
mediante un hash en una cadena continua de prueba de
trabajo basada en hash, formando un registro que no puede
cambiarse sin rehacer la prueba de trabajo. La cadena más
larga no solo sirve como prueba de la secuencia de eventos
atestiguada, sino que prueba que provino de la mayor reserva
de poder de CPU. Mientras la mayor parte del poder de CPU
esté controlada por nodos que no estén cooperando para
atacar la red, van a generar la cadena más larga y superar a
los atacantes. La red en sí requiere de una estructura mínima.
Los mensajes son transmitidos en la medida de lo posible y
los nodos pueden salir y volver a entrar a la red a voluntad,
aceptando la cadena de prueba de trabajo más larga como
prueba de lo que ocurrió mientras estuvieron ausentes.

Esa primera oración lo dice todo. Establece el propósito de
Bitcoin y cómo *Bitcoin* obtiene tanto valor como utilidad. Por
primera vez en la historia, tenemos un sistema que puede
enviar valor de A a B, sin el movimiento físico de artículos
o usando terceros intermediarios específicos. Es difícil
sobreestimar lo importante que es este hito en la evolución de
los pagos. Siento escalofríos cada vez que pienso en *Bitcoin*

de esta manera.[78] Tal como lo popularizó el comentarista de la industria de las criptomonedas, Tim Swanson,[79] *Bitcoin* está diseñado como efectivo digital resistente a la censura.

No se menciona en absoluto una *blockchain* o cadena de bloques en el *whitepaper* original de *Bitcoin*, a pesar de que los medios de comunicación nos recuerdan constantemente que *Bitcoin* se basa en *blockchain* o que *blockchain* es la tecnología subyacente de *Bitcoin*. Una cadena de bloques no era el propósito de *Bitcoin*, es solo el diseño que se desarrolló para lograr el objetivo: la solución al problema empresarial.

¿Cómo funciona *bitcoin*?

La *blockchain* de *Bitcoin* es manejada por un software que se ejecuta en computadoras que se comunican entre sí

---

78   La resistencia a la censura es extremadamente importante en un mundo donde los estadosnación están extralimitando su papel en la vigilancia y la censura de las actividades personales, incluyendo las transacciones financieras privadas. Aunque algunas personas piensan que está bien que los gobiernos puedan tener conocimiento de y control sobre todos los aspectos de nuestras vidas privadas, tienen suerte de vivir en países donde los gobiernos actualmente son benévolos. La privacidad financiera y la resistencia a la censura son extremadamente importantes a nivel global. Las instituciones financieras son herramientas usadas por los gobiernos para establecer políticas. Un ejemplo de esto es que el uso de las finanzas como un arma se da a través de la red de mensajería financiera SWIFT: a pesar de que SWIFT afirma ser una cooperativa apolítica neutral con sede en Bélgica, frecuentemente recibe presión de diversos gobiernos para que aísle a países de la red financiera global, y obedece. Esta es una característica de los sistemas centralizados: siempre hay alguien a quien presionar, encarcelar o excluir si desobedecen. Si bien todos estamos mayormente de acuerdo en que el terrorismo, sin importar cómo se defina, es algo malo y que bloquear el financiamiento de los terroristas es algo bueno, es posible que los regímenes usen los mismos métodos para congelar cuentas bancarias de, por ejemplo, homosexuales, inmigrantes y otros grupos o individuos desfavorecidos, lo cual es un uso del poder mucho menos obvio para el bien del público en general.

79   El blog de Tim www.ofnumbers.com es uno de los mejores blogs de análisis basado en datos de la industria de las criptomonedas.

formando una red. Aunque existen implementaciones de
software múltiples compatibles, el software más utilizado se
llama "*Bitcoin* Core" y el código fuente de este software está
publicado en GitHub.[80] Este software contiene una amplia
gama de funciones necesarias para la existencia de la red.
Tiene la capacidad de llevar a cabo las siguientes tareas, que
serán explicadas en esta sección:

- Conectarse con otros participantes en la red de *Bitcoin*

- Descargar la *blockchain* de otros participantes

- Almacenar la *blockchain*

- Estar atento a las nuevas transacciones

- Validar esas transacciones

- Almacenar esas transacciones

- Transmitir transacciones válidas a otros nodos

- Estar atento a los nuevos bloques

- Validar esos bloques

- Almacenar esos bloques como parte de su *blockchain*

- Transmitir bloques válidos

- Crear nuevos bloques

- "Minar" nuevos bloques

- Administrar direcciones

- Crear y enviar transacciones

---

80   https://github.com/Bitcoin/Bitcoin

Sin embargo, en la práctica y por lo general, el software se usa solo para esta función de contabilidad, lo que se explicará en mayor detalle en esta sección.

Para comprender cómo funciona *Bitcoin* y por qué funciona como lo hace, es importante recordar el objetivo: crear un sistema de pago electrónico que no pueda ser censurado y que permita a cualquiera enviar pagos *"directamente, de una parte a otra, sin pasar por una institución financiera"*.

Tal sistema no puede tener a un administrador central gestionando el libro contable, ya que ese administrador sería la institución financiera que *Bitcoin* está diseñado para evitar. Por lo tanto, el sistema debe ser capaz de ser operado por cualquiera, sin ninguna necesidad de identificarse u obtener permiso de un controlador de acceso. El momento en que las partes deban identificarse, pierden privacidad y son vulnerables a interferencia, coerción, prisión o algo peor. Esto aplica tanto para los administradores del sistema como para los mismos usuarios. Por eso, todas y cada una de las partes de la solución deben funcionar con estas restricciones en mente.

¿Cómo es que Satoshi diseñó la solución? Empecemos un con un modelo clásico centralizado y luego tratemos de descentralizarlo. De esta manera, podemos construir el diseño de *Bitcoin* paso a paso.

Modelo clásico centralizado

Empecemos con un libro contable que mantiene el registro de saldos, gestionado por un administrador. Puede pensar en él como una lista con dos columnas: Cuenta, Saldo.[81]

Modelo clásico centralizado

Tenedor de libros	
Cuenta	Saldo
000001	$100
000002	$50
000003	$240

El administrador asigna números de cuenta a los clientes, y los clientes realizan pagos dando instrucciones al administrador. Este es un proceso de autenticación mediante el que el cliente demuestra ser el titular de la cuenta antes de que el administrador ejecute la instrucción de pago. De esta manera, cada cliente tiene un nombre y, por seguridad, tiene una contraseña vinculada a su cuenta.

Mapeo de cuentas

Cuenta	Usuario	Pin/Contraseña
000001	Alice	1234
000002	Bob	8888
000003	Charlie	9876

81   Empezaremos con algo genérico, $ (dólares), como unidad contable, y luego veremos por qué necesitamos pasar al BTC.

El administrador mantiene el registro central de los saldos y ejecuta todos los pagos. Es responsable por asegurar que nadie gaste dinero que no tiene o gaste el mismo dinero más de una vez, el "doble gasto".

Pero si queremos resistencia contra el control y la censura, y permitir que cualquiera pueda hacer transacciones con otros, *debemos eliminar al administrador*.

Primero eliminemos al administrador del proceso de *apertura de cuenta*, de manera que cualquiera pueda abrir una cuenta sin requerir el permiso del administrador.

Problema: las cuentas requieren permiso

Alguien tiene que configurar una cuenta y asignársela. Es trabajo del administrador asignarle un número de cuenta sin utilizar, luego asignarle un nombre de usuario (que puede ser su propio nombre) y contraseña para que cuando usted instruya al administrador que ejecute un pago en su nombre el administrador sepa que realmente es usted quien hace la solicitud.

Al configurar su cuenta, el administrador *le ha dado autorización* para abrir la cuenta y, de la misma manera, podría rechazar esa autorización. Siempre que tenga una entidad que pueda aprobar o rechazar algo, es controlado por un tercero. Estamos tratando de eliminar el control de terceros.

¿Hay manera de abrir una cuenta sin tener que pedir autorización? Bueno, la criptografía da una solución.

Solución: usar claves públicas como números de cuenta

En lugar de nombres o números de cuenta y contraseñas, ¿por qué no usar claves públicas como el número de cuenta, y firmas digitales en lugar de contraseñas?

Al usar claves públicas como números de cuenta, cualquiera puede crear sus propias cuentas con su propia computadora sin tener que pedirle un número de cuenta a un administrador. Recuerde que una clave pública se deriva de una clave privada, que es un número elegido al azar. Así que crea una cuenta eligiendo un número al azar (su clave privada) y aplicándole algo de matemáticas para obtener su clave pública. En *Bitcoin* y la mayoría de las otras criptomonedas, los números de cuenta se derivan matemáticamente de claves públicas (no son las claves públicas en sí) y se llaman direcciones.

Uso de direcciones generadas por el usuario en lugar de cuentas

Tenedor de libros	
Dirección (derivada de clave pública)	Saldo
1mk41QrLLeC9Cwph6UgV4GZ5nRfejQFsS	$100
1Lna1HnAZ5nuGyyTjPWqh34KxERCYLeEM1	$50
1PFZiJCYYaWc1C2FCc2UWXDU197rhyP	$240

Puede darles a todos esta dirección de *Bitcoin* para permitir que la gente le pague ahí.[82] Nadie puede gastar nada de esa cuenta a menos que tenga la clave privada, que solo usted tiene. También puede crear tantas direcciones como quiera y el software de su billetera las administrará todas por usted.

¿Alguien más podría ya estar usando una dirección que usted eligió al azar? Es posible, pero improbable. En la sección sobre criptografía vimos que el programa de *Bitcoin* usa un número aleatorio entre 0 y 115 792 089 237 316 195 423 570 985 008 687 907 853 269 984 665 640 564 039 457 584 007 913 129 639 935 como clave privada. Hay tantas claves privadas disponibles que la posibilidad de toparse con la cuenta de alguien más es virtualmente nula. Como dijo un comentarista: "Vuelve a la cama y no te preocupes de que esto vaya a pasar".[83]

Los pares de claves públicas / privadas también resuelven el problema de autenticación. No tiene que iniciar una sesión para demostrar que usted es el titular de la cuenta. Al enviar una instrucción de pago está firmando digitalmente la transacción con su clave privada, y esta firma demuestra al administrador que la instrucción realmente fue dada por usted, el titular de la cuenta. Usted puede crear y firmar la

---

82   Las direcciones de *Bitcoin* son más seguras en algunos aspectos que las cuentas bancarias. No es aconsejable compartir los detalles de una cuenta bancaria, como descubrió Jeremy Clarkson, presentador de *Top Gear*, en 2008. Él imprimió sus detalles bancarios en el diario *The Sun* para tratar de demostrar que los detalles de su cuenta bancaria solo podían ser usados por otras personas para recibir pagos, no para hacerlos. Se le demostró lo contrario y su información fue utilizada para debitar £500 directamente de su cuenta. El perpetrador tenía algo de ética y eligió como beneficiaria a una organización de caridad. Luego, el Sr. Clarkson se comió sus palabras (algo inusual). Visite https://www.theregister.co.uk/2008/01/07/clarkson_bank_prank_backfires/

83   Miguel Moreno proporciona algunos cálculos de la colisión de una dirección en su blog https://www.miguelmoreno.net/bitcoin-address-collision/.

transacción sin conexión, sin estar conectado a una red. Cuando transmite la transacción firmada al administrador, todo lo que el administrador tiene que hacer es verificar que la firma digital sea válida para el respectivo número de cuenta, en lugar de mantener una lista de usuarios y contraseñas para usted y todas las partes involucradas en las transacciones.

No hay necesidad para cuentas, usuarios, o pins/contraseñas

Account	Username	Pin/Password
000001	Ann	1234
000002	Bob	8888
000003	Claire	9876

Problema: un único tenedor de libros central

Ya hemos eliminado el papel del tercer administrador para *crear* cuentas. Sin embargo, aún tenemos al tercero administrador en el papel de tenedor de libros central; es decir, el coordinador que mantiene la lista de transacciones y saldos, y el que valida y ordena las transacciones que usted solicita luego de contrastarlas con algunas reglas empresariales y técnicas. Este único punto de control es el que finalmente decide lo que se refleja en su cuenta, ya sea que su transacción pase o no. Como único punto de control, se clasifica como una institución financiera y tiene la carga normativa de tener que identificarlo a usted y a todos los otros clientes, un proceso conocido como Know Your Customer o KYC. También puede ser obligado a censurar transacciones.

Por lo tanto, para un sistema de efectivo digital que se resiste a la influencia de un tercero, incluyendo el control y la censura, debemos eliminar ese único punto de control.[84]

Tenedor de libro único: no resistente a la censura

Tenedor de libros	
Dirección (derivada de clave pública)	Saldo
1mk41QrLLeC9Cwph6UgV4GZ5nRfejQFsS	$100
1Lna1HnAZ5nuGyyTjPWqh34KxERCYLeEM1	$50
1PFZiJCYYaWc1C2FCc2UWXDU197rhyP	$240

Solución: reproducir los libros

Mientras más gente comparta un sistema seguro y su información, menos vulnerable será esa información a la manipulación. Sin embargo, un grupo de "tenedores de libros de confianza" inevitablemente va a requerir de su propio controlador de acceso, por lo que estaríamos de regreso en el punto central del problema del control. La solución es que *cualquiera en cualquier* lugar pueda ser un tenedor de libros sin pedir autorización de nadie más y sin jerarquías. Y que todos los tenedores de libros, sin importar dónde estén, mantengan los mismos libros de registro y sean *pares* de igual antigüedad, con controles y contrapesos tales que, si cualquier tenedor de libros se viera obligado a intentar censurar una transacción o manipular la base de datos, los demás lo ignorarían o lo excluirían.

---

84   Esta fue una lección aprendida de Napster, un sistema para compartir archivos que tenía un administrador central. Con el tiempo falló y preparó el camino para Bit Torrent, un sistema para compartir archivos sin un administrador central, que es más difícil de cerrar.

Contabilidad replicada

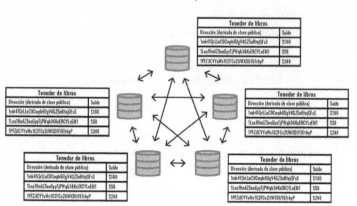

Siempre que los tenedores de libros mantengan registros idénticos de cuáles transacciones están incluidas y cuáles excluidas tendremos un sistema más resistente. Si cualquier tenedor de libros individual es obligado a dejar el trabajo, los demás pueden continuar. Cualquiera puede unirse a esta red de tenedores de libros sin requerir la autorización de alguien más. Así, la red resiste al hecho de que cualquiera se una o se vaya en cualquier momento.

En *Bitcoin*, cualquier persona con una computadora, un almacenamiento adecuado y acceso Internet de banda ancha puede descargar software (o usar el propio), conectarse a unos cuantos vecinos y convertirse en un tenedor de libros.

Las nuevas transacciones son transmitidas a todos los tenedores de libros a través de una red Gossip y cada tenedor de libros transmite las nuevas transacciones a todos aquellos a quienes esté conectado. Esto asegura la eventual propagación de transacciones a todos los tenedores de libros.

Problema: orden de las transacciones

¿Cómo es que múltiples tenedores de libros se mantienen sincronizados entre sí? Cada tenedor de libros tendrá una idea diferente del orden de las transacciones. Puesto que cientos de transacciones podrían ser creadas en cualquier lugar del mundo, y ya que toma cierto tiempo que éstas se propaguen por la red, si cada tenedor de libros intentara ordenar estas transacciones habría muchas versiones encontradas sobre el orden "correcto" de las transacciones. ¿Qué ocurre si un tenedor de libros en China recibe la transacción A y luego la transacción B, mientras que un tenedor de libros en EE. UU. recibe la transacción B primero, y luego la A?

La geografía, la tecnología, la conectividad, el tráfico de Internet, los servidores y la banda ancha, todo influye en la velocidad y el orden en que las transacciones que se originan en cualquier parte del mundo se manifiesten en otros lugares. *Su* lista ordenada de transacciones tal como se manifiesta, digamos, en Londres, será diferente a la lista de alguien más, incluso de su vecino y ni qué decir en Lagos, Nueva York, Auckland o Nairobi.

Problema de ordenamiento de transacciones (Tx) en una red distribuida

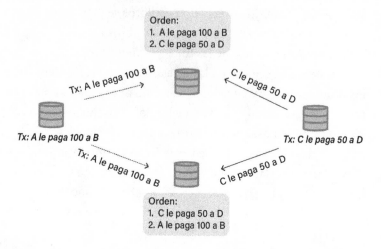

¿Cómo conseguimos acordar un orden en las transacciones?

Solución: bloques

No podemos controlar cuántas transacciones por segundo pueden crearse, pero podemos controlar la *entrada de datos* a los libros contables. Esto lo podemos lograr registrando las transacciones en lotes, *página por página*, en lugar de transacción por transacción. Las transacciones individuales, validadas como transacciones "pendientes", pueden hacerse circular por la red y luego ingresarse a los libros en lotes menos frecuentes. ¡A estos lotes les llamamos *bloques*!

Conjunto de transacciones en bloques que son creados con menos frecuencia

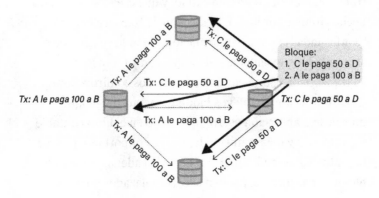

Los bloques se crean con mucho menos frecuencia que las transacciones, por lo que es más probable que un bloque llegue a todos los tenedores de libros en la red antes de que se cree otro. Esto significa que un tenedor de libros ahora desempeña dos funciones:

1. Valida y propaga las transacciones pendientes

2. Valida, almacena y propaga bloques de transacciones

Al ralentizar el proceso de "entrada de datos" del sistema de teneduría de libros, los tenedores de libros alrededor del mundo tienen más tiempo para acordar el orden de los bloques de transacciones. Así que, en lugar de que todos los tenedores de libros deban ponerse de acuerdo en el orden de las *transacciones*, deben ponerse de acuerdo en el orden de *los bloques* que se generan con menos frecuencia. Debido a que hay más tiempo para ponerse de acuerdo en el orden, hay menos diferencias de opinión con respecto al orden de los bloques y, por lo tanto, más posibilidades de llegar a un consenso de toda la red. Luego veremos cómo la red se ocupa de los bloques en conflicto.

Una vez que su transacción se haya agrupado con otras transacciones en un bloque válido, y que ese bloque se haya hecho circular por la red, se dice que la transacción está "confirmada" con una confirmación. Cuando se agregue el siguiente bloque, encima del bloque con su transacción, su transacción estará confirmada con dos confirmaciones. Conforme se apilen nuevos bloques encima del bloque inicial, su transacción estará más abajo en el libro contable y estará más y más confirmada. Esto es importante porque hay situaciones en las que el tope de la cadena, es decir, los bloques más nuevos, pueden ser reemplazados por otros bloques, expulsando transacciones que parecían estar ya confirmadas.[85] Más adelante veremos la "regla de la cadena más larga".

Existen pros y contras entre la facilidad con la que los tenedores de libros pueden acordar el orden de las transacciones y la velocidad a la que las transacciones válidas se escriben en la *blockchain*. Que los bloques se creen, digamos, una vez por día facilitaría mucho a los tenedores de libros en ponerse de acuerdo en el orden de esos bloques, pero esto es más de lo que las personas quieren esperar para que sus transacciones sean confirmadas.

En *Bitcoin*, los bloques se crean cada 10 minutos, en promedio. Diferentes criptomonedas tienen tiempos límite para la creación de bloques.

---

85   Y, sí, esto significa que las *blockchains* no son inmutables, contrario a algunos comentarios.

Problema: ¿quién puede crear los bloques y con qué frecuencia?

Hemos visto que tiene sentido agrupar las transacciones pendientes en bloques que se hacen circular por la red. Los tenedores de libros agregan esos bloques a sus propios libros contables. Como veremos luego, si hubiera discrepancias o bloques en competencia, usan la "regla de la cadena más larga" para decidir cuál de los bloques gana.

En primer lugar, debemos gestionar la creación y frecuencia de los bloques. ¿Cómo podemos hacerlo? Si una de las partes reúne todas las transacciones pendientes, las pone en bloques y envía los bloques a todos los tenedores de libros, entonces volvemos a un único punto de control centralizado, el que nos hemos propuesto evitar.

Por eso, cualquiera, sin autorización, debe ser capaz de crear bloques y hacerlos circular por la red. Pero ¿entonces cómo controlamos la velocidad a la que se crean los bloques? ¿Cómo logramos que un grupo de creadores anónimos de bloques se turne y asegure que no están creando los bloques muy rápido o muy lento?

¿Pueden los tenedores de libros tener una regla propia para aceptar los bloques solo un mínimo de 10 minutos después de los últimos bloques que vieron, que sea inútil que alguien que trate de crear bloques a intervalos más frecuentes? Debido a la latencia de Internet, esto podría crear algunas ventajas injustas (no sabemos el preciso momento en el que un tenedor de libros individual recibió el último bloque, y no podemos confiar en las marcas de tiempo en los bloques porque se pueden falsificar con facilidad), y tampoco podemos confiar en los tenedores de libros individuales que podrán alterar esta regla, o los relojes de sus computadoras, y aceptar sus propios bloques antes de esos 10 minutos.

¿Quizás podríamos tener un conductor, una entidad cuyo trabajo sea asignar aleatoriamente al siguiente creador de bloques, que permita que el siguiente bloque se cree únicamente 10 minutos después del anterior? No, eso tampoco funcionaría, porque el conductor sería un punto central de control sobre la red, y no queremos un punto central de control.

Así que quizás cada creador de bloques podría ser asignado aleatoriamente, como si se lanzaran dados virtuales para que quien saque un "doble seis" sea el creador del siguiente bloque. Pero eso no funcionaría. ¿Cómo podría alguien demostrar que hizo o no hizo trampa? ¿Quién lanzaría los dados? ¿Cómo podemos elegir aleatoriamente al creador del siguiente bloque y asegurar que todos estén de acuerdo en que fue un proceso justo?

Solución: prueba de trabajo

La solución es extremadamente elegante. La solución es que todos los creadores de bloques tienen que jugar y ganar un juego de azar, un juego que, en total, en toda la red, demore un tiempo específico en jugarlo (digamos 10 minutos como promedio).

El juego debe dar a todos los creadores de bloques la misma posibilidad de ganar. El juego no debe tener una barrera para entrar, de lo contrario el controlador de acceso sería un punto central de control. El juego no debe tener atajos y debe contar con una prueba que se pueda mostrar públicamente de manera que el ganador pueda demostrar que ganó. No se debe poder hacer trampa en el juego.

¿El premio? Poder crear el siguiente bloque.

El juego de azar que *Bitcoin* utiliza se llama "prueba de trabajo". Cada creador de bloques toma un grupo de transacciones que conoce, pero que aún no han sido incluidas en bloques anteriores, y construye un bloque con ellas, en un formato específico. Entonces, el creador calcula un hash criptográfico a partir de los datos del bloque.[86] Recuerde que un hash es solo un número. La regla del juego de azar de la prueba de trabajo de *Bitcoin* dice que, *si el hash del bloque es más pequeño que un número objetivo*, entonces este bloque se considera un bloque válido que todos los tenedores de libros deben aceptar.[87]

¿Qué pasa si el hash del bloque es más grande que este número? ¿El creador de bloques específico se despide de su turno? No. El creador de bloques debe cambiar los datos que ingresan a la función hash y tratar de aplicar el hash al bloque nuevamente. *Podrían* hacerlo quitando la transacción del bloque o agregando una nueva transacción o cambiando el orden de las transacciones en el bloque, pero estas soluciones no son elegantes y finalmente se le acabarían las permutaciones. En verdad no es una buena idea ponerse a jugar con las transacciones en un bloque.

---

86 Técnicamente, la función hash se aplica a un subconjunto de datos del bloque, llamado el encabezado del bloque, que en sí incluye hashes de las transacciones contenidas en el bloque.

87 También hay otras reglas que determinan un bloque "válido", como el tamaño en bytes, pero aquí nos vamos a enfocar en el hash de la prueba de trabajo.

La solución en *Bitcoin* es que en cada bloque de *Bitcoin*
hay una parte especial del bloque que los creadores de
bloques pueden rellenar con un número arbitrario. Su único
propósito es permitir que los creadores de bloques lo llenen
con un número, y que cambien el número si el bloque hash
no cumple con la regla de que el "hash es más pequeño que
un número objetivo". De esta manera, si el primer intento
hash no resulta en un hash ganador, simplemente pueden
cambiar el número en esta parte del bloque. Este número
se llama "nonce" (*number once* o número una vez) y está
completamente separado de las transacciones financieras en
el bloque. Su única función es cambiar los datos input para la
función hash.

Minado de Bloques

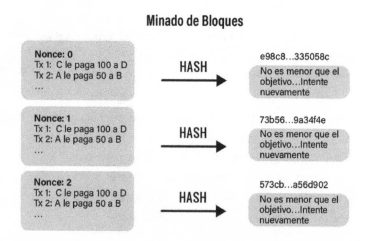

De esta manera, el creador de bloques prepara un bloque y
llena el campo del *nonce* con el número y aplica el hash al
bloque. Si el resultado cumple con la regla válida para los
bloques de que el "hash es menor que un número objetivo",
entonces han creado un bloque válido y pueden enviarlo

a los tenedores de libros, y pueden empezar a trabajar en el siguiente bloque. Si el resultado no cumple con la regla, entonces cambian el *nonce* (por ejemplo, agregando 1) y vuelven a aplicar el hash. Hacen esto varias veces hasta que encuentran un bloque válido. Este es un proceso conocido como *minado*.

Esto se describe elegantemente como un rompecabezas para rascar en un artículo de Miller et al titulado "Rompecabezas para rascar no externalizables para desalentar las coaliciones de minado en *Bitcoin*".[88] Como las tarjetas de lotería para rascar, cada minero tiene que esforzarse un poco rascando un rompecabezas para ver si tiene el billete ganador.

Así, la autoridad para crear un bloque válido no la da un tercero, sino que se autoasigna al repetir unos algoritmos matemáticos tediosos, algo que todas las computadoras pueden hacer.[89] Hay que mencionar que el minado es un *trabajo tedioso y repetitivo*. Tome algunas transacciones con el *nonce*, aplique el hash, verifique si el hash es menor que un número determinado y, si no lo es, repita el proceso con un *nonce* diferente. No se trata de "*resolver problemas matemáticos complejos*" como se describe en los medios. ¡El

---

88   Non-outsourceable Scratch-Off Puzzles to Discourage Bitcoin Mining Coalitions. Andrew Miller, Elaine Shi, Ahmed Kosba y Jonathan Katz. ACM Computer and Communications Security (CCS), octubre de 2015. https:// soc1024.ece.illinois.edu/nonoutsourceable_full.pdf

89   Hoy en día, se diseñan, construyen y usan específicamente para la tarea de mina-do chips especiales conocidos como ASIC (Application Specific Integrated Circuits o Circuitos Integrados de Aplicación Específica). Los ASIC construidos para este propósito son eficientes para *hashing* SHA-256, pero básicamente inútiles para todo lo demás. Por lo tanto, cualquier comparación entre la cantidad de cálculos (muy específicos) que los mineros de *Bitcoin* pueden hacer por segundo, comparado con las supercomputadoras del mundo (que pueden hacer cálculos para propósitos generales), no es comparar lo mismo y, en consecuencia, es una falsa comparación.

178 CONCEPTOS BÁSICOS DE *BITCOINS* Y *BLOCKCHAINS*

hashing es fácil pero aburrido! Incluso puede hacerse a mano, usando lápiz y papel, si tiene la paciencia, pero es probable que no gane un bloque usando solo esas herramientas. Ken Shiriff hizo una ronda de *hashing* a mano con lápiz y papel, sin una calculadora, y lo pueden ver como lo hace hacerlo en su blog.[90]

De esta manera, cualquiera puede ser un creador de bloques y crear bloques válidos. Luego envían los bloques válidos a los tenedores de libros. Lo único que los tenedores de libros tienen que hacer es tomar el bloque, incluyendo el *nonce*, y aplicar el hash una vez para verificar por sí mismos que el hash del bloque es menor que el número objetivo.

La prueba de trabajo también evita otro tipo de ataque: un ataque Sybil. Un ataque Sybil[91] es cuando una red se ve abrumada por múltiples identidades falsas controladas, todas, por un único actor. Piense en los *bots* de Facebook o Twitter... miles de nombres de usuario controlados por un pequeño número de malos actores.

En *Bitcoin*, su posibilidad de ganar un bloque es proporcional a cuánto poder de hash controla. En el *whitepaper* de *Bitcoin* esto se describe como "una-CPU-un-voto". Si *Bitcoin* hubiera dado a cada *nodo* (a cada uno de los que agrega bloques) una oportunidad igual de ganar un bloque (un nodo, un voto) el ataque Sybil sería crear números ilimitados de agregadores de bloques y tratar de ganar todos los bloques. Crear múltiples

---

90   http://www.righto.com/2014/09/mining-bitcoin-with-pencil-and-paper.html

91   Estos ataques recibieron su nombre por Sybil Dorsett, el pseudónimo del libro Sybil, escrito en 1973 por Flora Rheta Schreiber, un caso de estudio sobre el desorden de personalidad múltiple de Sybil.

identidades es algo muy barato que los atacantes pueden
hacer. Por lo tanto, la prueba de trabajo funciona bien como
una solución para este tipo de ataque Sybil, porque la prueba
de trabajo es *informáticamente costosa* (por ejemplo:
efectivo), lo que significa que es costoso tratar de abrumar
la red con el poder de hash, lo cual incrementa los costos de
ataque para un mal actor. Si usted dispone de todo este poder
de hash, bien podría utilizarlo para encontrar bloques y hacer
dinero (bueno, *bitcoins*) en lugar de tratar de alterar la red, o
al menos eso dice la teoría.

Problema: incentivar a los creadores de bloques

Pero todo este tedioso *hashing* necesita recursos:
computadoras, electricidad, banda ancha... y todo esto cuesta
dinero. ¿Por qué alguien se molestaría en crear bloques?
¿Qué beneficio obtienen? ¿Cómo podemos incentivar a
los creadores de bloques a crear bloques y mantener el
sistema funcionando?

Solución: Comisiones por transacción

¡La solución es pagar a los creadores de bloques por su
tiempo y sus recursos! ¿Pero quién les va a pagar y en qué
moneda? Un pago externo o un mecanismo de incentivo; por
ejemplo: un tercero que pague a los creadores de bloques
centralizaría y regularía el proceso, acabando con el propósito
de la resistencia a la censura, por lo que esto no funcionaría.
Los dólares estadounidenses o cualquier moneda fiduciaria
tampoco funcionarían, porque el dinero fiduciario se guarda
en cuentas bancarias y se puede instruir a los bancos que
congelen las cuentas.

Un programa de incentivos *interno* o *intrínseco* evita el control por parte de terceros. Esto se implementa como una comisión por transacción, de manera que el creador de bloques recibe una comisión, un pequeño importe de valor, de cada transacción. Esto podría especificarse como un porcentaje o una comisión plana para todas las transacciones, y codificarse según las reglas del sistema, algo así como la regla de los "10 minutos por bloque". Pero es difícil establecer la comisión correcta. La solución de *Bitcoin* es un enfoque basado en el mercado, en el que la gente que crea transacciones agregue sus propias comisiones por transacción voluntarias, y los creadores de bloques pueden priorizar esas transacciones con comisiones más altas por sobre aquellas con comisiones más bajas.

Incentivación mediante comisión voluntaria por transacción

A le paga 50 a B (tarifa para minero: 0.1)
C le paga 500 a D (tarifa para minero: 0.08)
E le paga 0.5 a F (tarifa para minero: 0.06)   Crear mi bloque con la tarifa
A le paga 50 a E (tarifa para minero: 0.02)   más alta para las transacciones
E le paga 50 a G (tarifa para minero: 0.01)
G le paga 50 a B (tarifa para minero: 0)

Cuando Alice cree su transacción en *Bitcoin*, opcionalmente puede agregar una comisión que será cobrada por el afortunado que mine su transacción.[92] Esta comisión permite a los mineros priorizar su transacción por sobre otras, todas

---

92   La forma en que esto funciona en la práctica es que cuando Alice crea una transacción puede especificar que la transacción paga al destinatario ligeramente menos que el importe que se deduce de su cuenta. En jerga, los *output* de su transacción son menos que sus input. Esta diferencia es la comisión para el minero. El minero suma las comisiones de todas las transacciones en el bloque y las incluye en la transacción coinbase, que es una transacción pagada al minero y que se describe más adelante.

las cuales están compitiendo por obtener un bloque. Los bloques están limitados por las reglas de la red en lo referente a cuántos datos se pueden incluir en un bloque. En *Bitcoin*, este límite nominalmente es de 1 MB.[93] Las comisiones suelen elevarse en momentos en los que hay muchas transacciones en cola para entrar en bloques, y vuelven a bajar cuando hay menos transacciones.

Problema: ¿Cómo empezar?

¿Cómo se incentivó a los creadores de bloques para que siguieran creando bloques al principio o, de hecho, ahora durante los períodos de poca actividad cuando podría haber momentos en los que no hay ninguna transacción en horas? El trabajo de *hashing* consume electricidad y al minero le cuesta dinero.

Solución: Recompensa por bloque

El segundo y actualmente mayor incentivo para que los creadores de bloques creen bloques es la *"recompensa por bloque"*. En efecto, el creador de bloques puede escribir un cheque a su nombre una vez por bloque, por hasta cierta cantidad. La idea es que las recompensas por bloque puedan poner en marcha el sistema, y luego desaparecer gradualmente, reemplazadas por comisiones por transacción.

---

93   Pero ahora es un poco más complicado, con innovaciones como los *Segregated Witnesses* (Testigos Segregados), donde parte de los datos en el bloque no se contabilizan en el tamaño del bloque.

Lanzado el esquema de incentivos

Bloque
Tx del Coinbase: Crear 12.5 BTC para mí
Tx 1: A le paga 50 a B (tarifa para minero: 0.1)
Tx 2: C le paga 500 a D (tarifa para minero: 0.08)
...

RECOMPENSA DEL MINERO ◄

La primera transacción en un bloque se llama transacción
coinbase.[94] Esta transacción *coinbase* es especial porque
es la única transacción que crea *bitcoins*. Todas las demás
transacciones mueven *bitcoins* entre direcciones. El creador
de bloques puede crear una transacción que paga a cualquier
dirección (por lo general a él mismo) cualquier cantidad de
bitcoins, hasta un límite especificado por el protocolo de
Bitcoin. Este límite era de 50BTC por bloque en 2009 y se
reduce a la mitad cada 210 000 bloques, lo que, a 10 minutos
por bloque, es alrededor de cada cuatro años. Actualmente,
(mediados de 2018), la recompensa máxima por bloque es
de 12,5 BTC y la siguiente reducción ocurre a los 630 000
bloques, que se estima ocurrirá en mayo de 2020.[95] Estas
recompensas por bloque han creado alrededor de 17 millones
de *bitcoins* hasta la fecha, y debido a los repetidos cortes a
la mitad de la recompensa por bloque, el número máximo
de *bitcoins* creados será ligeramente menos de 21 millones,
los últimos de los cuales deberán crearse poco antes del año
2140. A menos que las reglas cambien.

Esta recompensa por bloque es el mecanismo que mantiene
a los creadores de bloques creando bloques. Ellos reciben

94   No se debe confundir con una empresa de billeteras de criptomonedas con
sede en EE.UU. llamada *Coinbase*.

95   http://www.Bitcoinblockhalf.com/

valiosos BTC a cambio de gastar recursos haciendo el tedioso *hashing* para crear bloques válidos. Hay que tener en cuenta que los creadores de bloques no tienen la obligación de incluir ninguna transacción en sus bloques, pero eligen hacerlo porque las mismas transacciones contienen comisiones por transacción y estas también se acumulan para el creador de bloques.

Lo bonito de este sistema es que el pago por crear bloques proviene del protocolo mismo y no de un tercero externo.

Problema: más hashing, bloques más rápidos, más provisión monetaria

Si alguien puede crear bloques válidos encontrando el *nonce* que hace que el hash del bloque cumpla con cierto criterio y recibe un pago por ello, ¡entonces seguramente usando más computadoras para el *hashing* se pueden crear bloques válidos con mayor rapidez y recibir un pago mayor! Al duplicar el poder de hash, ellos pueden, como promedio, duplicar la velocidad en la que pueden crear bloques válidos.

Pero esto, sin supervisión, causaría estragos. Con más personas aumentando el poder de hash (por ejemplo: computadoras) en el proceso de creación de bloques, los bloques se crearían más y más rápido. Recuerde que queremos que los bloques se creen lentamente, de manera que los tenedores de libros tengan una mayor probabilidad de mantener el consenso. Y los BTC se crearían más y más rápido, generando una gran demanda y, probablemente, reduciendo el valor de cada unidad.

Solución: dificultad

La red necesita autocorregirse y reducir la velocidad si los bloques se crean más rápidamente que un bloque cada diez minutos. La respuesta está en cambiar el número objetivo para el cálculo del hash. Las variaciones en este número objetivo pueden facilitar o dificultar a la red, en su conjunto, en encontrar hashes por debajo de este número. Como analogía, si usted tiene que lanzar dos dados y obtener una suma total por debajo de ocho, eso es muy fácil. Pero si tiene que obtener una suma total por debajo de cuatro, entonces tendrá que lanzar los dados más veces. Entonces, reducir el número objetivo ralentiza el ritmo en el que se crean los bloques válidos.

En *Bitcoin*, el número objetivo se calcula matemáticamente a partir de un número llamado "dificultad". La dificultad cambia cada 2016 bloques (lo cual demora unas dos semanas a un ritmo de 10 minutos por bloque), de acuerdo con una fórmula que usa se basa en el tiempo que tomó minar los 2016 bloques anteriores. Mientras más rápido se hayan creado los 2016 bloques anteriores, más aumentará la dificultad. La dificultad y el número objetivo para *hashing* se relacionan inversamente. Por lo tanto, conforme aumenta la dificultad, el número objetivo se reduce, haciendo que sea más difícil y, en consecuencia, más lento encontrar bloques válidos.

La red se equilibra sola maravillosamente sola. Si se agrega más poder de hash o de minado, entonces los bloques se crean con más rapidez por un período de tiempo hasta que la siguiente dificultad cambie. Después de esto, se vuelve más difícil encontrar bloques válidos, reduciendo la velocidad de creación de bloques. Si el poder de minado sale de la red, entonces demorará más encontrar bloques, hasta la siguiente vez que la dificultad cambie, entonces disminuye la velocidad y los bloques se vuelven más fáciles de encontrar. Y todo esto se hace sin un coordinador central.

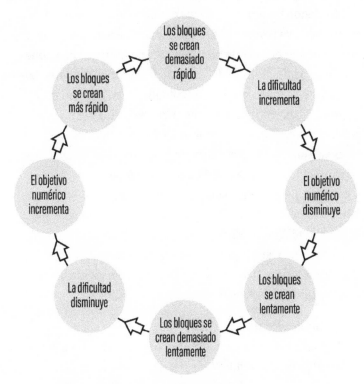

Problema: el orden de los bloques

Las transacciones se agrupan en bloques, que son como las páginas de un libro contable. Estos bloques circulan por la red a un ritmo más lento de lo que las transacciones individuales pendientes lo harían. ¿Pero cómo saber cuál debería ser el orden de los bloques? En un libro, cada página tiene un número único de página, y usted sabe que las páginas siguen un orden ascendente. Si las páginas se caen, usted puede volver a unir el libro en el orden correcto. ¿Se puede hacer lo mismo con los bloques para que cada uno reciba un único "número de bloque"? En principio, sí. Sin embargo, recuerde que los creadores de bloques están compitiendo para minar bloques aplicando el *hashing* a sus contenidos y viendo si el hash es menor a un número objetivo determinado por la dificultad actual. Imagine que el bloque 1000 acaba de ser minado y circulado a todos los nodos. Los mineros empezarían a minar el bloque 1001. Alguien muy astuto podría empezar a minar el bloque 1002 y tratar de adelantarse a sus competidores. De esta manera, tan pronto como alguien más haya encontrado el bloque 1001, él podría enviar el bloque 1002 y reclamar la recompensa por bloque. Recuerde que el minero no tiene que completar ninguna transacción en el bloque, sino que simplemente puede aplicar el hash al bloque 1002 vacío que hace referencia al bloque 1001 con una transacción de recompensa *coinbase* y ninguna otra transacción. Bueno, esa no sería una buena idea, porque habría todo tipo de trucos para ganar.

¿Qué limita a los mineros para asegurar que minen únicamente el bloque siguiente? ¿Cómo evitar que se "adelanten en el minado"?

Solución: ¡una cadena de bloques [blockchain]!

En lugar de que cada bloque tenga un "número de bloque", cada bloque hace referencia al bloque anterior *mediante su hash*. Los mineros deben incluir el hash del block anterior en el bloque que están creando.

Esto significa que para minar el bloque 1002, los mineros deben saber el hash del bloque 1001. Hasta que el bloque 1001

no haya sido minado, el 1002 no se puede minar. Esto obliga
a los mineros a concentrarse en el bloque 1001 que, a su
vez, incluye el hash del bloque 1000 y ningún minero puede
adelantarse. De esta manera se crea una cadena de bloques,
que se mantiene unida no por *los números de los bloques*
(que se pueden predecir) sino por *el hash de cada bloque*
(que no se puede predecir). Cada bloque hace referencia a un
bloque anterior por el hash de ese bloque anterior, en lugar de
hacerlo por el número que va subiendo secuencialmente.

Esta es la cadena de bloques o *blockchain*.

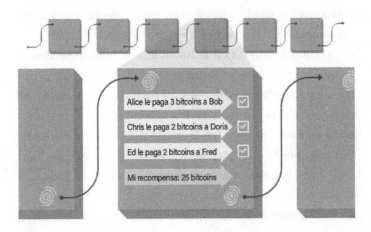

Una cadena de bloques,[96] en la que cada bloque incluye el hash
del bloque anterior, en lugar de un número de bloque secuencial.

Un beneficio adicional de los bloques que se vinculan
mediante sus hashes es la consistencia interna, a veces
descrita como inmutabilidad. Digamos que el último bloque

---

96   https://bitsonblocks.net/2015/09/09/a-gentle-introduction-to-
blockchain-technology/

que se hizo circular por la red es el bloque 1000. Si un tenedor
de libros sin escrúpulos intenta manipular un bloque anterior,
digamos, el bloque 990, e intenta republicar ese bloque a
otros tenedores de libros, podría:

1. Publicar el bloque 990 con nuevos datos, pero usando
   el hash antiguo; o

2. Publicar el bloque 990 con nuevos datos y un nuevo
   hash válido (es decir, volver a minar el bloque).

En el primer caso, el bloque será considerado inválido por
todos los otros tenedores de libros, porque es inconsistente
a nivel interno (el hash del bloque no coincide con los datos
dentro de él) y, en el segundo caso, el hash del bloque 990 no
va a coincidir con la referencia encontrada en el bloque 991.
Por lo tanto, es muy difícil salirse con la suya luego de alterar
cualquier registro que ya forme parte de la *blockchain*, ya que
será inmediatamente evidente para cualquiera a quien intente
convencer. Esto es lo que significa cuando las *blockchains* se
describen como *inmutables*. Desde luego, nada es inmutable
(que no se puede cambiar), pero es evidente cuando las
blockchains han sido manipuladas; es decir, es fácil para
los demás darse cuenta si los datos han sido modificados,
accidentalmente o de otra manera.

Problema: colisiones de bloques / consenso

Debido al proceso aleatorio de *hashing*, aún existe una
posibilidad de que los bloques sean creados por diferentes
creadores de bloques al mismo tiempo. Si un tenedor de
libros recibe dos bloques válidos de dos creadores de bloques
(mineros) distintos y ambos hacen referencia al hash del
mismo bloque anterior, ¿cómo sabe el tenedor de libros
cuál usar y cuál descartar? ¿Cómo puede la red llegar a un

consenso sobre qué bloque usar? Y si un minero recibe dos bloques válidos, pero en competencia, ¿cómo sabe sobre cuál de los bloques armar el siguiente bloque?

Solución: regla de la cadena más larga

Existe otra regla de protocolo llamada la regla de la cadena más larga.[97] Si un minero ve dos bloques válidos a la misma altura, entonces puede minar cualquiera de los dos bloques (por lo general, el primero que ve) y mantendría el otro "en mente". Otros también tomarían una decisión y, finalmente, uno de los bloques tendrá otro bloque minado encima, luego otro y otro. Entonces, la regla es que *la cadena más larga* es la cadena que debe considerarse como la cadena del registro, y el bloque que se descarta se llama *huérfano*.

¿Qué ocurre con las transacciones en el bloque huérfano? Se considera como si nunca hubieran sido parte de un bloque válido y, por lo tanto, no están confirmadas. e incluirán en bloques posteriores junto con otras transacciones sin confirmar, suponiendo que no causen conflicto con las transacciones que ya han sido confirmadas en la *blockchain*.

---

97 El "mecanismo de consenso" en *Bitcoin* no es la prueba de trabajo (como muchos dicen), sino que es la regla de la cadena más larga (o, para ser un sabelotodo, es la cadena con la mayor cantidad de trabajo, que normalmente equivale a la mayor cantidad de bloques). Mostrar una prueba de trabajo es el mecanismo de ingreso de datos resistente a Sybil; es decir, es el precio de entrada para poder agregar un bloque, pero el mecanismo que se usa para determinar cuál de las cadenas de bloques alcanzan el consenso es la regla de la cadena más larga.

Problema: doble gasto

A pesar de que la regla de la cadena más larga parece razonable, puede ser utilizada para causar daño en un doble gasto deliberado. Así es como se puede hacer:

1. Cree dos transacciones usando los mismos *bitcoins*: un pago para un vendedor en línea y el otro, para usted (por ejemplo, para otra dirección que usted controle).

2. Solo se transmita la transacción que es el pago al vendedor.

3. Cuando el pago es agregado a un bloque "honesto" el proveedor lo ve y le envía los productos.

4. En secreto, se crea una cadena de bloques más larga que no incluye el pago al vendedor y este se reemplaza por el pago a usted mismo.

5. Se publica una cadena más larga. Si los otros nodos se rigen por la "regla de la cadena más larga", entonces van a reorganizar sus *blockchains*, descartando el bloque honesto que contiene el pago al vendedor y reemplazándolo con la cadena más larga que usted publicó. Se dice que el bloque honesto es "huérfano" y que, para todos los fines, no existe.

6. Los nodos honestos van a considerar inválido el pago original al vendedor porque esos *bitcoins* ya se han gastado en su cadena sustituta más larga. Usted recibirá sus productos, pero el pago al vendedor será rechazado por la red.

1.2.3. La transacción "Pago al vendedor" se incluye en el bloque

4.5. El atacante publica una cadena más larga, la cual incluye el "gasto doble"

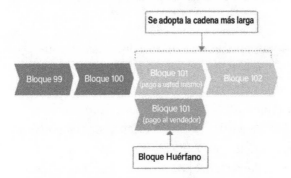

6. La transacción original (Pago al vendedor) ya no es válida ya que se usaron todas las monedas en el Bloque 101 (pago a usted mismo)

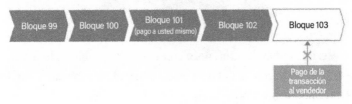

Cómo hacer un doble gasto.

Solución: esperar unos seis bloques

En consecuencia, el consejo general para las personas que reciben *bitcoins* es que esperen a que la transacción baje unos cuantos bloques (es decir, dejar que se minen unos cuantos bloques encima). Esto da la tranquilidad de que la transacción ya ha sido liquidada y que no se puede deshacer con facilidad.[98] En este punto, la cantidad de minado que tiene que hacerse para crear una cadena competitiva más larga de la que existe es enorme,[99] por lo que los mineros racionales preferirían dedicar su poder de hash a crear bloques legítimos, recibiendo la recompensa por bloque y las comisiones por transacción, en lugar de tratar de corromper la red.

En otras palabras, es deliberadamente difícil generar un bloque válido. Por lo tanto, si alguien quiere reemplazar bloques, tiene que crear bloques rápidamente y adelantarse al resto de la (supuestamente honesta) red. Este es otro de los motivos por los que las personas dicen que la *blockchain* de *Bitcoin* es inmutable y que no puede ser cambiada. Sin embargo, si más del 50% del poder de hash total de la red se utiliza para volver a escribir bloques, entonces podrá hacerlo porque creará bloques más rápido que la otra mitad, menos poderosa. Esto se llama un ataque del 51%. Cantidades más pequeñas de poder de hash también se pueden utilizar para reescribir la *blockchain*, pero con menores probabilidades de éxito.[100] Los ataques del 51 % se han llevado a cabo con éxito en monedas poco populares con pocos mineros.

---

98   En *blockchains* como en *Bitcoin*, las transacciones nunca se liquidan completamente. Está la posibilidad de que exista una cadena más larga en algún lugar y que sea adoptada por la red. Esto significa que los pagos en criptomoneda se liquidan probabilísticamente en lugar de determinísticamente. Mientras más al fondo esté su transacción en la *blockchain*, más probable será que no sea usurpada por una cadena más larga.

99   Como medida extrema de precaución, los mineros tienen que esperar 100 bloques antes de poder gastar la recompensa por bloque especial de *coinbase* que reciben por minar. Esto se denomina *coinbase maturity*.

100   Visite http://hackingdistributed.com/2013/11/04/bitcoin-is-broken/

¿Qué monedas?

Antes utilicé la frase *"usando los mismos bitcoins"*. ¿Qué significa esto? Con el efectivo físico, cada moneda o billete es un objeto único. No le puede pagar la *misma moneda* o el *mismo billete* a dos personas. Sin embargo, el dinero digital no funciona de esa manera. En una cuenta bancaria tradicional, todo su dinero está mezclado o *combinado* en la cifra del "saldo total". Sus ingresos van a la cuenta bancaria e inmediatamente se mezclan con el resto del dinero que está ahí. Es como agregar agua a una tina a medio llenar. Cuando usted realiza un pago, su saldo total se reduce. Es como sacar agua de la tina. No puede especificar qué dólar está gastando. Por ejemplo, cuando paga $8 por un café no dice: "Use $8 del pago de mi salario que ingresó el 25 de enero". Simplemente dice: "Use $8 de la reserva de dinero que es el saldo de mi cuenta". Esta falta de especificidad promueve la *fungibilidad* del dinero digital; es decir, un dólar en una cuenta es exactamente igual al otro.

Bitcoin es digital, pero funciona más como el efectivo físico. Con efectivo usted abre su billetera y toma ese billete *específico* de $10, que recibió antes, paga $8 por su café y espera $2 de cambio. Con *Bitcoin* es parecido: por cada pago que hace, tiene que especificar exactamente *qué* monedas está gastando; es decir, *qué bitcoins específicos* de los que recibió previamente. Usted hace referencia a estos *bitcoins* recibidos mediante el hash de la transacción[101] que le envió las monedas. De la misma manera en que los bloques se apilan uno sobre otro al hacer referencia al hash del bloque anterior,

---

101   En realidad, debido a que la transacción puede contener múltiples pagos, usted debe hacer referencia al hash de la transacción y al pago específico a su dirección.

las transacciones también se refieren entre sí usando el hash de una transacción previa. Cuando hace un pago con *Bitcoin* dice: "Tome *este* paquete de dinero que entró a mi cuenta con *esta* transacción, páguelo a *esta* cuenta y devuélvame el cambio".

Esta es una transacción de *Bitcoin*.[102] Puede ver que se toma 1,427 *bitcoins* de la dirección 17tVxts...QM, se envía 0,5999 *bitcoins* a 1Ce2Qzz...wK y se devuelve 0,827 *bitcoins* a 17tVxts...QM. Pero, espere... Los dos pagos suman menos que el monto gastado 0,5999 + 0,8270 = 1,4269, que es menos que los 1,427 gastados. La diferencia de 0.0001 *bitcoins* es la comisión de minado. El minero puede agregar esos 0,0001 a la transacción *coinbase* en el bloque y pagarse a sí mismo.

Si nos fijamos en el bloque en el que se incluye la transacción[103] podemos ver que el minero se pagó 12,52723951 *bitcoins* en la transacción *coinbase*, que es la recompensa por bloque de 12,5 BTC más la suma de las comisiones por transacción de las transacciones en el bloque:

---

102   https://tradeblock.com/bitcoin/tx/237e0b782a27f83873e781298f13ffae93
fd6c274d49b36b015b7c2a814adea3

103   https://tradeblock.com/bitcoin/block/525908

Por lo tanto, todos los *bitcoins* son trazables. Usted puede ver la composición exacta de cada pepita de *bitcoins* que entra en su cuenta (de qué está compuesto y de dónde vino) y puede rastrear cada parte de ese dinero por cuentas previas, hasta llegar a cuando fue creado por primera vez en una transacción *coinbase*.

Digo cada "pepita de dinero" específicamente, en lugar de decir "cada *bitcoin*" porque uno no envía moneda de *bitcoin* por moneda de *bitcoin*, sino que envía el monto total. Veamos cómo funciona con un ejemplo.

Empecemos con una dirección vacía y supongamos que usted es amigo de un minero de *Bitcoin* que acaba de crear una "pepita" de 12,5 BTC en una transacción *coinbase* cuando minó un bloque exitosamente. Los 12,5 BTC son como un solo billete en una billetera física y deben ser gastados en su totalidad. El minero se apiada de usted porque no tiene *bitcoins* y quiere darle 1 BTC. Así que el minero crea una transacción gastando esos 12,5 BTC en dos destinatarios: 1 BTC para usted y 11,5 BTC de vuelta a sí mismo. Ahora, usted tiene una "pepita" de 1 BTC en su cuenta.

Hoy es su día de suerte y otras personas le regalan BTC. En otras transacciones por separado, usted recibe "pepitas" de

2 BTC y 2 BTC. Así que ahora tiene 6 BTC en su billetera, en tres pepitas: 1 BTC, 2 BTC y 3 BTC.

Si quiere darle 1,5 BTC a otro amigo, ¿cómo lo haría? Podría hacerlo de diferentes maneras:

Opción 1: Gastar la pepita de 2 BTC

Usted crearía una transacción que se ve así:

Gasto: Pepita de 2 BTC

Pago: 1,5 BTC para su amigo, una pepita de 0,5 BTC como cambio para usted mismo

Opción 2: Gastar la pepita de 3 BTC

Usted crearía una transacción que se ve así:

Gasto: Pepita de 3 BTC

Pago: 1,5 BTC para su amigo, una pepita de 1,5 BTC como cambio para usted mismo

Opción 3: Gastar las pepitas de 1 BTC y 2 BTC

Usted crearía una transacción que se ve así:

Gasto: Pepitas de 1 BTC y 2 BTC

Pago: 1,5 BTC para su amigo, una pepita de 1,5 BTC como cambio para usted mismo

Opción 4: Gastar las pepitas de 1 BTC y 3 BTC Usted crearía una transacción que se ve así:

Gasto: Pepitas de 1 BTC y 3 BTC

Pago: 1,5 BTC para su amigo, una pepita de 2,5 BTC como cambio para usted mismo

Opción 5: Gastar las pepitas de 1 BTC 2 BTC y 3 BTC

Usted crearía una transacción que se ve así:

Gasto: Pepitas de 1 BTC 2 BTC y 3 BTC

Pago: 1,5 BTC para su amigo, una pepita de 4,5 BTC
como cambio para usted mismo

Aunque la Opción 1 parece ser la más evidente y es, probablemente, lo que usted haría si estuviera gastando billetes de una billetera física, en teoría, podría elegir cualquiera de esas opciones. Son todas transacciones diferentes, pero todas consiguen lo mismo. Las "pepitas" de dinero que permanecen en su cuenta se llaman Unspent Transaction Outputs, 'UTXO". La mayoría de las personas piensa en términos de "saldos en cuenta" (es decir, mi cuenta sube y baja), mientras que en *Bitcoin* se piensa en transacciones (la transacción gasta este dinero y lo pone allá). Las pepitas son el resultado o *el output* de una transacción, y son *no utilizados* porque aún no los ha gastado. *Bitcoin* describiría la Opción de la siguiente manera:

Opción 1: Gastar la pepita de 2 BTC

Inputs de la transacción (este es dinero que se está gastando)

1.   Pepita de 2 BTC

Outputs de la transacción: (este es dinero que aún no se ha gastado)

1.   1,5 BTC para su amigo

2.   Pepita de 0,5 BTC como cambio de vuelta a usted

Toda esta transacción tiene un hash, lo que le da un ID de
Transacción que puede ser usado para futuras transacciones.
Si luego quiere gastar el 0,5 BTC que se devolvió, diría: 'Tome
el output (2) de esta transacción y gástelo así...".

Ahora, suponiendo que eligió la Opción 1 antes descrita,
¿qué queda en su cuenta? Empezó con pepitas de 1, 2 y 3
BTC. Gastó la pepita de 2 BTC y recibió 0,5 de vuelta. Así
que le quedan tres pepitas: 1 BTC, 3 BTC y la nueva pepita
de 0,5 BTC. La *blockchain* registra que la pepita de 0,5
BTC provino de usted mismo, por lo que cualquiera puede
rastrear la pepita de 0,5 BTC hasta su pepita original de 2
BTC, y luego continuar rastreándola hasta la cuenta de donde
provino originalmente.

Gasto de resultado de transacciones no gastadas (UTxOs por sus siglas en inglés)

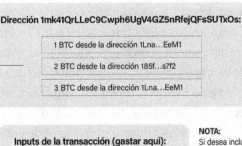

ANTES

Dirección 1mk41QrLLeC9Cwph6UgV4GZ5nRfejQFsSUTxOs:

1 BTC desde la dirección 1Lna...EeM1

2 BTC desde la dirección 185f...s7f2

3 BTC desde la dirección 1Lna...EeM1

Inputs de la transacción (gastar aqui):

2 BTC desde la transacción 185f...s7f2

Resultados (crear aqui):

1.5 BTC desde la dirección 1gg2...94jc

0.5 BTC desde la dirección 1mk41...ejQFMsS

NOTA:
Si desea incluir una tarifa de minero, debería reducir el "cambio" por monto de tarifa, por ejemplo, de 0.5 a 0.495 BTC.

La suma de los resultados debe ser igual o menor a la suma de los inputs.

DESPUÉS

Dirección 1mk41QrLLeC9Cwph6UgV4GZ5nRfejQFsSUTxOs:

1 BTC desde la dirección 1Lna...EeM1

0.5 BTC desde la dirección 185f...s7f2

3 BTC desde la dirección 1Lna...EeM1

¿Qué sigue?

La transacción es creada y firmada por el remitente usando sus claves privadas. La transacción firmada es luego enviada a un nodo (tenedor de libros), que valida que cumpla con las reglas empresariales (por ejemplo: ¿Existe este UTXO? ¿Se ha utilizado antes?) y las reglas técnicas (por ejemplo: ¿Cuántos

datos contiene esta transacción? ¿La firma digital es válida?),
y de ser considerada válida, el tenedor de libros mantiene esta
transacción en una reserva de "transacciones sin confirmar"
de la que ha escuchado, llamada *mempool* o *banco de
memoria*. Luego propaga esta transacción a sus vecinos en la
red. Cada vecino sigue el mismo proceso. Al final, el minero
o creador de bloques toma esta transacción y decide si quiere
empaquetarla en un bloque y, de ser así, empieza a minar el
bloque. Si el minero tiene éxito minando el bloque, entonces
propaga el bloque a otros mineros y tenedores de libros y
cada nodo registra esta transacción como confirmada en
un bloque.

Peer-to-Peer, o de igual a igual

Cuando las personas dicen que *Bitcoin* es peer-to-peer, ¿a qué
se refieren?

En primer lugar, *los datos* se envían entre tenedores de libros
de manera peer-to-peer, es decir, se envían directamente y no
a través de un servidor central. Las transacciones y bloques
se envían entre tenedores de libros, que son cada uno tan
importante en *status* como el otro, es decir, son *peers* (pares o
iguales). Usan Internet para enviar datos entre ellos mismos,
en lugar de usar la infraestructura de terceros, como la red
SWIFT utilizada por los principales bancos.

En segundo lugar, *los pagos* de *Bitcoin* a menudo se describen
como peer-to-peer (es decir, sin intermediarios). ¿Pero es
esto realmente cierto? Hasta cierto punto. Una transacción
en *efectivo físico* definitivamente es peer-to-peer porque
no hay otros actores además del pagador y el destinatario.
Sin embargo, *Bitcoin* también tiene intermediarios, como
mineros y tenedores de libros. La diferencia entre los pagos

de *Bitcoin* y los pagos bancarios es que, con los pagos de *Bitcoin*, los intermediarios son *no específicos* y pueden actuar uno en lugar del otro, mientras que los bancos tradicionales y los servicios de pago centralizado son intermediarios *específicos*. Por ejemplo: si tiene una cuenta en HSBC no puede instruir a otro banco, como Citibank, que mueva su dinero, pero en *Bitcoin* cualquier minero puede agregar su transacción a un bloque que esté minando.

Los modelos de datos peer-to-peer son como las cadenas de chismes (Gossip) en la que cada par comparte sus actualizaciones. De muchas maneras, el peer-to-peer es menos eficiente que el cliente-servidor, ya que los datos son replicados y validados varias veces, una vez por máquina, y cada cambio en los datos crea mucho chisme ruidoso. Sin embargo, cada par es independiente y la red puede continuar operando si algunos nodos pierden conectividad temporalmente. Y debido a que no hay un servidor central que pueda ser controlado, las redes peer-to-peer son más robustas y resistentes a las interrupciones, ya sean accidentales o deliberadas.

En las redes peer-to-peer anónimas, y por lo tanto no confiables, cada par debe operar basándose en que cualquier otro par podría ser un mal actor. Por lo tanto, todos los pares deben hacer su propio trabajo y validar transacciones y bloques, en lugar de confiar en otros pares. La red, en conjunto, se comporta honestamente si está poblada de una mayoría de nodos honestos. A continuación, examinaremos los límites del mal comportamiento y de los costos e incentivos relacionados.

Malhechores

¿Qué pueden y no pueden hacer los malhechores?

El impacto de un *tenedor de libros* malicioso es muy limitado. Pueden retener transacciones y negarse a pasarlas a otros tenedores de libros, o pueden presentar una visión falsa del estado de la *blockchain* a cualquiera que les pregunte, pero una verificación rápida con otros tenedores de libros revelará cualquier discrepancia.

Los *mineros* maliciosos pueden causar un poco más de impacto. Ellos pueden:

- Tratar de crear bloques que incluyan o excluyan transacciones específicas elegidas por ellos.

- Crear un doble gasto al intentar crear una "cadena más larga" de bloques que convierte a los bloques aceptados anteriormente en "huérfanos" y que queden fuera de no parte de la cadena principal. De manera realista, solo pueden hacerlo si disponen de una parte significativa del poder de hash de toda la red.

Sin embargo, no pueden:

- Robar *bitcoins* de su cuenta, porque no pueden falsificar sus firmas digitales.

- Crear *bitcoins* de la nada, porque ningún otro minero o tenedor de libros aceptaría esta transacción.

Por lo tanto, el impacto de un minero malicioso también es bastante limitado, en realidad. Asimismo, un minero que sea descubierto permitiendo gastos dobles podría ser rápidamente aislado si el resto de la red se pone de acuerdo informalmente para tomar medidas. Los mineros honestos

podrían estar de acuerdo en no apilar sobre bloques
generados por un minero malicioso.

Resumen

Las transacciones son instrucciones de pago de montos
específicos de *Bitcoin* (UTXO) de una cuenta generada por un
usuario (dirección) a otra. Las transacciones se crean usando
software de billeteras y son autenticadas mediante firmas
digitales únicas, luego se envían a los tenedores de libros
(nodos), quienes las validan individualmente de acuerdo
con algunas reglas empresariales y técnicas bien conocidas.
Luego, los tenedores de libros agregan las transacciones
válidas a su *mempool* y las distribuyen a otros tenedores de
libros a los que están conectados.

Los mineros reúnen estas transacciones individuales
en bloques y compiten entre sí para minar sus bloques
modificando el contenido de los bloques, especialmente el
campo *nonce*, hasta que el hash del bloque sea menor que un
número objetivo. El número objetivo se basa en la dificultad
establecida en ese momento, la se deriva del tiempo que
tomó minar los bloques anteriores para lograr mantener la
frecuencia ideal en toda la red de un nuevo bloque minado
cada 10 minutos. Los mineros reciben un incentivo financiero
en la forma de nuevos BTC y comisiones por transacción
que pueden acreditarse a sí mismos para compensar el gasto
de los recursos utilizados en llevar a cabo el competitivo y
repetitivo *hashing* necesario para crear bloques válidos.

Los bloques se vinculan entre sí en una secuencia única para
formar un libro contable, que es la *blockchain* de *Bitcoin* y
que se registra de manera idéntica y casi simultánea en miles
de computadoras alrededor del mundo que ejecutan software

de *Bitcoin*. Si una transacción de *Bitcoin* no se registra en
este *blockchain*, no es una transacción de *Bitcoin*. No existe.
Una transacción de *Bitcoin* registrada fuera de este archivo no
forma parte del libro contable.

No hay una autoridad central que controle el libro contable o
que pueda censurar transacciones específicas.

Las diferentes plataformas o sistemas de *blockchain*
funcionan de manera diferente. Si usted relaja o cambia los
objetivos o las limitaciones, el diseño de la solución también
puede cambiar. La solución podría ser más simple, como
veremos luego con las *blockchains* privadas, en las que la
resistencia a la censura no es un factor crítico.

Ecosistema de *bitcoin*

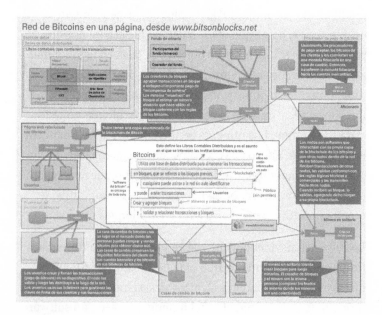

Si juntamos todo esto, podemos ver que el ecosistema de *Bitcoin* está conformado por partes que desempeñan diferentes papeles. Los mineros y los tenedores de libros se centran en desarrollar y mantener la *blockchain* en sí. Las billeteras facilitan que las personas usen criptomonedas. Los procesadores de cambio y de pago de criptomonedas son un puente entre los mundos fiduciario y criptográfico.

Bitcoin en la práctica

Aunque la teoría suene bien, en la práctica, *Bitcoin* no está tan descentralizado como la gente le podría hacer creer. Según algunos indicadores, no le está yendo tan bien como algunos defensores podrían hacerle creer.

Nodos de contabilidad

Aunque hay alrededor de 10 000 nodos que llevan a cabo labores de contabilidad y que transmiten transacciones y bloques, mayormente están ejecutando el mismo software escrito, y por lo tanto controlado, por un número pequeño de personas. Se conocen como los desarrolladores del "*Bitcoin* Core" y el software se conoce como "*Bitcoin* Core".

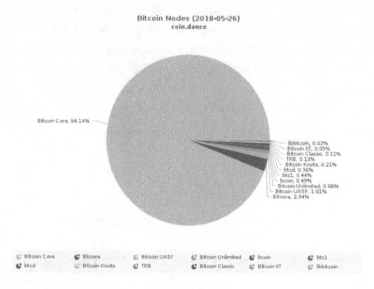

Fuente: coin.dance[104]

Todas las versiones, o implementaciones, distintas que no son un *Bitcoin* Core tienen diferentes reglas, pero no son lo suficientemente diferentes como para crear incompatibilidades. Algunas, por ejemplo, podrían tener indicadores adicionales para señalar que los tenedores de libros estarían preparados para adoptar un cambio en las reglas si el número suficiente de participantes también indica tener la misma intención.

Minería

Aunque cualquiera puede minar, el proceso se ha vuelto tan intenso que se crean nuevos hardware y chips diseñados para ser extremadamente eficientes en SHA-256 *hashing*.

---

104   https://coin.dance/nodes

Los ASIC (Application Specific Integrated Circuits) se convirtieron en la norma para la minería en 2014 y sacaron de competencia a todas las otras formas de hardware en términos de rendimiento de energía para la minería de *Bitcoin*. Dave Hudson explora los efectos de los ASIC en su excelente blog *Hashing It*.[105] En los medios de comunicación populares, el poder informático de estos chips especialmente diseñados es frecuentemente comparado con el poder informático de las supercomputadoras, pero los ASIC no pueden operar como computadoras de uso general, por lo que las comparaciones con supercomputadoras no tienen sentido. Solo unas pocas entidades pueden minar de manera rentable, por lo general usando "granjas de minado" aglomeradas en áreas donde la electricidad es barata. El siguiente gráfico muestra mineros y qué proporción de bloques han minado recientemente. La proporción de bloques que han minado es casi equivalente al poder de hash como proporción del poder total de hash de la red.

---

105   http://hashingit.com/analysis/22-where-next-for-bitcoin-mining-asics

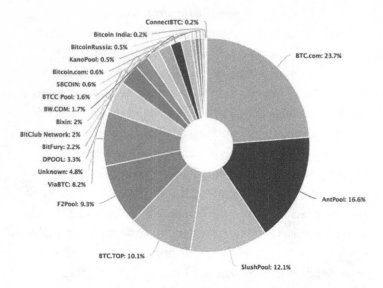

¡La minería de Bitcoin no está tan descentralizada!
Fuente: *blockchain*.info[106]

Algunas de estas son entidades de minado individuales. Otras son sindicatos a los que cualquiera se puede unir, contribuir al poder de hash y recibir recompensas en proporción a sus contribuciones. Aproximadamente, un 80 % del poder de hash es controlado por entidades chinas. BTC.com, Antpool, BTC.TOP, F2Pool, viaBTC son todos grupos chinos,[107] y una compañía llamada Bitmain es propietaria tanto de BTC. com como de Antpool. Por lo tanto, si solo colaboran los tres primeros pools de minado, pueden reorganizar bloques

---

106   https://blockchain.info/pools?timespan=4days 4 días de bloques, obtenido el 27 de mayo de 2018

107   A pesar de que los pools son controlados por entidades chinas, es probable que las personas que controlan el *hashrate* (velocidad de *hashing*) no sean chinas y que pudieran ser libres de cambiar de pool cuando quisieran, en teoría.

y coordinar gastos dobles, y nadie podrá ser capaz de
detenerlos ya que representan más del 50% del total del poder
de hash. Así que este no es un sistema bien descentralizado.

A menudo se sostiene que los mineros no harían tal cosa
porque eso provocaría la pérdida de confianza en *Bitcoin* y,
por lo tanto, el precio caería y su fondo de *bitcoins* valdría
menos. Sin embargo, si un grupo de mineros emprendedores
que llevara esto a cabo podría construir una gran posición a
corto plazo temporalmente, justo antes de ejecutar un doble
gasto y beneficiarse de la caída del precio del BTC.

Hardware de minería

Como hemos visto, los mineros usan chips para fines
especiales llamados ASICS, que han sido especialmente
diseñados y construidos para ser eficientes en SHA256
hashing. Los fabricantes de chips comerciales se han
demorado en diseñar chips que sean especialmente
construidos para ser eficientes en SHA256 *hashing*, por
lo que la demanda ha creado una industria especializada
alternativa para proveer ASICS de *Bitcoin*. El principal
proveedor de estos chips es Bitmain, la misma empresa china
que controla los dos pools de minado principales. Se ha
estimado que Bitmain produce el hardware que mina el 70
% – 80 % del total de bloques en *Bitcoin*.[108] La fabricación de
hardware de *Bitcoin* no está bien descentralizada.

---

108   https://www.cnbc.com/2018/02/23/secretive-chinese-bitcoin-mining-
company-may-have-made-as-much-money-as-nvidia-last-year.html

Propiedad del BTC

La propiedad del BTC también se concentra en unas pocas manos:

Distribución de bitcoins

Saldo	Direcciones	% (total) de las direcciones	Monedas	$ dólares estado-unidenses (USD)	% Monedas (total)
0 - 0.001	10883342	49.38% (100%)	2,171 BTC	15,919,352 USD	0.01% (100%)
0.001 - 0.01	4962026	22.51% (50.62%)	20,194 BTC	148,058,699 USD	0.12% (99.99%)
0.01 - 0.1	3804708	17.26% (28.11%)	122,128 BTC	895,429,283 USD	0.72% (99.87%)
0.1 - 1	1688044	7.66% (10.85%)	544,622 BTC	3,993,117,911 USD	3.22% (99.15%)
1 - 10	554922	2.52% (3.19%)	1,464,218 BTC	10,735,507,983 USD	8.65% (95.93%)
10 - 100	131602	0.6% (0.68%)	4,348,552 BTC	31,883,178,092 USD	25.69% (87.28%)
100 - 1,000	15651	0.07% (0.08%)	3,687,811 BTC	27,038,686,890 USD	21.79% (61.59%)
1,000 - 10,000	1530	0.01% (0.01%)	3,338,428 BTC	24,477,042,089 USD	19.72% (39.8%)
10,000 - 100,000	111	0% (0%)	2,941,590 BTC	21,567,458,295 USD	17.38% (20.08%)
100,000 - 1,000,000	3	0% (0%)	457,218 BTC	3,352,282,885 USD	2.7% (2.7%)

Direcciones más rica que

1 USD	100 USD	1,000 USD	10,000 USD	100,000 USD	1,000,000 USD	10,000,000 USD
15,451,012	5,125,085	2,014,741	505,564	119,653	10,734	1,033

Fuente: bitinfocharts.com[109]

Según este análisis, casi el 90 % del valor es propiedad de menos del 0,7 % de las direcciones. Desde luego que tenemos que tratar este tipo de análisis con precaución. Algunas billeteras grandes son controladas por casas de cambio que custodian monedas en nombre de un gran número de usuarios. Por eso la tabla podría estar sobreestimando la centralización de la propiedad del *Bitcoin*. Por el contrario, algunas personas podrían diseminar sus *bitcoins* en una gran cantidad de billeteras con el fin de no llamar la atención. Esto es muy fácil de hacer. Por eso la tabla podría estar subestimando la centralización de la propiedad del *Bitcoin*. Sin embargo, sigue siendo muy probable que, al igual que en el mundo no criptográfico, muy pocas personas tengan

---

109   https://bitinfocharts.com/top-100-richest-bitcoin-addresses.html obtenido el 27 de mayo de 2018

propiedad sobre la vasta proporción del valor. Esto sí es
una sorpresa.

Mejoras en el protocolo de *Bitcoin*

Las mejoras en la red y los protocolos de *Bitcoin* también
están bastante centralizados. En "*Bitcoin* Improvement
Proposals" (BIP, o "Propuestas de mejora para *Bitcoin*") se
sugieren cambios. Estos son documentos que cualquiera
podría escribir, pero todos terminan en un solo sitio web:
https:// github.com/*bitcoin*/bips. Si se escriben en el
software del *Bitcoin* Core en Github, https://github.com/
bitcoin/Bitcoin, forma parte de una mejora, la siguiente
versión del *Bitcoin* Core, que es el software del protocolo,
o una "implementación de referencia", usado con más
frecuencia. Como hemos visto, esto lo ejecuta la vasta mayoría
de participantes.

Comisiones por transacción

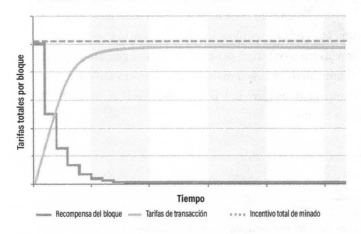

**LAS TARIFAS DE LA TRANSACCIÓN BUSCAN
REEMPLAZAR LAS RECOMPENSAS POR BLOQUES**

Tarifas totales por bloque

Tiempo

— Recompensa del bloque   — Tarifas de transacción   · · · · Incentivo total de minado

En teoría, las comisiones por transacción cobradas por bloque tienen por fin compensar la reducción de la recompensa por bloque conforme la red se va haciendo más popular con el tiempo. La realidad es que esto no parece estar funcionando.

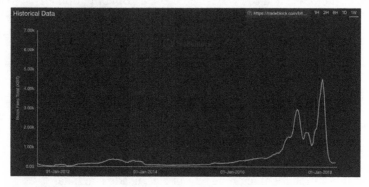

Fuente: tradeblock.com110[110]

El gráfico muestra que, excepto por un breve pico a finales de 2017, el total de comisiones por transacción se mantuvo constantemente bajo, a unos 200 BTC por semana. Compare esto con los nuevos 12 600 BTC generados semanalmente a partir de las recompensas *coinbase* (12,5 BTC por bloque x 6 bloques/hora x 24 horas/día x 7 días/semana = 12 600 BTC, una cifra que se redujo a la mitad en 2016, y se estima que se volverá a reducir a la mitad en 2020). Sin un incremento significativo en las comisiones por transacción para compensar, es claro que la economía de la minería de *Bitcoin* va a cambiar.

---

110   https://tradeblock.com/bitcoin/historical/1w-f-tfee_per_tot-01071

Predecesores de *Bitcoin*

Bitcoin, como la mayoría de las innovaciones, no se creó en un vacío, sino que se construyó a partir de experiencias previas y reuniendo diversos conceptos ya probados de una manera innovadora, con el objetivo de obtener nuevas características para un efectivo digital descentralizado.

A continuación, encontrará algunas tecnologías e ideas que podrían haber inspirado, directa o indirectamente, la creación de *Bitcoin*:

DigiCash

Es difícil sobreestimar el impacto que David Chaum tuvo en el movimiento hacia el efectivo electrónico, que para él significaba un activo digital que preservaba la privacidad y que podía liquidar obligaciones financieras. Chaum, de los primeros cypherpunks, describió este concepto en 1983, en un artículo titulado *"Blind Signatures for Untraceable Payments"* [Firmas ciegas para pagos imposibles de rastrear] en la revista *Advances in Cryptology Proceedings*. Él quería que un banco fuera capaz de crear para sus clientes agrupaciones digitales de efectivo firmadas digitalmente para sus clientes. Los clientes podían gastar el efectivo digital en tiendas, que luego cobrarían el efectivo digital al banco. Cuando el vendedor cobrara el efectivo digital, el banco comprobaría que el efectivo digital fuera correcto, pero no sabía a cuál de sus clientes había sido asignado originalmente el efectivo digital. Las transacciones individuales eran, por lo tanto, anónimas en lo concerniente al banco. DigiCash era una empresa con sede en Ámsterdam, creada para comercializar esta tecnología. El sistema se llamaba eCash, a veces eCash de *Chaum*, y los *tokens* se llamaban CyberBucks.

Aunque unos cuantos bancos hicieron algunas pruebas con los CyberBucks, DigiCash se declaró en bancarrota en 1998, incapaz de conseguir un trato que la mantuviera a flote.

b-money

En noviembre de 1998, Wei Dai, un cypherpunk e investigador de criptografía educado en los Estados Unidos, publicó un artículo breve[111] en el que describía *b-money* con dos protocolos. *b-money* operaría en una red imposible de rastrear donde los remitentes y destinatarios serían identificados únicamente mediante seudónimos digitales (es decir, claves públicas). Cada mensaje sería firmado por su remitente y cifrado para su destinatario. Las transacciones serían transmitidas a una red de servidores que rastrearía los saldos de las cuentas y los actualizaría al recibir mensajes de transacción firmados. La creación de dinero sería acordada por los participantes en una subasta periódica.

Hashcash

En 1992, Cynthia Dwork y Moni Naor describieron una técnica para reducir el spam (correo basura) en su artículo titulado,[112] *"Pricing via Processing or Combatting Junk Mail"*, creando un aro a través del cual los remitentes tendrán que saltar antes de enviar correos electrónicos. Los remitentes de correos electrónicos tendrían que adjuntar una especie de *prueba* o recibo a sus correos salientes para demostrar que han incurrido en un muy pequeño "costo". Los destinatarios rechazarían los correos entrantes que no tengan estos recibos.

---

111   http://www.weidai.com/bmoney.txt

112   https://link.springer.com/content/pdf/10.1007%2F3-540-48071 -4_10.pdf

Los "costos" incurridos por los remitentes serían minúsculos con volúmenes de correo normales, pero aumentarían y desalentarían a los *spammers* que envían millones de correos electrónicos. El "costo" no era un pago a un tercero, sino que se incurriría como un "trabajo" en forma de cálculos repetitivos que tendrían que hacerse para asegurar que un correo va a ser aceptado. De esta manera, el recibo sería una "prueba" de los cálculos repetitivos, o el "trabajo", se habían realizado. De aquí la frase "prueba de trabajo".

En 1997, Adam Back propuso una idea[113] similar y describió un "esquema de franqueo basado en una colisión parcial de hash", al que llamó "Hashcash". El minado de *Bitcoin* usa este concepto de forzar a alguien a trabajar y demostrar que lo ha hecho antes de permitirle acceso a un recurso. En 2002, continuó con un artículo llamado[114] "*Hashcash—A Denial of Service Counter-Measure*", en el que describía las mejoras y aplicaciones de la prueba de trabajo, incluyendo a *hashcash* como un mecanismo de acuñación para la propuesta de efectivo electrónico *b-money* de Wei Dai.

e-gold

E-gold fue un sitio web abierto inaugurado en 1996 y operado por Gold & Silver Reserve Inc. (G&SR) bajo el nombre de "e-gold Ltd", y que permitía que los clientes abrieran cuentas e intercambiaran unidades de oro entre sí. Las unidades digitales estaban respaldadas por oro guardado en la caja de depósito de la bóveda de un banco en Florida, Estados Unidos. E-gold no pedía a sus usuarios que probaran su

---

113 http://www.hashcash.org/papers/announce.txt

114 http://www.hashcash.org/papers/hashcash.pdf

identidad, y esto lo hacía atractivo para el bajo mundo. Se volvió muy exitoso. Se reportó que tenía hasta 3,5 millones de cuentas en 165 países, en 2005, con 1000 nuevas cuentas abiertas cada día,[115] pero el sitio web finalmente cerró por fraude y acusaciones de crimen.[116] A diferencia de *Bitcoin*, tenía un libro contable centralizado.

Liberty Reserve

Al igual que e-gold, Liberty Reserve, con sede en Costa Rica, permitió a los clientes abrir cuentas con pocos detalles personales, nada más que un nombre, dirección de correo electrónico y fecha de nacimiento. Liberty Reserve no hizo intento alguno de verificación, ni siquiera para cuentas evidentemente falsas con nombres como "Mickey Mouse", etc. Durante una investigación,[117] un agente estadounidense abrió una cuenta funcional con el nombre de usuario "ToStealEverything" ["ParaRobarTodo"] a nombre de "Joe Bogus" ["Juan Falso"], que vivía en "123 Fake Main Street" ["Calle Falsa Principal 123"] en "Completely Made Up City, New York" ["Ciudad Completamente Inventada, Nueva York"] y escribió que la usaría para "cosas turbias". Como consecuencia de sus controles relajados, Liberty Reserve fue usada frecuentemente para lavado de dinero y dinero proveniente de delitos, más de $6 mil millones según ABC News.[118] Prestó servicios a más de un millón de clientes antes

---

115   https://www.wired.com/2009/06/e-gold/

116   https://www.justice.gov/usao-md/pr/over-566-million-forfeited-e-gold-accounts-involved-criminal-offenses

117   https://www.theatlantic.com/magazine/archive/2015/05/bank-of-the-underworld/389555/

118   http://abcnews.go.com/US/black-market-bank-accused-laundering-6b-criminal-proceeds/story?id=19275887

de ser cerrado en 2013 por el gobierno de los EE. UU. en virtud de la Ley Patriota.

Napster

Napster era un sistema peer-to-peer para compartir archivos que funcionó entre 1999 y 2001. Fue creado por Shawn Fanning y Sean Parker, y era popular entre personas a quienes les gustaba compartir música, especialmente en formato mp3, y no les gustaba pagar por ello. La idea era permitir que cualquiera copiara y compartiera contenido guardado en los discos duros de los usuarios. En su mejor momento, el servicio tenía alrededor de 80 millones de usuarios registrados. Finalmente fue cerrado porque su enfoque relajado al compartir material con derechos de autor no era apreciado por aquellos que tenían intereses personales en ese material.

La debilidad técnica de Napster era que tenía servidores centrales. Cuando un usuario buscaba una canción, su máquina enviaba la solicitud de búsqueda a los servidores centrales de Napster, que le devolvían una lista de computadores que almacenaban esa canción y permitirían que el usuario se conectara a una de ellas (esta es la parte peer-to-peer) para descargar la canción. A pesar de que no era el propio Napster el que almacenaba el material, facilitaba a los usuarios descubrir quién lo tenía. Los servicios centralizados y las entidades que gestionan esos servicios son fáciles de cerrar, y así sucedió, para que su función fuera reemplazada por BitTorrent, un sistema para compartir archivos peer-to-peer y *descentralizado*.

Mojo Nation

De acuerdo con el CEO Jim McCoy, Mojo Nation fue un proyecto de código abierto que era una combinación entre eBay y Napster. Lanzado alrededor del año 2000,[119] combinaba el compartir archivos con microtransacciones de un *token* llamado Mojo, de manera que quienes compartían archivos podían ser compensados por compartir contenido. Dividía los archivos en pedazos cifrados y los distribuía de manera que ninguna computadora almacenara un archivo completo. Mojo Nation no logró ganar terreno, pero Zooko Wilcox-O'Hearn, quien trabajó en Mojo Nation luego fundó Zcash, una criptomoneda centrada en la privacidad de las transacciones.

BitTorrent

BitTorrent es un exitoso protocolo para compartir archivos que sigue siendo muy usado hoy en día. Fue desarrollado por BitTorrent Inc, una compañía cofundada por Bram Cohen, quien trabajó en Mojo Nation. BitTorrent es popular entre las personas que comparten música y películas, usuarios que podrían haber usado Napster alguna vez. Está descentralizado: cada solicitud de búsqueda se hace de usuario a usuario en lugar de a través de un servidor central de búsqueda. Como no hay un punto central de administración, es difícil de censurar y cerrar.

Como tema, lo mismo si hablamos de dinero (e-Gold, Liberty Reserve, *Bitcoin*, etc.) o datos (Napster, BitTorrent, etc.), la evidencia muestra que los protocolos descentralizados

---

119 https://www.wired.com/2000/07/get-your-music-mojo-working/

son más resistentes al cierre que los servicios con un punto central de control o falla. Espero que la tendencia a la descentralización continúe en el futuro, motivada en parte por la preocupaciones de que las autoridades extiendan demasiado su alcance en temas sociales privados.

Historia temprana de *Bitcoin*

La historia de *Bitcoin* es pintoresca, más pintoresca de lo que la sabiduría recibida podría suponer. Algunos defensores de *Bitcoin* dicen que *"Bitcoin* (el protocolo) nunca ha sido hackeado", pero se equivocan. *Bitcoin* ha sido hackeado. Esta es una selección de eventos de tomados de historyof*Bitcoin*. org[120] y de *Bitcoin* Wiki[121] con mis comentarios personales sobre estos mismos.

2007

Alguien con el seudónimo de Satoshi Nakamoto empezó a trabajar en *Bitcoin*.

18 de agosto de 2008

El sitio web *bitcoin*.org fue registrado usando anonymousspeech.com, un agente que registra dominios en nombre de clientes que pueden elegir mantenerse en el anonimato. Esto demuestra lo importante que era la privacidad para la persona o grupo que participaba en *Bitcoin*.

---

120   http://historyofBitcoin.org/

121   https://en.bitcoin.it/wiki/Category:History

31 de octubre de 2008

El *whitepaper* de *Bitcoin*, escrito bajo el seudónimo de
Satoshi Nakamoto, fue publicado en una oscura pero
fascinante lista de distribución, metzdowd.com, que es muy
apreciada por los cypherpunks. Wikipedia dice lo siguiente
sobre los cypherpunks:

> *Un cypherpunk es cualquier activista que defienda el uso
> generalizado de fuertes tecnologías criptográficas y de
> mejora de la privacidad como camino hacia el cambio
> social y político. Originalmente, los grupos informales, cuyo
> objetivo era lograr la privacidad y seguridad mediante el
> uso proactivo de la criptografía se comunicaban a través
> de la lista de correos electrónicos de los cypherpunks.
> Los cypherpunks han estado comprometidos en un
> movimiento activo desde finales s de los años ochenta.*

Este *whitepaper* corto es considerado por los creyentes en
Bitcoin como una especie de biblia.

3 de enero de 2009

El bloque génesis (primero) fue minado. En ese momento,
los primeros *bitcoins*, cincuenta de ellos, fueron creados
de la nada y registrados en la *blockchain* de *Bitcoin* en el
primer bloque, el bloque cero. La transacción que contiene la
recompensa por minado, la llamada transacción "coinbase",
contiene el siguiente texto:

> *"The Times 03/ene/2009 Canciller al borde
> de un segundo rescate para bancos".*

El texto hace referencia a un titular del diario inglés *The Times*. Esto es visto como una prueba de que el bloque no puede haberse minado mucho antes de esa fecha, y que el titular fue probablemente elegido deliberadamente por esta implicación: Cuando los bancos fracasan, sus pérdidas se socializan. Aquí está *Bitcoin*, que no necesita bancos.

Fuente: thrivemovement.com[122]

Así que ¡tengan cuidado con las personas que dicen que estaban "en *Bitcoin*" antes de 2009! He participado en muchos paneles en los que otros panelistas intentan

---

122   http://www.thrivemovement.com/Bitcoin-lessons-thriving-world.blog

establecer credibilidad hablando de lo temprano que se involucraron con *Bitcoin*. A veces, en su entusiasmo, tratan de convencer a los ávidos oyentes de que estuvieron ahí antes de 2009...

Un paréntesis interesante: Los 50 BTC minados en el primer bloque no se pueden gastar. Están en la dirección 1A1zP1eP5QGefi2DMPTfTL5SLmv7DivfNa, pero el titular de la cuenta, supuestamente Satoshi, quienquiera que sea, no puede transferirlos a nadie más debido a una peculiaridad en el código.

9 de enero de 2009

La versión 0.1 del software de *Bitcoin* fue lanzada por Satoshi Nakamoto, junto con el código fuente. Esto permitió que las personas revisaran el código y que descargaran y ejecutaran el software, convirtiéndose tanto en tenedores de libros como en mineros. De esta manera, *Bitcoin* se hizo accesible para cualquiera que quisiera descargarlo y usarlo. Los programadores podían analizar el código y construir sobre él si querían contribuir.

12 de enero de 2009

El primer pago con *Bitcoin* fue hecho desde la dirección de Satoshi a la dirección de Hal Finney en el bloque 170,[123] el primer movimiento registrado de *bitcoins*. Hal Finney era un criptógrafo, cypherpunk y codificador, y algunos creen que estaba parcialmente detrás del seudónimo Satoshi.

---

123   https://blockchain.info/block/00000000d1145790a8694403d4063f323d
499e655c83426834d4ce2f8dd4a2ee

6 de febrero de 2010

El primer exchange de *Bitcoin*, "El Mercado de *Bitcoin*", fue
creado por el usuario del foro *bitcoin*talk.org "dwdollar".[124]

Anteriormente, las personas intercambiaban *bitcoins*, de
manera relativamente no estructurada, en salas de chat
y foros de mensajes. Un *exchange* es el primer paso para
facilitar a las personas la compra o venta de *bitcoins* y
aumentar la transparencia de precios.

22 de mayo de 2010

¡Día de pizza! Esta fue la primera vez documentada que se
usó *bitcoins* para pagar por algo en el mundo real. Laszlo
Hanyecz, un programador de Florida, EE. UU., ofreció pagar
10 000 BTC por una pizza en el forum.[125]

---

124   https://bitcointalk.org/index.php?topic=20.0

125   https://bitcointalk.org/index.php?topic=137.0

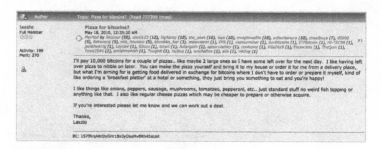

Otro programador, Jeremy Sturdivant ("jercos"), aceptó la oferta y llamó a Domino's Pizza (no a Papa Johns, como se dice con frecuencia) e hizo que le llevaran dos pizzas a Laszlo. Recibió 10 000 BTC[126] de Laszlo.

Esta es la transacción:[127]

Laszlo mantuvo la oferta abierta y, durante el mes siguiente, recibió muchas pizzas por 10 000 BTC cada vez, antes de cancelar la oferta:

---

126   http://bitcoinwhoswho.com/index/jercosinterview

127   https://blockchain.info/tx/a1075db55d416d3ca199f55b6084e2115b9345e
16c5cf302fc80e9d5fbf5d48d?

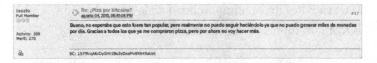

Esta es la primera transacción en la que se usó *bitcoins* para
una actividad económica distinta de la compraventa directa.

17 de julio de 2010

Jed McCaleb (que más recientemente fundó Stellar, una
plataforma de criptomonedas basada en Ripple), convirtió su
intercambio de cartas en un intercambio comercial de *Bitcoin*.
"Mt Gox", que se pronuncia "maunt gocs", son las siglas
de "Magic: The Gathering Online eXchange". *Magic: The
Gathering* es un juego de coleccionar cartas y el sitio web se
usaba, al principio, para intercambiar cartas antes de que lo
convirtieran en un *exchange* de *bitcoins*. Inicialmente, usted
podía financiar su cuenta de Mt Gox usando PayPal, pero
en octubre cambiaron a Liberty Reserve. Mt Gox finalmente
colapsó en noviembre de 2013 − febrero de 2014, pero
durante su apogeo, fue el *exchange* más grande, conocido
y utilizado.

15 de agosto de 2010

El protocolo de *Bitcoin* fue hackeado. Tenga cuidado con el
mito popular que dice que *"Bitcoin* nunca ha sido hackeado".
Se descubrió una potencial vulnerabilidad y alguien la
aprovechó en el bloque 74 638 para crear 184 mil millones
de *bitcoins* para sí mismo. Esta extraña transacción fue
rápidamente descubierta y, con el permiso de la mayoría de
la comunidad, toda la *blockchain* se bifurcó, revirtiéndola a
su estado anterior (hablaremos de las bifurcaciones o *forks*
más adelante).

Hasta ahí llegaba la inmutabilidad de la *blockchain* de
Bitcoin: siempre hay excepciones.

Este error fue corregido. Bruno Skvorc ha escrito una buena
explicación de cómo ocurrió todo en su blog *bitfalls*.com,[128] y
el foro bitcointalk tienen un *thread*[129] donde los principales
programadores hablan del error.

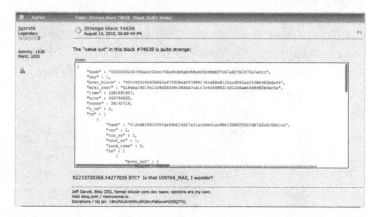

Si alguien dice que *Bitcoin* nunca ha sido hackeado,
pregúntele sobre el error de desbordamiento de enteros de
agosto de 2010, cuando alguien se envió a sí mismo 184 mil
millones de *bitcoins*.

18 de septiembre de 2010

El primer pool de minado, el pool de Slush, minó su
primer bloque. Un pool de minado es una organización
en la que múltiples participantes combinan su poder de
hash para darse una mejor posibilidad de ganar un bloque.
Los participantes se dividen las recompensas entre ellos

128   https://bitfalls.com/2018/01/14/curious-case-184-billion-bitcoin/

129   https://bitcointalk.org/index.php?topic=822.0

proporcionalmente con sus contribuciones al poder de hash, algo así como una peña de lotería. Los pools de minado han crecido en importancia con el tiempo.

7 de enero de 2011

12 BTC fueron cambiados por $300 000 000 000 000. Esta probablemente sea la tasa de cambio más alta que *Bitcoin* haya alcanzado. Los dólares en cuestión, sin embargo, eran dólares de Zimbabue. El dólar de Zimbabue es un buen ejemplo de lo que puede salir mal en una economía en crisis, así como un recordatorio de que las monedas fiduciarias deben ser bien manejadas.

9 de febrero de 2011

En el *exchange* de *Bitcoin* Mt Gox, el *bitcoin* alcanzó una paridad con el dólar estadounidense de 1 BTC = 1 USD.

6 de marzo de 2011

Jed McCaleb vendió el sitio web y *exchange* Mt Gox al empresario francés Mark Karpeles, quien estaba viviendo en Tokio. Jed hizo la venta bajo la premisa de que Mark haría un mejor trabajo en su expansión. Por desgracia, Mark no estuvo a la altura de esas expectativas. Mt Gox se declaró en bancarrota en 2014 y Mark finalmente terminó en la cárcel.

27 de abril de 2011

VirWoX, un sitio web que permitía a los clientes convertir monedas fiduciarias y dólares Linden (la moneda virtual usada en el juego de computadora Second Life), se integró a *Bitcoin*. Las personas ahora podían cambiar directamente *bitcoins* y dólares Linden. Es probable que este haya sido el primer intercambio de moneda virtual a moneda virtual.

1 de junio de 2011

WIRED Magazine publicó el famoso artículo, "Underground Website Lets You Buy any Drug Imaginable",[130] [Sitio web clandestino te permite comprar cualquier droga imaginable], escrito por Adrian Chen. En él se describía un sitio web llamado Silk Road, lanzado en febrero de 2011 y manejado por Ross William Ulbricht, de 27 años, bajo el seudónimo "Dread Pirate Roberts".[131] Silk Road era descrito como una especie de 'eBay para drogas", un mercado darknet accesible solo mediante el navegador especial Tor,[132] que conectaba a compradores con vendedores de drogas y otras parafernalia ilegal o cuestionable. Los *bitcoins* eran el mecanismo de pago utilizado.

---

130   https://www.wired.com/2011/06/silkroad-2/ y también lo he visto en Gawker, http://gawker.com/the-underground-website-where-you-can-buy-any-drug-imag-30818160 pero no estoy seguro de cuál salió primero o si se imprimieron simultáneamente.

131   Esta es una referencia a la película de 1973 La princesa prometida, y resulta que el temible pirata Roberts era un seudónimo para una serie de piratas despiadados que pasarban el seudónimo de individuo a individuo una vez que cada uno llegaba a ser lo suficientemente rico para jubilarse.

132   https://www.torproject.org/

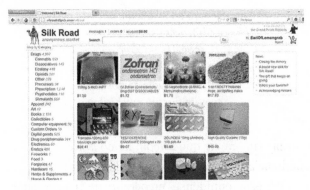

Fuente: stopad.io.[133]

Así es como el artículo describe a *Bitcoin*:

> *En cuanto a las transacciones, Silk Road no acepta*
> *tarjetas de crédito, PayPal ni ninguna otra forma*
> *de pago que pueda ser rastreada o bloqueada.*
> *El único dinero aceptado aquí es el **bitcoin**.*

> *Los **bitcoins** han sido llamados una "criptomoneda", el*
> *equivalente en línea de una bolsa de papel con dinero en*
> *efectivo. Los **bitcoins** son una moneda peer-to-peer, no*
> *emitida por bancos o gobiernos, pero creada y regulada*
> *por una red de computadoras de otros titulares de Bitcoin.*
> *(El nombre "Bitcoin" se deriva de la tecnología pionera*
> *para compartir archivos BitTorrent). Supuestamente son*
> *imposibles de rastrear y han sido defendidos por **cyberpunks**,*
> *libertarios y anarquistas que sueñan con una economía*
> *digital distribuida fuera de la ley, una donde el dinero fluya*
> *a través de las fronteras tan libremente como los bits.*

---

133 https://stopad.io/blog/what-is-the-dark-web-and-how-it-is-different-
from-deep-web

> *Para comprar algo en Silk Road, primero necesita comprar algunos **bitcoins** usando un servicio como Mt. Gox Bitcoin Exchange. Luego, crea una cuenta en Silk Road, deposita algunos **bitcoins** y empieza a comprar drogas. Un **bitcoin** equivale a unos $8.67, aunque la tasa de cambio fluctúa muchísimo cada día.*

Esta fue la primera vez que *Bitcoin* llamó la atención de una gran audiencia. Finalmente, Silk Road fue cerrado por las autoridades estadounidenses en octubre de 2013, aunque muchos imitadores han ocupado su lugar.

14 de junio de 2011

Wikileaks y otras organizaciones empezaron a aceptar *bitcoins* para donaciones. El *Bitcoin* es atractivo para estas organizaciones por su resistencia a la censura. Aunque es relativamente fácil para un gobierno apoyarse en sistemas de pago tradicionales (bancos, PayPal, etc.) para monitorear transacciones, bloquear activos y congelar cuentas, las criptomonedas proporcionan un mecanismo de financiamiento alternativo. Que esto sea bueno o malo, desde luego, es cuestión de opiniones...

20 de junio de 2011

Quizás la primera evidencia documentada[134] de un vendedor físico que aceptó *Bitcoin* como medio de pago. Room 77, un restaurante con sede en Berlín, Alemania, vendía comida rápida por *bitcoins*.

---

134   https://bitcointalk.org/index.php?topic=20148.0

2 de septiembre de 2011

Mike Caldwell empezó a crear *bitcoins* físicos a los que llamó monedas Casascius. Son discos físicos de metal, cada uno con una clave privada única incrustada detrás de una etiqueta con holograma. La clave privada de cada moneda está vinculada a una dirección que se financia con una cantidad específica de *bitcoins*, según indica la moneda.

Fuente: Bitcoin wiki.[135]

Estas monedas Casascius son las representaciones físicas que se usan en muchas fotos de archivo para artículos de medios de comunicación sobre *bitcoins*. También tienen valor como objetos de colección y cuestan mucho más que el valor en *bitcoins* que contienen, especialmente la primera edición, que tuvo un error de ortografía.

---

135   https://en.bitcoin.it/wiki/File:Casascius_25btc_size_compare.jpg

8 de mayo de 2012

Satoshi Dice era un sitio web de apuestas que se lanzó el 24 de abril de 2012. Los clientes podían enviar *bitcoins* a direcciones específicas con la posibilidad de ganar hasta 64 000 veces su apuesta original. Cada dirección paga diferente y tiene diferentes posibilidades de ganar. El 8 de mayo se volvió responsable por más de la mitad del volumen de las transacciones en la *blockchain* de *Bitcoin*. Satoshi Dice fue creado por el libertario Eric Voorhees y era extremadamente popular. Sus primeros usuarios parecían tener una inclinación por los juegos de azar y no había mucho más que pudieran hacer con sus *bitcoins*.

Era un sistema de apuestas interesante. A diferencia de otros casinos en línea, en los que los usuarios tienen que confiar en que la casa no haga trampa, Satoshi Dice era *probadamente justo*, ya que usaba hashes criptográficos determinísticos como generadores de números aleatorios. Desde luego, la casa tenía una ventaja, pero esa ventaja era pequeña, conocida (1,9 %) y se cumplió de manera demostrable.

Este desarrollo inició el debate sobre lo que significa "spammear" una red con transacciones cuando no hay términos de servicio. También hizo que la comunidad empezara a pensar en lo que deberían valer las comisiones por transacciones justas.

28 de noviembre de 2012

Primer día de reducción a la mitad de la recompensa por bloque de *Bitcoin*: En el bloque 210 000 la recompensa por bloque se redujo a la mitad, de 50 BTC a 25 BTC, ralentizando la tasa de generación de *bitcoins*. En ese entonces, las comisiones por transacción eran insignificantes, por lo que ese día se redujo a la mitad la recompensa financiera por bloque para los mineros.

2 de mayo de 2013

El primer cajero automático de dos vías para *bitcoins* fue inaugurado en San Diego, California. Esta era una máquina donde se podía comprar o vender sus *bitcoins* por efectivo. Esto impulsó una ola de instalación de venta de *bitcoins* (ingreso de efectivo, salida de BTC) y cajeros bidireccionales de *Bitcoin* en todo el mundo. Muchos resultaron no ser rentables, ya que la demanda no cumplía las expectativas. En algún momento, en Singapur, llegaron a haber más de veinte máquinas, pero hoy quedan muy pocas como evidencia.

Julio de 2013

La primera propuesta de ETF (Exchange Traded Fund o Fondo Negociable en Bolsa) de *Bitcoin* se solicitó ante la Comisión de Valores y Bolsa de los Estados Unidos. Tyler y Cameron Winklevoss, gemelos que se hicieron famosos por la película *La red social*, sobre Facebook, fueron los responsables de esta solicitud. Un ETF podría hacer que la inversión en *Bitcoin* fuera más accesible al público, ya que a muchos fondos se les permite comprar ETF, pero no *bitcoins* directamente.

Muchos otros ETF de *Bitcoin* han sido presentados para aprobación, pero hasta mediados de 2018 no he sabido de ningún ETF de *Bitcoin* en ninguna parte del mundo.[136] Existen otros instrumentos que operan en intercambios financieros tradicionales y que dan exposición al precio de *Bitcoin*.

6 de agosto de 2013

Bitcoin fue clasificado como una moneada por un juez en Texas, Estados Unidos. Este fue uno de los muchos argumentos y decisiones de lo que *Bitcoin* es: ¿Moneda? ¿Propiedad? ¿Valor? ¿Algún otro activo financiero? ¿Algo nuevo? Aún no hay una definición global y quizás no haya nunca una que sea mundialmente consistente.

---

136   http://www.etf.com/sections/features-and-news/barely-any-bitcoin-left-ark-etfs

La categorización de *Bitcoin* tiene implicaciones tributarias, entre otras, que difieren según la jurisdicción. La clasificación de *bitcoins* y criptomonedas podría significar la diferencia entre tasas fiscales nulas y punitivas en cualquier régimen tributario dado y, por lo tanto, podría tener un impacto en su potencial adopción y uso (ver 20 de agosto de 2013).

9 de agosto de 2013

El precio de *Bitcoin* se empezó a poder buscar a través del software de Bloomberg, que es popular entre los negociantes en mercados financieros tradicionales. Bloomberg usó el *ticker* "XBT" para representar a *Bitcoin*, consistente con el código de las normas ISO para monedas. Con los códigos ISO de monedas (por ejemplo: USD, GBP, etc.), las dos primeras letras indican el país y la tercera letra indica la unidad monetaria. Si se adoptara el símbolo "BTC", indicaría una moneda de Bután.[137] Los metales preciosos como el oro (XAU), la plata (XAG), el paladio (XPD) y el platino (XPT) también se consideran como una "divisa" pero empiezan con X porque no están asociados a un país. *Bitcoin* obedece la norma de moneda para metales preciosos.

20 de agosto de 2013

Los *bitcoins* fueron clasificados como dinero privado en Alemania,[138] con excepciones tributarias si se mantenían por más de un año. El tratamiento tributario de *bitcoins* y criptomonedas es un importante punto de controversia, especialmente en EE. UU., donde la compra y venta de

---

137   https://en.wikipedia.org/wiki/ISO_3166-1

138   https://www.cnbc.com/id/100971898

bitcoins atrae ganancias de capital. Si compró un *bitcoin* a $100 y después de que su precio subió, digamos, a $1000, lo cambia por Ether, otra criptomoneda, entonces tendría que registrar una ganancia de capital de $900 y pagar impuestos sobre esa ganancia de capital, aunque sus activos sigan siendo criptomonedas y usted no haya realizado esa ganancia en USD. Entonces, dependiendo de la jurisdicción, las autoridades tributarias bien podrían considerar el cambio de criptomonedas como la compra y venta de moneda fiduciaria y querrían ver esas transacciones gravadas.

22 de noviembre de 2013

Richard Branson, propietario de Virgin Galactic, anunció que aceptaría *bitcoins* como pago por un viaje al espacio. *Bitcoins* y viajes al espacio, ¡qué gran momento para estar vivos!

28 de febrero de 2014

Después de una larga historia de *hacks*, fallas, malas prácticas de gestión, monedas perdidas, retiros suspendidos, transacciones bancarias fallidas y otros tipos de incompetencia, Mt Gox finalmente solicitó protección contra la bancarrota en Japón, en febrero de 2014. La empresa dijo que había perdido casi 750 000 *bitcoins* de sus clientes y alrededor de 100 000 de sus propios *bitcoins*, que juntos tenían un valor de aproximadamente $473 millones en el momento de la solicitud. Hay muchas teorías sobre lo que ocurrió. La más convincente es una combinación de hackers que vaciaron las *hot wallets* de Mt Gox y la incompetencia administrativa. Todo el proceso, incluyendo el procedimiento de bancarrota, fue tan desastroso que incluso la lista completa de acreedores (que contenía nombres completos y los importes reclamados) se filtró. La historia de Mt Gox merece tener su propio libro pero, a manera de resumen, vale la pena leer la entrada de Wikipedia[139] sobre esta lamentable historia.

Después de la implosión de Mt Gox, Bitfinex se convirtió en el *exchange* más grande por un tiempo.

Los acreedores del patrimonio en quiebra aún no han sido compensados, y si alguna vez lo son, será en yenes japoneses, a una tasa de cambio que equivale a unos $400 por *Bitcoin*, menos de la décima parte del valor por *bitcoin* en el momento de la escritura.

Precio del *bitcoin*

Al igual que el oro o el petróleo o cualquier otro activo, los *bitcoins* tienen un valor que puede ser cotizado en dólares o cualquier otra moneda. Esto significa que hay personas que están dispuestas a cambiar BTC por USD, por lo general en casas de cambio de criptomonedas, mercados que atraen a compradores y vendedores. En las casas de cambio puede verse indicaciones de oferta y demanda de criptomonedas a cualquier nivel de precio (veremos más de esto más adelante). También puede comprar y vender *bitcoins* con cualquiera en el mundo, físicamente en las calles o por Internet, o usando agentes como intermediarios entre compradores y vendedores, o con quien haga en cambio por cuenta propia. Para negociar BTC simplemente necesita la capacidad de enviar o recibir BTC y la capacidad de recibir o enviar el otro activo, generalmente una moneda local.

---

139   https://en.wikipedia.org/wiki/Mt._Gox

Como cualquier otro activo que se negocia en el mercado, el precio de *Bitcoin* fluctúa con la oferta y la demanda. En cualquier momento, las personas comercian a precios con los que se sienten cómodas comprando o vendiendo. Si hay mayor presión por comprar y la gente quiere comprar más *bitcoins*, los precios subirán. Si hay mayor presión de venta y las personas quieren vender más *bitcoins* por monedas fiduciarias, entonces el precio al que los *bitcoins* cambian de mano va a caer. Luego hablaremos más en detalle sobre cómo se pueden cotizar las criptomonedas y los *tokens*, pero aquí nos centraremos específicamente en el precio del *bitcoin*.

Historial de los precios del *bitcoin*

El precio del *bitcoin* ha sido como una montaña rusa. Una reciente alza a casi USD $20 000 por *bitcoin* y una posterior caída a niveles de $6000 ha captado la atención de los medios de comunicación:

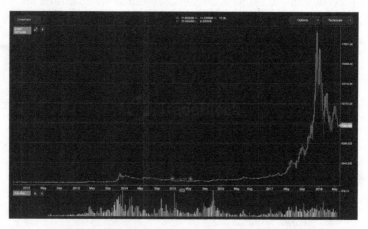

2018: ¿$20 000 por *bitcoin* y una caída del 60 %? ¡Eso es una locura!

Pero no es la primera vez que el *bitcoin* ha estado tan volátil. El *bitcoin* parece ser volátil cíclicamente, siendo cada ciclo más alocado que el anterior.

Esta es la burbuja de 2013-2014 en detalle:

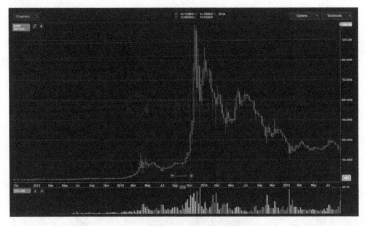

2013-2014: ¿$1200 por *bitcoin* y una caída del
80 %? ¡Eso también es una locura!

El precio pico en Mt Gox fue de casi $1200 por *bitcoin*, y luego cayó por debajo de los $200, se recuperó y luego se negoció por menos y menos hasta el rango de los $200-$300 durante el "invierno de *Bitcoin*" de 2014. Estos fueron tiempos dolorosos para los titulares de *Bitcoin*, y buenos tiempos para los poseedores con visión a futuro. Existen diferentes teorías para la causa de esta burbuja, incluyendo las actividades de los *bots* comerciales (programas que compran y venden automáticamente) y el hecho de que no se podía retirar monedas fiduciarias de Mt Gox. Cualquiera que quisiera retirar valores de Mt Gox tenía que comprar *bitcoins* (elevando el precio) y retirar *bitcoins*. El gobierno chino anunció entonces que iba a prohibir el intercambio de *bitcoins* y el precio cayó.

Pero esta no fue en modo alguno la primera burbuja. Esta es una mirada de cerca a principios de 2013, cuando en abril el precio subió de $15 a un pico de $266 antes de caer a cerca de $50:

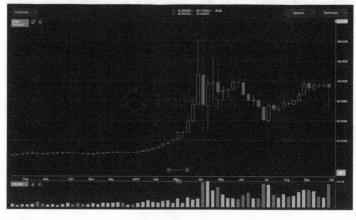

Principios de 2013: ¿$266 por *bitcoin* y una caída del 80 %? ¡Una vez más, una locura!

Una teoría común sobre esto fue que la gente en Chipre estaba comprando *bitcoins*. En esa época había un caos financiero en Chipre. Algunas cuentas bancarias fueron congeladas, algunos cajeros automáticos estaban vacíos y se aplicaron impuestos únicos a cuentas bancarias con grandes saldos de las cuentas bancarias. Otra teoría fue que algunos grandes fondos institucionales estaban comprando *bitcoins* para construir una posición, comprando todo el suministro disponible. No estoy seguro de qué tan probable es que estas teorías hayan afectado directamente los precios, pero para mover los mercados solo se necesita que la gente crea historias.

Esta burbuja podría parecer extraña porque los números son más pequeños que el rango al que estamos acostumbrados hoy, pero una caída del 80 % es una caída del 80 %, tan estresante entonces como sería hoy.

Si retrocedemos más en el tiempo, tenemos la burbuja de junio de 2011.

2011: ¿$31 por *bitcoin* y una caída del 80 %? ¡Eso es más loco todavía!

Los artículos publicados en las revistas en línea centradas en la tecnología *WIRED* y Gawker contribuyeron a generar interés en *Bitcoin*, elevando el precio de unos $3 a un pico de alrededor de $31. En los siguientes seis meses, el precio cayó lentamente a menos de $5, una caída mayor del 80%.

Y esta es la primera burbuja, en julio de 2010:

2010: ¿$0,09 por *bitcoin* y una caída del
40 %? ¡Incluso eso es una locura!

En la popular revista técnica *Slashdot*[140] se escribió un
artículo sobre una nueva versión del software de *Bitcoin*, lo
que generó interés y elevó el precio en el mercado de *Bitcoin*
de menos de un centavo por *bitcoin* a casi 10 centavos. Luego,
el precio cayó el 40% y, durante unos meses, se negoció en el
mercado lateral a unos seis centavos por *Bitcoin* para luego
volver a subir.

Almacenamiento de *bitcoins*

Quizás haya escuchado que los *bitcoins* se almacenan en
billeteras. Si esto fuera cierto, entonces si copiara su billetera
tendría el doble de *bitcoins*. Es claro que no podría haber
dinero digital que funcione de esa manera. Así que no, los
bitcoins no se almacenan en billeteras.

---

140   https://slashdot.org/story/10/07/11/1747245/bitcoin-releases-version-03

PARTE 4: CRIPTOMONEDAS   243

Entonces ¿dónde se almacenan los *bitcoins*? Bueno, *la propiedad* de los *bitcoins* se registra en la *blockchain* de *Bitcoin*, que es, como hemos visto, una base de datos replicada en más de 10 000 computadoras alrededor del mundo y que contiene cada transacción de *Bitcoin* alguna vez realizada. Así que uno puede revisar esa base de datos y ver que, en este momento, que una dirección específica tiene una cantidad específica de *bitcoins* asociada a ella. Por ejemplo, la *blockchain* almacena el hecho de que a la dirección 1Jco97X5FbCkev7ksVDpRtjNNi4zX6Wy4r le habían enviado 0,5 BTC y que esos 0,5 BTC aún no se habían enviado a ningún otro lugar. La *blockchain* de *Bitcoin* no almacena *saldos* de cuentas (no es una lista de números de cuenta con los correspondientes saldos de BTC), almacena *transacciones*. Así que, para obtener el saldo actual de cualquier cuenta, debe fijarse en todas las transacciones de entrada y salida a través de esa cuenta.

Las billeteras de *Bitcoin* almacenan *claves privadas* (¡no *bitcoins*!) y su software facilita al usuario de la billetera el ver cuántas monedas controla y el hacer pagos. Si clonara su billetera, estaría clonando claves privadas, no duplicando sus *bitcoins*.

Billeteras de software

Las billeteras de *Bitcoin* son aplicaciones que, como mínimo:

- Crean nuevas direcciones de *Bitcoin* y almacenan las claves privadas correspondientes

- Muestra sus direcciones a alguien que quiere enviarle un pago

- Muestra cuántos *bitcoins* hay en sus direcciones

- Hace pagos en *bitcoins*

Exploremos cada una de estas capacidades.

Creación de direcciones

Crear direcciones nuevas de *Bitcoin* es una operación que se realiza sin conexión e implica la creación de un par de claves pública y privada. Si quiere, puede hacerlo usando dados.[141] Esto es diferente de cualquier proceso de creación de cuentas en el que tiene que pedirle a un tercero que cree una cuenta por usted. Por ejemplo: cuando le pide a su banco o a Facebook que le asignen una cuenta.

- Paso 1: Genere algo de aleatoriedad y úsela para elegir un número entre 1 y 2256-1. Esta es su clave privada.

- Paso 2: Aplíquele algo de matemáticas para generar una clave pública.

- Paso 3: Aplique el hash dos veces a la clave pública para crear su dirección de *Bitcoin*.

- Paso 4: Guarde la clave privada y su dirección correspondiente.[142]

Entonces se asigna (a usted mismo) una dirección sin verificar con nadie si ya está en uso. Esto suena aterrador. ¿Qué pasa si alguien más ya eligió su clave privada? La respuesta corta es que esto es extremadamente improbable. 2256 es un

---

141   https://www.swansontec.com/bitcoin-dice.html

142   Se recomienda cifrar la clave privada primero con una frase secreta que pueda recordar.

número grande, de 78 dígitos, y usted puede elegir cualquier número hasta ese. Sus posibilidades de ganar la lotería del Reino Unido son 1 en 13 983 816, que solo tiene ocho dígitos. Un número de 78 dígitos es astronómicamente grande. En teoría, alguien podría generar deliberadamente millones o miles de millones de cuentas por segundo y comprobar si hay monedas para robar, pero el número de cuentas válidas es tan grande que lo estaría haciendo por siempre antes de encontrar una sola cuenta que haya sido utilizada antes. En la práctica, sin embargo, los puntos débiles pueden existir, y explotan las fallas en la generación aleatoria de números para claves privadas. Si hay una falla en la aleatoriedad al generar su clave privada, esta falla podría ser explotada por un ladrón para reducir el espacio de búsqueda.[143]

Visualización de la dirección

Cuando alguien quiere enviarle *bitcoins*, debe decirle su dirección, como decirle a alguien su número de cuenta bancaria para que pueda enviarle dinero. Hay algunas maneras de hacerlo. Una manera popular es mostrándola como un código QR.

Ejemplo de dirección de *Bitcoin*:

1LfSBaySpe6UBw4NoH9VLSGmnPvujmhFXV

---

143   Como analogía, si usara dados desiguales que siempre cayeran en un 5 o un 6, entonces sería más fácil para un ladrón coincidir con sus lanzamientos.

Código QR equivalente:

Los códigos QR no son mágicos. Son solo texto, codificado de una manera visual que facilita que los lectores de códigos QR lean el código y lo conviertan de nuevo en texto.

Otra manera es solo copiar y pegar la dirección en sí:

Saldo en cuenta

La billetera debe acceder a una versión actualizada de la *blockchain* para poder estar al tanto de todas las transacciones que entran y salen de las direcciones que está

controlando. El software de la billetera puede hacer esto
almacenando toda la *blockchain* y manteniéndola actualizada
(esto se llama billetera de nodo completo) o conectándose
a un nodo en otro lugar, que hace el trabajo pesado (esto se
llama billetera ligera).

Una billetera de nodo completo contiene más de 100más de
gigabytes de datos y necesita estar constantemente conectada
por Internet a otros nodos de *Bitcoin*. En muchos casos,
especialmente en los teléfonos móviles, esto no es práctico,
por lo que el software de la billetera es ligero y se conecta
a un servidor que aloja al *blockchain*. El software de la
billetera en el teléfono le pregunta al servidor: "¿Cuál es el
saldo de la dirección x?", o le pide: "Por favor, dame todas las
transacciones relacionadas con la dirección y".

Pagos con *Bitcoin*

Además de leer los saldos en cuenta, la billetera debe ser
capaz de hacer pagos. Para hacer un pago de *Bitcoin*, la
billetera genera un paquete de datos llamado "transacción",
el cual incluye referencias a las monedas que se van a gastar
(inputs de transacción que consisten en outputs no gastados
de transacciones anteriores) y a qué cuentas se enviarán las
monedas (nuevos outputs). Esto lo vimos en una sección
anterior. Luego, esta transacción se firma digitalmente
usando las claves privadas pertinentes de las direcciones
que alojan las monedas. Una vez firmada, la transacción es
enviada a los nodos vecinos a través de su nodo servidor si
es una billetera ligera o directamente a otros pares si es una
billetera de nodo completo. Finalmente, las transacciones
encuentran su camino a los mineros que las juntan
en bloques.

Otras características

Un buen software de billetera tiene más funciones, incluyendo
la capacidad de realizar copias de seguridad de las claves
privadas (cifradas con una frase secreta), ya sea en el disco
duro de un usuario o en un servidor de almacenamiento en la
nube en algún lugar, la capacidad de generar direcciones de
un solo uso por privacidad, y poder alojar direcciones y claves
privadas para múltiples criptomonedas. Algunos incluso están
integrados a casas de cambio para que los usuarios puedan
hacer conversiones entre criptomonedas directamente desde
el software de la billetera.

A menudo, las billeteras le permitirán dividir claves o
configurar direcciones que requieran múltiples firmas
digitales para gastar.

Usted puede dividir una clave privada en varias partes de
manera que se necesite un número mínimo de partes para
crear la clave privada original. Este es un proceso conocido
como "sharding" o "fragmentación" de una clave privada y
un ejemplo común es el *sharding* 2 de 3, en el que una clave
privada se fragmenta en 3 partes, de las cuales 2 se pueden
combinar para regenerar la clave original. De igual manera,
puede tener 2 de 4 o 3 de 4 o cualquier otra combinación
de partes y fragmentos totales, genéricamente m de n. Un
algoritmo para hacer esto es usar el intercambio secreto de
Shamir.[144] Esto le permite fragmentar una clave y almacenar

---

144   Una manera fácil de entender una fragmentación de clave 2 de 3 es
pensar en una línea recta en un gráfico. Digamos que el punto en que la línea
cruza el eje x es la clave privada. Puede elegir tres puntos cualesquiera en la
línea. Un solo punto no le dará ninguna información sobre dónde la línea cruza
el eje x, pero dos puntos bloquearán la línea y le dirán exactamente dónde cruza
el eje x.

partes de la misma por separado, en lugares distintos, pero con cierta flexibilidad, de manera que si pierde una o más piezas no sería una catástrofe.

También puede crear direcciones que requieran múltiples firmas digitales para hacer pagos a partir de ellas. Estas se conocen como direcciones "multisig".[145] Una vez más, puede tener 1 de 3, 2 de 3, 3 de 3 o genéricamente m de n. Esto tiene un efecto similar al del *sharding* de una única clave privada, pero con propiedades de seguridad ligeramente mejores. Esto le permite crear una transacción, firmarla, enviarla por Internet sin cifrar y dejar que alguien más la firme antes de que se considere una transacción válida (por otro lado, la fragmentación de claves solo resulta en una firma). Estas direcciones le permiten crear sistemas en los que varias personas deben firmar o aprobar una transacción, como los cheques de empresas que necesitan dos firmas.

Ejemplos de billeteras de software

Estos son ejemplos de billeteras de software de *Bitcoin*:

- *blockchain*.info

- Electrum

- Jaxx

- Breadwallet

---

145   Técnicamente, estas son direcciones "P2SH" o "Pay to Script Hash", pero la mayoría las llama "multisig". Estas direcciones empiezan con el número "3" en lugar de con el número "1".

Tenga en cuenta que no las respaldo y que hay otras disponibles. Pueden tener virus y usted tiene que hacer su propia investigación antes de elegir qué billetera usar. La mayoría de los *softwares* de billetera son de código abierto, así que usted puede investigar el código y ver si no hay puertas traseras o vulnerabilidades en el código antes de usar la billetera.

Billeteras de hardware

Algunas billeteras de *Bitcoin* pueden tener un componente de hardware. Las claves privadas se almacenan en chips en pequeños dispositivos portátiles "Trezor" y "Ledger Nano" son dos billeteras de hardware populares, pero hay otras.

Una Trezor

Una Ledger Nano

Estos dispositivos son específicamente diseñados para almacenar las claves privadas con seguridad y responder únicamente a ciertas solicitudes preprogramadas. Por ejemplo, responden a "por favor, firma esta transacción", pero no a "muéstrame la clave privada que guardas". Debido a que la clave privada se almacena en un hardware que no está conectado a Internet y que solo se puede comunicar con el mundo exterior a través de un conjunto limitado de interfases preprogramadas, es mucho más difícil para un hacker acceder a las claves privadas.

El software de interfaz de usuario se ejecuta en una máquina en línea. Cuando se trata de la parte crítica de la transacción (la firma), la transacción sin firmar es enviada a la billetera de hardware, la cual devuelve la transacción firmada sin revelar la clave privada.

Las billeteras de hardware son más seguras que las billeteras de solo software, pero nada es infalible.

Almacenamiento en frío (Cold Storage)

La frase "guardar monedas en almacenamiento en frío" era popular entre 2013 y 2017, antes de que las billeteras de hardware estuvieran ampliamente disponibles. Recuerde que usted no almacena *bitcoins*, almacena claves privadas. El 'almacenamiento en frío se trata de guardar una nota de esas claves privadas en medios sin conexión, como un pedazo de papel o una computadora que no esté conectada a Internet. Las claves privadas son solo cadenas de caracteres como:

> "KyVR7Y8xManWXf5hBj9s1iFD56E8ds2Em71vxvN-
> 73zhT99ANYCxf"

Por lo tanto, hay muchas maneras de almacenarlas. Puede memorizar las claves si tiene buena memoria, las puede imprimir en papel, incluso puede grabarlas en algún anillo que use, como hizo Charlie Shrem según *WIRED Magazine*.[146] Las puede almacenar en una computadora sin conexión que, para mayor seguridad, no tenga ni modem ni tarjeta de red. Las puede anotar y meter a la bóveda de un banco. Todos estos son métodos para almacenar sus claves privadas en conexión.

Si realmente guarda claves privadas en un dispositivo o las imprime, no quiere que alguien más pueda verlas y usarlas para robar sus *bitcoins*. Por lo tanto, una manera de aumentar la seguridad es primero cifrar la clave privada con una frase secreta que usted pueda recordar y luego almacenar o imprimir el resultado cifrado. ¡Las frases son mucho más

---

146   https://www.wired.com/2013/03/bitcoin-ring/

fáciles de recordar que las claves privadas! Esto significa
que incluso si alguien se apropia del dispositivo o del papel
impreso, van a tener que descifrarlo con su frase secreta antes
de que se revele la clave privada. Puede fragmentar claves o
usar direcciones multisig para mayor seguridad. Esto significa
que, si un ladrón descubre una de las partes, esta es inútil
sin otra parte, y también significa que, si se pierde una de
las partes, las otras dos aún van a funcionar. Recuerde que
está tratando de protegerse simultáneamente de dos cosas: la
pérdida de claves y el robo de claves.

Almacenamiento vivo (Hot Wallets)

Una *hot wallet* es una billetera que puede firmar y transmitir
transacciones sin intervención manual. Las casas de cambio
que controlan muchos *bitcoins* tienen que gestionar muchos
pagos de *Bitcoin*, como veremos más adelante. A menudo
tienen una *hot wallet* que controla una pequeña porción del
total de *bitcoins*. A los clientes de las casas de cambio les
gusta retirar *bitcoins* con un solo clic, haciendo que se ejecute
un proceso automatizado para realizar y firmar la transacción
de *Bitcoin*, moviendo *bitcoins* de la *hot wallet* del *exchange* a
la billetera personal del usuario. Esto significa que, en algún
lugar, una clave privada que pertenece a la casa de cambio
debe estar almacenada en una máquina "hot" conectada
a Internet. Existen pros y contras entre la seguridad y
la conveniencia. Las máquinas en línea son más fáciles
de hackear que las máquinas sin conexión, pero pueden
automatizar el proceso de crear y transmitir las transacciones
de *Bitcoin*. Debido a estos pros y contras, las casas de cambio
solo guardan una pequeña fracción de BTC en *hot wallets*, lo
suficiente para satisfacer la demanda del cliente, similar a los

bancos que guardan una pequeña cantidad de efectivo en las cajas de las sucursales bancarias.

Compra y venta de *bitcoins*

Usted puede comprar *bitcoins* de cualquiera que los tenga. De igual manera, puede vender *bitcoins* a cualquiera que los quiera. Afortunadamente, hay varios lugares donde es probable que encuentre un grupo de personas que quiera intercambiar a precios competitivos, las casas de cambio.

Los *exchanges* o casas de cambio

Igual que las bolsas de valores, los *exchanges* o casas de cambio de *Bitcoin* o criptomonedas son lugares (generalmente sitios web) que atraen a los comerciantes. Sin embargo, uno no compra *bitcoins* del *exchange* mismo. Al igual que en una bolsa de valores, donde se compra acciones de otro *usuario* de la bolsa en lugar de comprarlas de la bolsa en sí, un *exchange* de criptomonedas es el sitio web que permite a las personas comprar y vender entre sí. El *exchange* en sí es solo la ubicación que reúne a compradores y vendedores, y la gente va ahí porque saben que es probable que ahí obtengan los mejores precios.

En la jerga de los servicios financieros, el *exchange* es un *motor de combinación de órdenes*. Reúne a compradores y vendedores. También actúa como una *contraparte central de compensación*. Todas las transacciones correspondientes parecen ser con el *exchange* y no entre clientes directamente, permitiendo que los clientes permanezcan en el anonimato. Finalmente, el *exchange* es el *custodio del efectivo y de los activos.* Controla el dinero fiduciario de los clientes en su cuenta bancaria y las criptomonedas en su billetera.

¿Cómo funcionan los *exchanges* de criptomonedas?

Los *exchanges* tienen base en diferentes países y respaldan diferentes monedas fiduciarias y criptomonedas. Todos funcionan de la misma manera, usando los mismos cuatro pasos:

1. Crear una cuenta

2. Depositar

3. Intercambiar

4. Retirar

Crear una cuenta

Para usar un *exchange*, al igual que un banco, usted tiene que abrir una cuenta. Los *exchanges* están siendo sometidos a un mayor escrutinio regulatorio por el hecho de que procesan grandes cantidades de dinero. Los principales *exchanges* de criptomonedas hacen coincidir miles de millones de dólares de compras y ventas por día. La mayoría de *exchanges* legítimos sigue un procedimiento de apertura de cuenta similar al de los bancos, en el que los clientes nuevos presentan detalles y evidencia de su identidad, como un pasaporte o recibos de servicios.[147] La documentación necesaria podría volverse más onerosa en proporción con el valor de las criptomonedas que planea negociar, en un

---

147 Me parece que la experiencia de usuario de la apertura de cuenta es mejor con algunas casas de cambio de criptomonedas que con bancos tradicionales.

enfoque progresivo basado en riesgos. Los *exchanges* ahora son grandes negocios y toman estos procesos seriamente. Una vez que el *exchange* está satisfecho, su cuenta es creada. Entonces puede iniciar sesión y el siguiente paso es depositar.

Depositar

Antes de que pueda intentar comprar o vender cualquier cosa en un *exchange*, debe poner fondos en su cuenta. Esto es como poner fondos en una cuenta con un agente tradicional antes de que se le permita comprar activos financieros tradicionales.

Los *exchanges* tienen cuentas bancarias y billeteras de criptomonedas. Para poner fondos en su cuenta haga clic en "Depositar", luego siga las instrucciones. Si está depositando fondos en su cuenta con moneda fiduciaria (suponiendo que va a comprar criptomonedas), entonces el *exchange* mostrará una cuenta bancaria para que usted transfiera la moneda fiduciaria. Si está depositando fondos en su cuenta con criptomonedas (suponiendo que va a vender moneda fiduciaria o la va a cambiar por una criptomoneda diferente), entonces el *exchange* mostrará una dirección de criptomonedas para que usted transfiera las criptomonedas.

Una vez que el *exchange* haya detectado la transferencia a su cuenta bancaria o a su dirección de criptomonedas, el saldo se reflejará en su "saldo en cuenta" en el sitio web del *exchange*, y usted estará listo para el intercambio.

Intercambiar

Ahora puede hacer el cambio hasta por los importes que depositó. Por ejemplo: si usted depositó USD 10

000, entonces puede comprar hasta USD 10 000 en criptomonedas. Si ha depositado 3 BTC, entonces puede vender hasta 3 BTC por monedas fiduciarias u otras criptomonedas que estén disponibles en ese *exchange*.

Los precios se expresan en pares, que se ven algo así como: BTC/USD o BTCUSD con un número como 8000. Y se lee así: "una unidad de BTC cuesta USD 8000". No todas las monedas pueden intercambiarse. Realmente depende de la casa de cambio qué intercambios permita. Por ejemplo: puede que vea BTCUSD y BTCEUR como pares comerciales, lo que significa que puede cambiar BTC por USD y cambiar BTC por EUR, pero no puede cambiar USD por EUR directamente si no ve EURUSD. En ese caso, para convertir USD a EUR, necesita vender USD por BTC y luego usar los BTC para comprar EUR.

Verá una pantalla con las ofertas y ofrecimientos de otras personas. Estos son los precios a los que están dispuestos a comercializar, y cuánto están dispuestos a comercializar a ese precio. Usted puede decidir si iguala sus precios, lo que resultaría en una operación emparejada, o si envía sus propias órdenes, que permanecerán en el libro de órdenes hasta que alguien iguale su precio (si alguna vez lo hacen).

Este es un mercado *financiero*; esto significa que mientras más grandes sean las cantidades que usted quiera comprar o vender, peores serán los precios. Es diferente a un supermercado, donde obtiene descuentos por comprar en grandes cantidades. Esto es confuso al inicio para algunos, pero es fácil de explicar. Cuando compra algo en una casa de cambio, la casa de cambio lo va a conectar naturalmente con la persona que lo vende al precio más bajo. Cuando usted ha comprado todo lo que esa persona tiene para ofrecer, debe encontrar el siguiente mejor precio, que será ligeramente más alto. La venta usa la misma lógica: cuando usted vende algo, la casa de cambio lo va a conectar automáticamente con la persona que esté dispuesta a pagar el precio más alto por ello. Cuando usted le haya vendido tanto como esa persona quiera comprar, tendrá que pasar al siguiente precio más alto, que será ligeramente más bajo.

Esta captura de pantalla es un ejemplo de Bitfinex, un *exchange* típico:

En el lado izquierdo está la información sobre sus saldos en cada moneda (no se muestran aquí porque es una cuenta de muestra). La parte principal de la pantalla muestra un cuadro de precio y volumen (el precio del *bitcoin* y cuántos *bitcoins* se han negociado). Y la parte inferior muestra sus negociaciones abiertas, es decir, sus órdenes que no han sido aún igualadas, y el libro de órdenes completo, es decir las órdenes de todos para comprar y vender *bitcoins* y sus cantidades y niveles de precio. Se muestra un *ticker*

en la parte inferior derecha, el cual transmite los precios y cantidades de las negociaciones igualadas en tiempo real.

Retirar

Finalmente, usted quiere retirar la moneda fiduciaria o criptomoneda. Para hacerlo, debe instruir al exchange dónde quiere que se envíe. Si está retirando una moneda fiduciaria, deberá darle a la casa de cambio los detalles de su cuenta bancaria para que ellos le hagan la transferencia. Si está retirando criptomonedas, debe darle al *exchange* su dirección de criptomonedas para que puedan hacer la transacción en criptomonedas. Por lo general, el retiro de criptomonedas es más rápido de procesar para los *exchanges* que el retiro de dinero fiduciario, porque la mayoría de casas de cambio tienen *hot wallets*, como se describió anteriormente, que automatizan el proceso de enviar pequeñas cantidades de criptomonedas de vuelta a los usuarios.

¿Cómo ganan dinero los *exchanges* o casas de cambio?

Los *exchanges* ganan dinero cobrando comisiones, igual que un corredor de bolsa. Diferentes *exchanges* cobran diferentes comisiones de diferentes maneras. Algunas cobran comisiones por retiro (por ejemplo, si usted retira $10 000, podrían enviarle $9950, y usted recibiría un importe incluso menor a este debido a las comisiones bancarias). Otras cobran tomando una pequeña fracción de cada transacción que usted haga, generalmente reduciendo el importe de lo que fuera que usted esté recibiendo. Por ejemplo: si tiene $8000 en su cuenta en la casa de cambio y los usa para comprar BTC a un precio de $8000 por BTC, entonces usted recibirá ligeramente menos de 1 BTC, digamos 0,995

BTC. Las comisiones por transacción están generalmente determinadas por cuánto va a cambiar, así que mientras más cambie la comisión disminuirá de acuerdo a un esquema de comisiones publicado.

Fijación de precios en diferentes casas de cambio

El precio de cualquier activo en un *exchange* de criptomonedas depende de los participantes que usen dicha casa de cambio. Diferentes casas de cambio pueden tener diferentes precios para cada criptomoneda, debido a los diferentes participantes que usan la casa de cambio y a los diferentes niveles de oferta y demanda. Generalmente, los precios tienen un pequeño porcentaje de diferencia. Si la diferencia es muy grande intervienen mediadores y compran los *bitcoins* de la casa de cambio donde están a menor precio y los venden donde se negocian a un precio muy alto.

La medida en que los mediadores pueden continuar haciendo esto rentablemente, afecta la alineación de los precios. Para completar el círculo de una mediación exitosa usted debe mover debe mover su moneda fiduciaria allí, comprar *bitcoins*, retirar demoras. Para comprar *bitcoins* en una casa de cambio barata debe mover su moneda fiduciaria ahí, comprar *bitcoins*, retirar los *bitcoins* y enviarlos a una casa de cambio más cara, luego venderlos, retirar el dinero fiduciario y repetir el ciclo. Cada paso tiene un costo financiero y podría no ser inmediato. Algunos países tienen controles de divisas, lo cual impide la mediación del cambio transfronterizo. Es por eso que puede haber diferencias de precio entre las casas de cambio por un tiempo.

A fines de 2013 – 2014, la casa Mt Gox negoció a un precio elevado frente a su competidor Bitstamp, porque la gente

descubrió que no podían retirar dinero fiduciario de Mt
Gox, por lo que, en cambio, tuvieron que comprar y retirar
bitcoins. Esto generó una demanda artificial de *bitcoins* en Mt
Gox, y la mediación de comprar *bitcoins* baratos en Bitstamp
y venderlos en Mt Gox no funcionó ¡porque no se podía
retirar el dinero fiduciario de Mt Gox!

Reglamentación

Los *exchanges* de criptomonedas realizan actividades
que podrían estar reguladas en sus jurisdicciones de
operación. El hecho de que los instrumentos implicados sean
criptomonedas no necesariamente significa que las casas de
cambio escapen a los requerimientos locales de declaración
comercial y tributaria. Sin embargo, dependiendo de cómo
estén redactadas las leyes, y dependiendo de la incertidumbre
normativa y de la clasificación de las criptomonedas, las casas
de cambio actualmente operan en un área legal incierta,
especialmente las casas de cambio de solo criptomonedas que
aceptan el intercambio de criptomonedas, pero no de dinero
fiduciario.

Agentes del mercado *over the counter* (OTC) (por la libre)

Cuando usted hace una compra en un *exchange*, está
comprándole a otro cliente del *exchange* en las cantidades y
precios acordados entre usted y ese otro cliente. El *exchange*
solo está involucrado en el trato en la medida en que actúa
como un agente depositario y tiene la custodia de *su* dinero
y de *los bitcoins de la otra persona*, hasta que se convierten
en sus *bitcoins* y el dinero de la *otra persona*. Cada
negociación se muestra a todos los participantes, y el libro de

órdenes se mueve a tiempo real en respuesta a la actividad comercial. Una característica de la actividad comercial en las casas de cambio que un gran operador querría evitar es la transparencia. A veces, usted quiere negociar grandes cantidades sin que otros operadores lo sepan o sin mover el mercado.

Aquí entran los agentes. Estas son personas o empresas con quienes usted establece una relación. En lugar de mostrar un libro de órdenes transparente de las órdenes de los clientes (como hacen los *exchanges*), los agentes compran y venden directamente con usted, negociando un precio por el monto total que usted quiere cambiar, en lo que se conoce como "transacciones en bloque". Los detalles de las transacciones no se divulgan al público. Son transacciones privadas en grandes volúmenes y no hay nada ilegal respecto a ellas. Esto también ocurre en los mercados financieros tradicionales. Los agentes legítimos también aplican los procesos de know-your-customer (conozca a su cliente) para establecer la identidad de sus clientes y podrían tener que regirse por los requerimientos de publicación de información locales.

Cuando se opera con un agente, hay dos formas: el agente puede actuar como *el principal* de la transacción o como *el agente*.

Cuando actúa como *el principal*, el trato es solo entre usted y el agente. Esas son las contrapartes de su transacción. Usted les dice lo que quiere hacer (comprar o vender) y en qué cantidad y ellos le dirán cuál es su mejor precio, y usted puede aceptar o no. Es como una gran transacción al por mayor, y el operador debe tener suficiente dinero o criptomonedas para completar el trato. En la jerga contable, la transacción aparece en el balance general del agente porque el agente mismo está negociando con usted. Este es el caso, por ejemplo, cuando usted compra divisas extranjeras en una casa de cambio en el aeropuerto.

Cuando el agente actúa como *un agente*, el trato es entre usted y alguien más con quien el agente está en contacto. El agente actúa como un intermediario que proporciona anonimidad a ambas partes. En la jerga contable, esto *no figura* en el balance general del agente, no es su dinero, solo está conectando a compradores y vendedores. Por lo general, la manera en que esto funciona es que usted contacta a su agente y le dice lo que quiere hacer, luego el agente trata de encontrar a otro cliente que quiera hacer la operación contraria (el otro lado de la transacción). El operador comunica la información de precio y la cantidad a ambos lados hasta que se llega a un acuerdo. El agente toma una comisión de ambos clientes por proporcionar este servicio.

Debido a la gran cantidad de costos indirectos y a los márgenes pequeños, los agentes generalmente tienen un volumen de operación mínimo por debajo del cual ni van a levantar el teléfono. Este monto puede variar entre $10 000 y $100 000 por transacción, y parece ir en aumento conforme el mercado madura.

Localbitcoins

¿Qué pasa si no quiere ir a un *exchange* ni recurrir a un agente ni proporcionar ningún tipo de identificación? Existe un sitio web, localbitcoins.com, que actúa un poco como eBay para las personas que quieren comprar y vender criptomonedas. Las personas publican los precios a los que están dispuestos a comprar y vender *bitcoins*. Usted puede revisar la lista para encontrar a alguien cerca, y luego acuerda enviarle dinero a cambio de *bitcoins*, ya sea encontrándose físicamente con manojos de billetes, o haciendo transferencias bancarias a su cuenta bancaria. Es algo así como un pizarrón de mensajes o eBay, y hay un sistema de reputación con calificaciones y comentarios de retroalimentación. También tiene una función depositaria por la custodia temporal de las criptomonedas.

¿Quién es Satoshi Nakamoto?

Llegamos a la pregunta de quién es Satoshi Nakamoto y por qué es importante.

Satoshi fue el autor del *whitepaper* de *Bitcoin* y participaba en las listas de distribución de cypherpunks, donde gente con ideas similares discutía sobre maneras de recuperar la privacidad en la era electrónica. Después de publicar el *whitepaper* original, Satoshi continuó participando en foros de *Bitcoin* hasta diciembre de 2013, después de lo cual desapareció.

Satoshi también posee o controla un número importante de *bitcoins*, que según el consultor de seguridad en criptomonedas Sergio Lerner[148] era de aproximadamente un millón de *bitcoins* en 2013. Esto representa casi el 5 % del total de 21 millones de *bitcoins* que alguna vez serán creados, si las reglas de protocolo no cambian. A los precios de 2018, que estaban alrededor de $10 000 por *Bitcoin*, el valor nominal de los *bitcoins* controlados por Satoshi era de

---

148   https://bitslog.wordpress.com/2013/04/24/satoshi-s-fortune-a-more-accurate-figure/

$10 mil millones. Si alguna vez Satoshi mueve algún *bitcoin* asociado con él, la comunidad lo sabrá inmediatamente. Las transacciones serían visibles en la *blockchain* y las direcciones que están asociadas con Satoshi están monitoreadas. Esto, casi con certeza, afectaría el precio del *Bitcoin*.[149]

La identidad real de Satoshi es importante porque, si se descubre quién es la persona o el grupo de personas, sus puntos de vista y su voz podrían dominar el futuro de *Bitcoin*. Sin embargo, esta centralización es lo que están tratando de evitar. Su seguridad personal también correría un riesgo extremadamente alto. Nunca es una buena idea que las personas sepan (o que incluso crean) que usted tiene una gran riqueza, especialmente en criptomonedas.

Hemos visto a varios dueños de criptomonedas con un perfil alto declarar públicamente que han vendido todas sus criptomonedas. En enero de 2018, Charlee Lee, fundador de Litecoin (LTC) dijo públicamente que había vendido o donado todas sus LTC.[150] Ese mismo mes, Steve Wozniak, fundador de Apple, también dijo que había vendido todos sus *Bitcoin*.[151] A pesar de que tienen sus razones, sospecho que el alto riesgo personal de ser propietarios conocidos de criptomonedas muy valiosas también contribuye a esto. He conversado con

---

149   ¿Arriba o abajo? Puede ser cualquiera: cualquier indicio de que las monedas se están vendiendo puede causar pánico de que Satoshi no crea más en el proyecto, pero, al contrario, si las monedas fueran enviadas a una dirección de quema (*burn address*) que inmovilice las monedas efectivamente, esto quitaría oferta del mercado, lo que conllevaría a una mayor confianza y a un incremento del precio.

150   https://www.reddit.com/r/litecoin/comments/7kzw6q/litecoin_price_tweets_and_conflict_of_interest/

151   https://www.businessinsider.com/bitcoin-steve-wozniak-stockholm-apple-seth-godin-nordic-business-forum-2018-1

afortunados propietarios de *bitcoins* que no divulgan su patrimonio en criptomonedas precisamente por esta razón.

Ha habido un gran número de intentos sonados de exponer la identidad de Satoshi. Estos se conocen en la industria como "doxxings": la revelación pública de la identidad real de un seudónimo de Internet. Sin embargo, es muy poco probable que la verdad sobre la identidad de Satoshi esté entre estos *doxxings*.

El 14 de marzo de 2014, un artículo de portada de la revista Newsweek afirmaba que Satoshi era un caballero japonés de 64 años llamado Dorian Nakamoto (nombre de nacimiento, Satoshi Nakamoto), que vivía en California.

El artículo describía el suburbio donde vivía Dorian e incluía una fotografía de su casa. Esto conllevó al acoso de Dorian y su familia en el transcurso de las siguientes semanas. Desde luego, Dorian no era Satoshi. Pensar que el cypherpunk amante de la privacidad y creador de una moneda digital anónima, imparable y revolucionaria usaría su propio apellido como seudónimo es tan descabellado que resulta absurdo. Identificar la dirección de su casa no es ético. Sin embargo, y a pesar del esfuerzo del periodista en cuestión, la evidencia anecdótica sugiere que después de un período de gran angustia, Dorian ahora disfruta, y espero que monetice, su fama recién descubierta como el Satoshi realmente falso.

En diciembre de 2015, un artículo en *WIRED Magazine*[152] sugería que el Dr. Craig Wright, un experto informático australiano, podría ser el cerebro detrás de *Bitcoin*. En marzo de 2016, en entrevistas con *GQ magazine*,[153] *BBC*,[154] y el periódico *The Economist*,[155] Craig afirmó ser el líder del equipo Satoshi. Incluso publicó su propio blog, hoy eliminado de Internet, con estas afirmaciones. Craig sugería que no quería exponerse y que lo podrían estar presionando para que lo hiciera. En junio de 2016, la *London Review of Books* publicó un artículo[156] en el que el periodista Andrew O'Hagan pudo pasar largo tiempo con Craig Wright. Vale la pena leerlo completo y mi parte favorita es esta:

Semanas después, estaba en la cocina de la casa que Wright estaba alquilando en Londres, tomando té con él, cuando noté un libro en la encimera llamado Visions

152   https://www.wired.com/2015/12/bitcoins-creator-satoshi-nakamoto-is-probably-this-unknown-australian-genius/

153   https://www.gq-magazine.co.uk/article/bitcoin-craig-wright

154   http://www.bbc.com/news/technology-36168863

155   https://www.economist.com/news/briefings/21698061-craig-steven-wright-claims-be-satoshi-nakamoto-Bitcoin

156   http://www.lrb.co.uk/v38/n13/andrew-ohagan/the-satoshi-affair

*of Virtue in Tokugawa Japan. Había estado investigando
y estaba confiado de conseguir lo del nombre.*

*"¿Así que de ahí dices que sacaste lo de Nakamoto?",
pregunté. "¿Del iconoclasta del siglo XVIII que
criticó todas las creencias de su época?".*

"Sí".

"¿Qué hay de Satoshi?".

*"Significa 'ceniza' o 'ash' en inglés", dijo. La filosofía de
Nakamoto es el camino neutral del centro en el comercio.
Nuestro sistema actual debe destruirse y volverse a armar.
Eso es lo que las criptomonedas hacen: son el ave fénix...".*

"Entonces, Satoshi es la ceniza de la cual el ave fénix...".

*"Sí. Y Ash (ceniza) también es el nombre de un personaje
tonto de Pokémon. El chico que está con Pikachú". Wright
sonrió. "En Japón el apellido de Ash es Satoshi", dijo.*

*"¿Así que, básicamente, bautizaste al padre de
Bitcoin en honor al amigo de Pikachú?".*

*"Sí", dijo. "Eso va a molestar muchísimo a algunas
personas". Esto es algo que decía con frecuencia;
como si molestar a las personas fuera un arte.*

Desafortunadamente, las pruebas y demostraciones
criptográficas que el Dr. Wright mostraba frente y detrás
de las cámaras no eran perfectas, y la comunidad sigue sin
decidirse respecto a la veracidad de sus afirmaciones.

Otros sospechosos de ser Satoshi han sido el cypherpunk y programador de PGP, Hal Finney; el inventor de los *smart contracts* o contratos inteligentes y de Bit Gold, Nick Szabo; el criptógrafo y creador de *b-money*, Wei Dai; el creador de e-donkey, Mt Gox y Stellar, Jed McCaleb; y Dave Kleiman. Coindesk tiene una lista más completa[157] de los sospechosos de ser Satoshi.

Mi apuesta es que Satoshi Nakamoto no es una persona sino un seudónimo para un grupo de personas que tiene visiones políticas similares y que quieren permanecer en el anonimato. Craig Wright podría haber sido parte de ese equipo. Es probable que los integrantes del equipo ni siquiera sepan las identidades de los demás en el mundo real. Quizás algunos integrantes hayan muerto desde que se popularizó *Bitcoin*. Podríamos tener otra pista en 2020, cuando el millón de BTC asegurado en Tulip Trust pase a ser accesible. Tulip Trust es un fondo fiduciario supuestamente creado por Dave Kleiman, socio de Satoshi. Contiene *bitcoins* antiguos, posiblemente propiedad de Satoshi.

Si usted decide investigar un poco, debe recordar algunas cosas que la gente parece haber olvidado: Una firma digital demuestra la posesión y uso de una clave privada, pero las claves privadas se pueden compartir entre varias personas. Por lo tanto, no se puede garantizar la asignación de una clave privada a una persona. Las claves privadas también se pueden perder. Una dirección de correo electrónico se puede compartir. Un *whitepaper* se puede escribir en colaboración, por lo que las pistas gramaticales simplemente revelan los hábitos del editor y no necesariamente los del autor. Es muy

---

157   https://www.coindesk.com/learn/who-is-satoshi-nakamoto/

difícil vincular la identidad de un individuo con el autor del documento.

Por otro lado, podría ser mejor si no se encuentra a Satoshi.

ETHEREUM

¿Qué es Ethereum?

La visión de Ethereum es crear una computadora mundial imparable, resistente a la censura, autosostenible y descentralizada. Para lograrlo, Ethereum se construye sobre la base de los conceptos que vimos con *Bitcoin*. Si usted considera que *Bitcoin* es una validación no confiable y *un almacenamiento* distribuido de datos (de transacciones), Ethereum es una validación no confiable y *un almacenamiento* y *procesamiento* distribuidos de datos *y* lógica.

Ethereum tiene una *blockchain* pública que se ejecuta en 15 000 computadoras[158] y el *token* en la *blockchain* se llama Ether, hoy en día la segunda criptomoneda más popular.

Así como *Bitcoin*, Ethereum también es un conjunto de protocolos escritos como código, el cual se ejecuta como *software* de Ethereum, que crea *transacciones* de Ethereum que contienen datos sobre las monedas Ether (ETH) registradas en la *blockchain* de Ethereum. A diferencia de *Bitcoin*, las transacciones de Ethereum pueden contener más

---

158   https://www.ethernodes.org/network/1 en abril de 2018

que solo datos de pagos, y los nodos en Ethereum son capaces de validar y procesar mucho más que simples pagos.

En Ethereum, usted puede remitir transacciones que crean *contratos inteligentes* (pequeños fragmentos de lógica de uso general que se almacenan en la *blockchain* de Ethereum, en todos los nodos de Ethereum). Estos contratos inteligentes se pueden invocar enviándoles Ether. Es algo así como prender una máquina de discos y ponerle monedas para que toque música. Cuando se invoca un contrato inteligente, todos los nodos de Ethereum ejecutan el código y actualizan sus libros contables con los resultados. Estas transacciones y los contratos inteligentes son ejecutados por todos los participantes que usan una especie de sistema operativo llamado "máquina virtual de Ethereum".

La *blockchain* de Ethereum puede ser interrogada usando sitios web como etherscan.io. Como con *Bitcoin*, también hay bifurcaciones o *forks* del Ethereum principal, como Ethereum Classic, que también es una *blockchain* pública. Cada bifurcación tiene una moneda separada (la moneda de Ethereum se denomina ETH, mientras que la moneda de Ethereum Classic se denomina ETC). Las bifurcaciones tienen un historial compartido con Ethereum hasta cierto punto en el tiempo, después del cual las *blockchains* difieren (hablaremos de las bifurcaciones más adelante).

El código de Ethereum también se puede ejecutar en una red privada, empezando con una *blockchain* con participantes limitados.

¿Cómo se ejecuta Ethereum?

Para participar en la red de Ethereum, se puede descargar
un software llamado cliente de Ethereum, o puede escribir
alguno usted mismo si tiene la paciencia. Al igual que
BitTorrent o *Bitcoin*, el cliente de Ethereum se conectará
por Internet a las computadoras de otras personas que
ejecutan softwares clientes similares y empezará a descargar
la *blockchain* de Ethereum de ellas para ponerse al corriente
del último estado de la *blockchain*. También validará
independientemente que cada bloque cumpla con las reglas
del protocolo de Ethereum.

¿Qué hace el software cliente de Ethereum? Puede
usarlo para:

- Conectarse a la red de Ethereum

- Validar transacciones y bloques

- Crear nuevas transacciones y contratos inteligentes

- Ejecutar contratos inteligentes

- Minar para encontrar nuevos bloques

Su computadora se convierte en un "nodo" en la red,
ejecutando una máquina virtual de Ethereum, y se comporta
de manera equivalente a todos los otros nodos. Recuerde que
en una red peer-to-peer no hay un servidor "maestro" y cada
computadora es equivalente en status a cualquier otra.

¿En qué se parece Ethereum a *Bitcoin*?

Ethereum tiene una criptomoneda incorporada

El *token* de Ethereum se llama Ether y su abreviatura es ETH. Esta es una criptomoneda que puede ser intercambiada por otras criptomonedas u otras monedas soberanas, al igual que el BTC. La propiedad del ETH es rastreada en la *blockchain* de Ethereum, igual que la propiedad del BTC es rastreada en la *blockchain* de *Bitcoin*.

Ethereum tiene una *blockchain*

Al igual que *Bitcoin*, Ethereum tiene una *blockchain*, que contiene bloques de información (pagos ETH puros, así como contratos inteligentes). Los bloques son minados por algunos participantes y distribuidos a otros participantes para que los validen. Puede explorar esta *blockchain* en etherscan.io.

Como con *Bitcoin*, los bloques de Ethereum forman una cadena refiriéndose al hash del bloque anterior.

Ethereum es pública y no requiere permisos

Al igual que *Bitcoin*, la red principal de Ethereum es una red pública que no requiere permiso. Cualquiera puede descargar o escribir software para conectarse a la red y empezar a crear transacciones y contratos inteligentes, validándolos y minando bloques sin necesidad de iniciar sesión o registrarse en ninguna otra organización.

Cuando la gente habla de Ethereum generalmente se refieren a la versión pública y sin permisos de la red. Sin embargo, usted puede tomar el software de Ethereum, modificarlo ligeramente y crear redes privadas que no están conectadas

a la red pública principal. Eso sí, los *tokens* y contratos
inteligentes privados no serán compatibles con los *tokens*
públicos, al igual que las redes privadas de *Bitcoin*.

Ethereum tiene minado con prueba de trabajo (PoW, Proof of Work)

Como *Bitcoin*, los participantes que minan crean bloques
válidos gastando energía eléctrica para encontrar soluciones
a un desafío matemático. El desafío matemático de la PoW de
Ethereum, llamado Ethash, funciona ligeramente diferente
que el de *Bitcoin* y permite que se utilice más hardware
común. Está deliberadamente diseñado para reducir la
ventaja de la eficiencia de los chips especializados llamados
ASIC, comunes en la minería de *Bitcoin*. El hardware genérico
puede competir con eficiencia, lo que permite una gran
descentralización de mineros. En la práctica, sin embargo,
existe el hardware especializado y por eso la mayoría de
bloques en Ethereum son creados por un pequeño grupo
de mineros.[159]

159   https://www.etherchain.org/charts/topMiners

Los mejores mineros en las últimas 24 horas

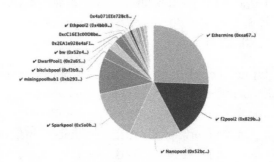

Fuente: https://www.etherchain.org/charts/
topMiners recuperado el 16 de abril de 2018

En el plan de trabajo de Ethereum hay un plan para, en el futuro lanzamiento del del software de Ethereal llamado Serenity, pasar de una minería con electricidad costosa y prueba de trabajo a un protocolo de minería con prueba de participación (PoS o Proof of Stake) llamado Casper. La prueba de participación es un protocolo de minería en el que su posibilidad de crear un bloque válido es proporcional al número de monedas (ETH) en su billetera de minería. Compare esto con la prueba de trabajo, en la que su posibilidad de crear un bloque válido es proporcional al número de ciclos informáticos que su hardware pueda superar.

¿Cuál será el impacto de esto en la comunidad? Para empezar, esto reduciría drásticamente la huella energética de las criptomonedas. Los mineros ya no necesitarán consumir electricidad a nivel de la competencia para poder ganar bloques. Por otro lado, algunas personas piensan que la prueba de participación es menos democrática porque aquellos que ya han acumulado muchos ETH tendrán una mayor posibilidad de ganar más bloques. Entonces, el argumento plantea que el nuevo dinero fluirá hacia los ricos, aumentando el coeficiente de Gini[160] de los titulares de Ethereum.

Hay fallas en el argumento que dice que es "menos democrática". Con la prueba de trabajo los altos costos de capital y la experiencia requerida significan que solo una muy pequeña minoría puede realmente hacer dinero minando, por lo que realmente no es tan democrática. Mientras que, con la prueba de participación, cada ETH tiene una posibilidad idéntica de ganar un bloque, por lo que se puede empezar con mucho menos capital. Piense en esto como si fuera una tasa de interés. Mientras más dinero tenga, más intereses recibe, pero al menos los que tienen menos dinero aún pueden recibir intereses. También pienso que reducir los factores externos de contaminación causados por la prueba de trabajo es una meta decente y honorable.

¿En qué difiere Ethereum de *Bitcoin*?

Es aquí donde la cosa se pone más técnica y, de muchas maneras, más compleja.

La máquina virtual de Ethereum puede ejecutar contratos inteligentes

Cuando usted descarga y ejecuta el software de Ethereum, crea e inicia una computadora virtual segregada en su máquina llamada "máquina virtual de Ethereum" (EVM).

---

160   El coeficiente de Gini es una medida usada para describir la desigualdad de la riqueza en la población. Es un número del 0 al 1, donde 0 significa que todos tienen la misma riqueza y el número se acerca al 1 conforme la desigualdad aumenta.

Esta EVM procesa todas las transacciones y los bloques de Ethereum y hace un seguimiento de todos los saldos en cuenta y los resultados de los contratos inteligentes. Cada nodo en la red Ethereum ejecuta la misma EVM y procesa los mismos datos, por lo que todos tienen la misma visión del mundo. Ethereum se puede describir como una *replicated state machine* (máquina de estado replicado) porque todos los nodos que ejecutan Ethereum llegan a un consenso sobre el estado de la máquina virtual de Ethereum.

En comparación con el primitivo lenguaje de scripting de *Bitcoin*, el código que se puede distribuir en Ethereum y ejecutar como contratos inteligentes es más avanzado y accesible para los programadores. Más adelante describiremos los contratos inteligentes en mayor detalle, pero por ahora puede pensar en los contratos inteligentes como piezas de código ejecutadas por todos los nodos en la máquina virtual de Ethereum.

Gas

En *Bitcoin*, usted puede agregar una pequeña cantidad de BTC como comisión por transacción para el minero que mine el bloque exitosamente. Esto compensa al minero por verificar la validez de la transacción e incluirla en el bloque que está minando. De la misma manera, en Ethereum usted puede agregar una pequeña cantidad de ETH como comisión por minado para el minero que mine el bloque exitosamente.

La complicación con Ethereum es que hay más tipos de transacciones. Diferentes tipos de transacciones tienen distintas complejidades informáticas. Por ejemplo, una transacción para un simple pago de ETH es menos compleja que una transacción para cargar o ejecutar un contrato

inteligente. Por lo tanto, Ethereum tiene un concepto de
"gas" que es una especie de lista de precios que se basa en la
complejidad informática de los diferentes tipos de operación
que usted instruye a los mineros que hagan. Las operaciones
incluyen buscar datos, recuperarlos, hacer cálculos,
almacenar datos y hacer cambios en el libro contable. Esta
es la lista de precios del sitio web ethdocs.org,[161] pero puede
cambiar con el tiempo si la mayoría en la red está de acuerdo:

Nombre de la operación	Costo del gas	Observación
Paso	1	Monto por defecto por ciclo de ejecución
Detenerse	0	gratis
suicidio	0	gratis
Sha3	20	
sload	20	Se obtiene del almacenamiento permanente
sstore	100	Se coloca en almacenamiento permanente
Saldo	20	
Crear	100	Creación del contrato
Llamar	20	Inicia una llamada de solo lectura
Memoria	1	Cada palabra adicional cuando se expande la memoria
txdata	5	Cada byte de daros o código para una trasación
transacción	500	Tarifa base de la transacción
Creación del contrato	53000	Cambiado en homestead desde 21000

Una transferencia básica de ETH de una cuenta a otra usa 21
000 unidades de gas. Cargar y ejecutar contratos inteligentes
utiliza más gas, dependiendo de su complejidad. Cuando
remite una transacción de Ethereum, usted especifica un
precio para el gas (cuántos ETH está dispuesto a pagar por el
gas utilizado) y un límite de gas (la cantidad máxima de gas
que permitirá que la transacción utilice).

---

161   http://www.ethdocs.org/en/latest/contracts-and-transactions/account-
types-gas-and-transactions.html

Comisión por minado (en ETH) = Precio del gas (en ETH por
unidad de gas) x gas consumido (en unidades de gas)

Precio del gas

El precio del gas es la cantidad de ETH que usted está
preparado para pagar por unidad de gas por la transacción
que va a ser procesada. Como con las comisiones por
transacción, este es un mercado competitivo y, en general,
mientras más congestionada esté la red, más alto será el
precio del gas que la gente estará dispuesta a pagar. En
momentos de gran demanda de gas, los precios suben.

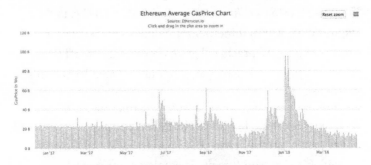

Fuente: https://etherscan.io/chart/gasprice. Los picos generalmente
están relacionados con las populares ICO, en las que varias
personas están intentando enviar ETH a contratos inteligentes
de ICO. El pico de diciembre de 2017 está relacionado con el
popular juego CryptoKitties de Ethereum. En 2018, el rango
normal de los precios del gas está entre 0,000000005 ETH (5
Gwei) y 0,000000020 ETH (20 Gwei) por unidad de gas.

Límite de gas

El límite de gas que usted establece proporciona un techo
para cuánto gas está preparado para que una transacción
consuma. Este límite lo protege de gastar demasiado en
comisiones de minado y usted sabe que la comisión máxima

de minado será el límite de gas x el precio. Esto evita que usted pague de más si remite accidentalmente una transacción muy compleja que pensó que sería simple.

Tiempo para analogías: Conducir su auto a 10 km va a consumir cierta cantidad de combustible. Si se le acaba el combustible, su auto se detendrá antes de llegar a su destino. El precio del combustible depende de las condiciones del mercado y puede subir y bajar, pero el precio del combustible no guarda relación con cuán lejos puede conducir su auto con él. El gas en Ethereum es similar. Cuando remite una transacción de Ethereum, usted especifica cuánto gas está preparado para gastar para hacer que esa transacción "funcione" (este es el *límite de gas*) y cuánto ETH está dispuesto a pagar al minero por unidad de gas (este es el *precio del gas*). El precio del gas es la cantidad de ETH que usted está preparado para pagar por la transacción que va a ser procesada.

El minero ejecutará la transacción y le cobrará por la cantidad de gas usada, multiplicada por el precio del gas que usted especificó. Como con *Bitcoin*, la comisión por minado depende de usted, y usted necesita tener en cuenta que está compitiendo con otras transacciones que podrían haber establecido un precio más alto del gas.

Por ejemplo, una transacción básica de una transferencia de ETH de una cuenta a otra utiliza 21 000 unidades de gas, así que usted puede establecer el límite de gas en 21 000 o más, pero solo utilizará 21 000 unidades de gas. Si usted establece el límite de gas por debajo de la cantidad de gas que toma el proceso de la transacción, la transacción va a fallar y a usted no se le va a reembolsar la comisión de minado. Esto es como tratar de hacer un viaje con combustible insuficiente en su tanque. Se va a utilizar el combustible, pero no sabe si va a llegar a su destino.

Unidades de ETH

Al igual que un dólar se puede dividir en 100 centavos, 1 BTC se puede dividir en 100 000 000 Satoshis y Ethereum también tiene su propia convención de nomenclatura de unidades.

La unidad mínima es un Wei y hay 1 000 000 000 000 000 000 de ellos por ETH.

También hay otros nombres intermedios: Finney, Szabo, Shannon, Lovelace, Babbage, Ada, todos a nombre de las personas que hicieron importantes contribuciones a los campos relacionados con las criptomonedas o las redes.

Wei y Ether son las dos denominaciones más comunes. El Wei es generalmente usado para el precio del gas (un precio de gas de 2-50 Giga-Wei por unidad de gas es común, donde 1 GWei son 1 000 000 000 Wei).

Unidad en ethereum		
Unidad	Número por ETH	Mayoría de usos apropiados
Ether (ETH)	1	Actualmente, se utiliza para denominar a los montos de la transacción (por ejemplo 20 ETH) y recompensas de minado (5 ETH)
Finney	1,000	
szabo	1,000,000	Actualmente, es la mejor unidad para el costo de una transacción básica, por ejemplo, 500 szabo
Gwei	1,000,000,000	Actualmente, es la mejor unidad para los precios del Gas; ejemplo: 22 Gwei
Mwei	1,000,000,000,000	
Kwei	1,000,000,000,000,000	
wei	1,000,000,000,000,000,000	La unidad indivisible base usada por los programadores

El tiempo entre bloques de Ethereum es más corto

En Ethereum, el tiempo entre bloques es de unos 14 segundos, en comparación con los, aproximadamente, 10 minutos de *Bitcoin*. Esto significa que, en promedio, si usted hizo una transacción con *Bitcoin* y una transacción con Ethereum, la transacción con Ethereum se registrará en la *blockchain* de Ethereum más rápido de lo que se registrará la transacción de *Bitcoin* en la *blockchain* de *Bitcoin*. Se puede decir que *Bitcoin* escribe a su base de datos cada 10 minutos, aproximadamente, mientras que Ethereum escribe a su base de datos cada 14 segundos, aproximadamente. La historia del tiempo entre bloques de Ethereum ha sido muy interesante, como puede ver en bitinfocharts.com:

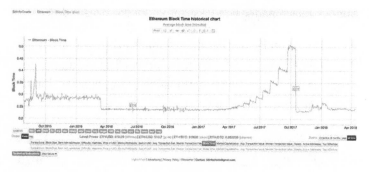

Fuente: Bitinfocharts[162]

Compare esto con el tiempo entre bloques relativamente estable de *Bitcoin* (tenga en cuenta la escala de tiempo, ya que *Bitcoin* es mucho más antigua que Ethereum):

---

162   https://bitinfocharts.com/comparison/Ethereum-confirmationtime.html

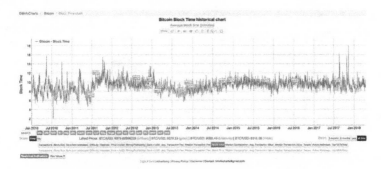

Fuente: Bitinfocharts[163]

Ethereum tiene bloques más pequeños

Actualmente, los bloques de *Bitcoin* están ligeramente
por debajo de 1Mb en tamaño, mientras que la mayoría de
bloques de Ethereum tienen entre 15kb y 20kb en tamaño.
Sin embargo, no debemos comparar los bloques por la
cantidad de datos que contienen: Mientras el tamaño máximo
por bloque de *Bitcoin* se especifica en bytes, el tamaño de
los bloques de Ethereum se basa en la complejidad de los
contratos que se ejecutan. Se conoce como límite de gas por
bloque, y el máximo puede variar ligeramente entre bloque
y bloque. Entonces, mientras que el límite para el tamaño
de los bloques de *Bitcoin* se basa en la cantidad de datos, el
límite para el tamaño de los bloques de Ethereum se basa en
la complejidad informática.

---

163   https://bitinfocharts.com/comparison/Bitcoin-confirmationtime.html

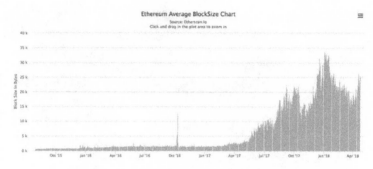

Fuente: Etherscan[164]

Actualmente, el tamaño máximo por bloque en Ethereum es de alrededor de 8 millones de unidades de gas. Las transacciones básicas, o pagos de ETH de una cuenta a otra (es decir, cargar o invocar un contrato inteligente), tienen una complejidad de 21 000 unidades de gas; así que puede incluir unas 380 de esas transacciones básicas en un bloque (8 000 000 / 21 000). En *Bitcoin*, actualmente se puede incluir alrededor de 1500 a 2000 transacciones básicas en un bloque de 1Mb.

Tíos: bloques que realmente no lo logran

Debido a que la velocidad de generación de bloques de Ethereum es mucho mayor que la de *Bitcoin* (250 bloques por hora en Ethereum vs. seis bloques por hora en *Bitcoin*), la tasa de "colisiones de bloques" se incrementa. Múltiples bloques válidos se pueden crear casi al mismo tiempo, pero solo uno de ellos logra entrar a la cadena principal. El otro "pierde" y los datos que contiene no se consideran

---

164   https://etherscan.io/chart/blocksize

parte del libro principal, incluso si las transacciones son técnicamente válidas.

En *Bitcoin*, estos bloques que no llegan a la cadena principal se llaman huérfanos, o bloques huérfanos, y no forman parte de la cadena principal de ninguna manera y nunca se hace referencia a ellos en bloques posteriores. En Ethereum se llaman tíos. Algunos bloques subsiguientes pueden hacer referencia a los tíos y, aunque los datos en ellos no se usen, la recompensa ligeramente menor por minarlos sigue siendo válida.

Esto logra dos cosas importantes:

- Incentiva a los mineros a minar, aunque haya una gran posibilidad de crear un bloque que no llegue a la cadena principal (la alta velocidad de creación de bloques genera más huérfanos o tíos).

- Aumenta la seguridad de la *blockchain* al reconocer la energía gastada en crear los bloques tíos.

Las transacciones que terminan en bloques huérfanos simplemente terminan siendo minadas nuevamente en la cadena principal. No cuestan más gas al usuario porque la transacción en el bloque huérfano es tratada como si nunca hubiera sido procesada.

Cuentas

Bitcoin usa la palabra *dirección* para describir a las cuentas. Ethereum usa la palabra cuenta, pero técnicamente también son direcciones. Las palabras parecen ser más intercambiables en Ethereum.

Quizás se pueda decir: "¿Cuál es la dirección de su cuenta en Ethereum?". Al parecer no importa.[165]

Hay dos tipos de cuentas de Ethereum:

1. Cuentas que solo almacenan ETH.

2. Cuentas que contienen contratos inteligentes.

Las cuentas que solo almacenan ETH son similares a las direcciones de *Bitcoin* y a veces se les conoce como cuentas de propiedad externa. Usted hace pagos desde estas cuentas firmando transacciones con la clave privada apropiada. Un ejemplo de cuenta que almacena ETH es 0x2d7c76202834a11a99576acf2ca95a7e66928ba0.[166]

Las cuentas que contienen contratos inteligentes son activadas mediante una transacción que les envía ETH. Una vez que el contrato inteligente se ha cargado, permanece en una dirección, esperando a ser usado. Un ejemplo de cuenta que tiene un contrato inteligente es 0xcbe1060ee68bc0fed3c00f13d6f110b7eb6434f6.[167]

Emisión de *tokens* de ETH

La emisión de *tokens* de Ether es un poco más complicada que en *Bitcoin*. El número de ETH existentes es: Preminado + recompensas por bloque + recompensas por tíos.

---

165   Etherscan, un sitio web popular para buscar en la *blockchain* de Ethereum, usa ambos en https://etherscan.io/accounts

166   https://etherscan.io/address/0x2d7c76202834a11a99576acf2ca95a7e6 6928ba0

167   https://etherscan.io/address/0xcbe1060ee68bc0fed3c00f13d6f110b7eb 6434f6#code

Fuente: Etherscan[168]

Preminado

Alrededor de 72 millones de ETH fueron creados para venta
masiva o *crowdsale* en julio / agosto de 2014. A veces, esto
se llama preminado porque solo fueron escritos en lugar
de ser minados mediante el hash de la prueba de trabajo.
Se distribuyeron a los primeros aficionados del proyecto y
al equipo del proyecto. Se decidió que después de la venta
masiva inicial, la futura generación de ETH tendría un límite
del 25 % del total de la premina, es decir, que no se podría
minar más de 18m de ETH por año.

Recompensas por bloques

Originalmente, cada bloque minado creaba cinco ETH frescos
como recompensa por bloque. Debido a la preocupación
por una sobre oferta, se redujo a tres ETH, en un conjunto
de cambios al protocolo que se denominó la actualización
Byzantium, en octubre de 2017 (bloque 4 370 000).

---

168   https://etherscan.io/stat/supply

Fuente: Etherscan[169]

Recompensas por tíos

Algunos bloques son minados, pero no forman parte de la
blockchain principal. En *Bitcoin*, éstos se llaman "huérfanos"
y se descartan por completo, y el minero del bloque huérfano
no recibe recompensa alguna. En Ethereum, estos bloques
descartados se llaman "tíos" y *pueden* ser referidos por
bloques posteriores. Si un bloque posterior hace referencia
a un tío, el minero del tío recibe algunos ETH. Esto se
denomina recompensas por "tíos". El minero del bloque
posterior que hace referencia al tío también recibe una
pequeña recompensa adicional llamada "referencia al tío".

Las recompensas por tíos solían ser de 4,375 ETH (7/8 de la
recompensa total de 5 ETH). En la actualización Byzantium
se redujo a 0,625-2,625 ETH.

---

169   https://etherscan.io/chart/ethersupply

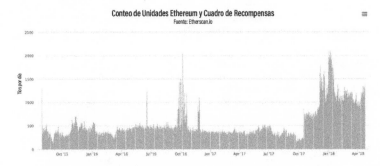

Fuente: https://etherscan.io/chart/uncles

La mayor diferencia entre la generación de *tokens* de
ETH y BTC es que la generación de BTC se divide a la
mitad aproximadamente cada cuatro años, y tiene un
límite planificado, mientras que los *tokens* de ETH siguen
siendo generados a un número constante cada año e
indefinidamente. Como cualquier otro parámetro o regla,
sin embargo, esta regla está sujeta a debates continuos y
puede ser cambiada si la mayoría de la red de Ethereum está
de acuerdo.

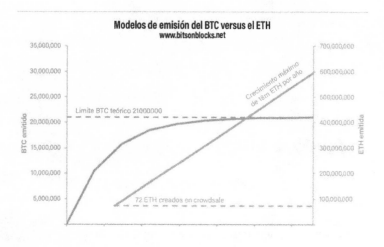

El futuro de la generación ETH

La comunidad Ethereum aún no ha llegado a un acuerdo sobre lo que ocurrirá con la tasa de emisión cuando Ethereum pase de la prueba de trabajo a la prueba de participación. Algunos dicen que quizás la tasa de creación de ETH debe disminuir, ya que el valor no tendrá que subsidiar el uso competitivo de energía eléctrica.

Recompensas por minado

En *Bitcoin*, el minero de un bloque recibe la recompensa por bloque (nuevo BTC), más las comisiones por las transacciones minadas (BTC existente). En Ethereum, el minero de un bloque recibe las recompensas por las referencias a bloques y tíos (ETH nuevo), más las comisiones por minado (cantidad de gas x precio del gas).

Otras partes de Ethereum: Swarm y Whisper

Las computadoras deben ser capaces de calcular, almacenar datos y comunicarse. Para que Ethereum haga realidad su visión de ser una computadora "mundial" imparable, resistente a la censura, autosostenible y descentralizada, debe ser capaz de hacer esas tres cosas de manera eficiente y sólida. La máquina virtual de Ethereum es solo un componente del todo, el elemento que hace los cálculos descentralizados.

Swarm es otro componente. Es es in intercambio de archivos peer-to-peer, similar a BitTorrent, pero incentivado con micropagos de ETH. Los archivos se dividen en fragmentos, se distribuyen y se almacenan con los voluntarios participantes. Estos nodos que almacenan y sirven los fragmentos se compensan con ETH de aquellos que almacenan y recuperan los datos.

Whisper es un protocolo de mensajería cifrado que permite a los nodos enviar mensajes directamente entre sí de forma segura y que también oculta al remitente y al destinatario de terceros entrometidos.

Gobernanza

Aunque tanto *Bitcoin* como Ethereum son proyectos de código abierto y redes abiertas y que no requieren permiso, una de las mayores diferencias entre ellas es que *Bitcoin* no tiene un líder activo e identificado, mientras que Ethereum, sí. Vitalik Buterin, el creador de Ethereum, es enormemente influyente y sus opiniones cuentan. Aunque no puede detener su creación, ni censurar transacciones o participantes, su visión y sus comentarios tienen un gran impacto en la tecnología. Por ejemplo, él defendió una bifurcación dura para recuperar fondos robados en el *hack* de DAO (esto lo explicaremos más adelante). También propone cambios en las reglas del protocolo y en la economía de la red. *Bitcoin*, por otro lado, tiene algunos programadores influyentes, pero ninguno con la influencia que Vitalik tiene con Ethereum. Nick Tomaino sostiene en un blog[170] que la gobernanza de las *blockchains* "puede resultar tan importante como la informática y la economía de las *blockchains*". Todavía falta determinar si un solo *influencer* es bueno o malo para las redes descentralizadas de criptomonedas.

Contratos inteligentes

Los contratos inteligentes implican diferentes aspectos en función de la plataforma de la *blockchain*. Los contratos inteligentes de Ethereum son programas informáticos cortos que se almacenan en la *blockchain* de Ethereum, replicados en todos los nodos y disponibles para cualquiera que los inspeccione. Hay dos pasos que se realizan por separado:

1. Cargar el contrato inteligente en la *blockchain* de Ethereum.

2. Ejecución del contrato inteligente

Usted carga un contrato inteligente enviando el código a los mineros en una transacción especial. Si la transacción se procesa con éxito, el contrato inteligente existirá en una dirección específica en la *blockchain* de Ethereum.[171] Después,

---

170   https://thecontrol.co/the-governance-of-blockchains-5ba17a4f5da6

171   Esta dirección no es aleatoria; se calcula determinísticamente utilizando una combinación de la dirección del creador y la cantidad de transacciones que el creador ha enviado alguna vez.

puede ejecutarlo creando una transacción que diga: "Ejecutar el contrato inteligente que se encuentra en la dirección x".

A continuación, se muestra un ejemplo de un contrato inteligente básico. Crea un *token* llamado "GavCoin" que inicialmente emite 1 millón de GavCoins al creador del contrato SMART, y luego le permite enviar GavCoins a otros usuarios:[172]

```
contract GavCoin
{
    mapping(address=>uint) balances;
    uint constant totalCoins = 100000000000;

    /// Endows creator of contract with 1m GAV.
    function GavCoin(){
        balances[msg.sender] = totalCoins;
    }

    /// Send $((valueInmGAV / 1000).fixed(0,3)) GAV from the account of $(message.caller.address()), to an account accessible
    only by $(to.address()).
    function send(address to, uint256 valueInmGAV) {
        if (balances[msg.sender] >= valueInmGAV) {
            balances[to] += valueInmGAV;
            balances[msg.sender] -= valueInmGAV;
        }
    }

    /// getter function for the balance
    function balance(address who) constant returns (uint256 balanceInmGAV) {
        balanceInmGAV = balances[who];
    }
}
```

Para ver un ejemplo real de un contrato inteligente, el contrato inteligente que contiene los saldos de los *tokens* ICO de Indorse se encuentra en la dirección 0xf8e386eda857484f5a12e4b5daa9984e06e73705.[173]

Una vez que se ha cargado un contrato, éste se comporta como algo similar a una maquina de tocar discos. Cuando quiera ejecutarlo, cree una transacción que apunte al contrato y proporcione la información que el contrato espera. Usted paga gas al minero por ejecutarlo. Como parte del proceso de

---

172   https://en.wikipedia.org/wiki/Solidity

173   https://etherscan.io/token/0xf8e386eda857484f5a12e4b5daa9984e06 e73705 para ver qué ocurre en ese contrato inteligente.

minería de datos, cada minero ejecutará la transacción, lo que implica ejecutar el contrato inteligente.

El minero que gane con éxito el desafío de la prueba de trabajo publicará el bloque ganador para el resto de la red. Los otros nodos validarán el bloque, lo agregarán a sus propias *blockchains* y procesarán las transacciones, incluida la ejecución de los contratos inteligentes. Así es como se actualiza la *blockchain* de Ethereum y como se sincroniza el estado de las EVM en la máquina de cada nodo.

Los contratos inteligentes de Ethereum se describen como "Turing completo". Esto significa que son completamente funcionales y pueden realizar cualquier cálculo que se pueda realizar en cualquier otro lenguaje de programación.

Lenguajes de los contratos inteligentes: Solidity / Serpent, LLL (Lisp Like Language)

El lenguaje más común en el que se escriben los contratos inteligentes de Ethereum es Solidity. También se pueden usar Serpent y LLL. Los contratos inteligentes escritos en estos lenguajes se compilarán y ejecutarán en las máquinas virtuales de Ethereum.

- Solidity es similar al lenguaje JavaScript. Este es, actualmente, el lenguaje de escritura de contratos inteligentes más popular y funcional.

- Serpent es similar al lenguaje Python y fue popular en la historia temprana de Ethereum.

- LLL es similar a Lisp y se utilizó principalmente en los primeros días solamente. Quizás sea el más difícil de escribir.

Software de Ethereum: geth, eth, pyethapp

Los tres clientes oficiales de Ethereum (software de nodo completo) son todos de código abierto. Usted puede ver el código detrás de ellos y hacer ajustes para crear sus propias versiones. Son:

- geth[174] (escrito en un lenguaje llamado Go)

- eth[175] (escrito en C++)

- pyethapp[176] (escrito enPython)

Estos son todos programas basados en la línea de comandos (piense en texto verde sobre fondos negros) y, por lo tanto, el software adicional se puede utilizar para una interfaz gráfica más agradable. Actualmente, la interfaz gráfica más popular es Mist (https://github.com/Ethereum/mist), que se ejecuta encima de geth o eth. Así que, geth / eth hace el trabajo de segundo plano y Mist es la pantalla bonita en la parte superior.

Actualmente, los clientes más populares de Ethereum son geth y Parity.[177] Parity es el software de Ethereum construido por una compañía llamada Parity Technologies. También es de código abierto[178] y está desarrollado en el lenguaje de programación Rust.

---

174 https://github.com/Ethereum/go-Ethereum

175 https://github.com/Ethereum/cpp-Ethereum

176 https://github.com/Ethereum/pyethapp

177 https://www.parity.io/

178 https://github.com/paritytech/parity/

Historia de Ethereum

Ethereum es una *blockchain* pública de gran éxito en términos de adopción, notoriedad y por el número de programadores que trabajan en contratos inteligentes de Ethereum y aplicaciones descentralizadas. A continuación, se presenta una breve historia de Ethereum, y algunos períodos difíciles en su historia que ha logrado superar.

2013

Vitalik Buterin describió Ethereum como un concepto en un *whitepaper* a finales de 2013. Este concepto fue desarrollado por el Dr. Gavin Wood, quien publicó un *yellow paper* en abril de 2014. Desde entonces, la programación del software de Ethereum ha sido gestionado por una comunidad de programadores.

En julio y agosto de 2014 tuvo lugar una venta masiva para financiar el desarrollo, y el 30 de julio de 2015 se lanzó la *blockchain* de Ethereum en vivo. Puede ver el primer bloque aquí: https://etherscan.io/block/0

Crowdsale de Ethereum

El equipo de programación fue financiado por una venta en línea de *tokens* de ETH entre julio y agosto de 2014, venta en la que la gente podía comprar *tokens* de ETH pagando con *Bitcoin*. Los primeros inversionistas recibieron 2000 ETH por BTC, y esta cifra se redujo gradualmente a 1337 ETH[179]

---

179   Esta es una broma de *geeks*. El número 1337 significa 'lit' o 'elite', en referencia a habilidades de hackeo de élite.

por BTC en el transcurso de un mes, aproximadamente, para alentar a los inversionistas a invertir pronto.

Los participantes de la *crowdsale* enviaron *bitcoins* a una dirección de *Bitcoin* y recibieron una billetera de Ethereum que contenía la cantidad de ETH que habían comprado. Los detalles técnicos se encuentran en el blog de Ethereum.[180]

Se vendió un poco más de 60m ETH de esta manera por más de 31 500 BTC, por un valor de unos US$18m en ese momento. Se creó alrededor de un 20 % adicional (12m ETH) para financiar el desarrollo y la Fundación Ethereum.

Nombres clave del lanzamiento del software

Frontier, Homestead, Metropolis y Serenity son nombres simples para las versiones del software base de Ethereum, algo así como los nombres de la versión X del OS de Apple, Mavericks, El Capitan, Sierra.

---

180   https://blog.Ethereum.org/2014/07/22/launching-the-ether-sale/

Nombre de Lanzamiento	Detalles
Olympic (testnet)	Lanzado en mayo de 2015: fue un lanzamiento de prueba en el que las monedas no son compatibles con los ETH reales. Una testnet o red de pruebas se ejecuta en paralelo con la red activa principal de manera que los desarrolladores pueden probar su código. La red de pruebas opera de la misma manera en que opera la red activa, pero hay mucha menos competencia de minado, ya que las monedas no son intercambiables en casas de casas de cambio (por definición tienen valor cero).
Frontier	Lanzado el 30 de julio de 2015: fue un lanzamiento inicialmente en vivo con una forma para que la gente mine ETH y construya y ejecute contratos.
Homestead	Lanzado el 14 marzo de 2016—con algunos cambios en el protocolo y más estabilidad.
Metropolis	Fue diseñado para preparar a Ethereum para pasar de la prueba de trabajo a la prueba de participación. Metropolis fue dividido en dos actualizaciones, Byzantium y Constantinople. Byzantium fue lanzado en octubre de 2017, en el bloque 4 370 000. Incluía cambios para establecer el escenario para las transacciones privadas, aceleró el procesamiento de transacciones (importante para la escalabilidad) y mejoró algunas funciones de los contratos inteligentes. El cambio más evidente visualmente fue la reducción de la recompensa por minado de 5 ETH por bloque a 3 ETH por bloque. La actualización Constantinople será otra mejora para establecer el escenario para el cambio a la prueba de participación (Casper).
Serenity	Lanzamiento futuro: paso de la prueba de trabajo a la prueba de participación (Casper).

El Hack de DAO

Existe un concepto llamado "Organización Autónoma Descentralizada" o DAO, por sus siglas en inglés. La idea es que una compañía o entidad automatizada se conduzca de acuerdo con algún procedimiento codificado, sin intervención o gestión humana. Que solo haga lo que dice que va a hacer. Un ejemplo común es un taxi que se conduce solo y que hace dinero dando servicio de taxi y puede ir solo a que lo reparen o a cargar combustible. Díganme anticuado, pero para mí suena fantasioso que no haya un humano responsable en última instancia por las acciones del taxi.

De todos modos, parece que a algunos entusiastas les encanta la idea. En 2016, un equipo de una empresa alemana llamada Slock-it dejó su modelo de negocio de crear candados inteligentes que se podían abrir utilizando *tokens* en *blockchains* y construyó una especie de compañía de capital de riesgo (VC) automatizada como contrato inteligente distribuido en la *blockchain* pública de Ethereum. Lo llamaron "El DAO" (fíjese en las mayúsculas). Es un nombre confuso, como llamar a un banco "El Banco" o a una compañía, "La Compañía". De todos modos, *El DAO* es un ejemplo de un DAO.

La idea detrás de El DAO es que sería un fondo de criptomonedas para financiar nuevas empresas emergentes. Los inversionistas que desearan n invertir en empresas emergentes relevantes enviarían dinero (en forma de ETH) al contrato inteligente, y el contrato inteligente les emitiría *tokens* de DAO de manera proporcional a su inversión. El contrato inteligente sería la olla de dinero utilizada para financiar los emprendimientos, como un fondo VC tradicional.

En un fondo VC normal, los inversionistas, llamados socios comanditarios, aportan dinero al fondo y esperan que la administración de la empresa de VC gestione los fondos y genere un retorno invirtiendo en empresas exitosas. En El DAO, los inversionistas tendrían un papel más activo. Ellos recibirían los *tokens* de DAO a cambio de su inversión y los utilizarían para votar qué emprendimientos recibirían financiamiento. De esta manera, los inversionistas tendrían un input directo sobre qué emprendimientos reciben financiamiento, en lugar de delegar esa responsabilidad a un equipo de gestión. El contrato inteligente gobernaría un proceso de votación, y al final de una votación, se liberarían criptomonedas a los negocios que hubieran recibido la mayor cantidad de votos para financiamiento. Esa era la teoría detrás de El DAO.

Por supuesto, en realidad *hubo* intervención humana. Alguien, un equipo de gestión, tuvo que organizar una lista de posibles negocios para que los inversionistas pudieran votar, por lo que, de hecho, no era tan DAO después de todo. Y todo lo que hizo fue automatizar la provisión de fondos. De todos modos, nada de esto importaba realmente porque el DAO falló antes de invertir en una sola empresa emergente.

Durante un período de financiamiento de un mes, en mayo de 2016, El DAO logró recaudar el equivalente de más de $150m USD en ETH provenientes de 11 000 direcciones separadas. Esto sugiere un gran número de inversionistas, pero es difícil de decir, ya que un solo inversionista puede tener múltiples direcciones de ETH. El ETH se estaba comerciando a $10 – $20 por ETH y El DAO abarcaba alrededor de 15 % de todo el ETH en existencia.

En junio, un hacker encontró una manera de lograr conseguir que el DAO depositara 3.641.694 ETH, que entonces valían cerca de $50-60m, en otra cuenta controlada por el hacker. Esto hizo que el precio del ETH bajara casi un 50 %. Cuando el *hack* fue descubierto e investigado, unos hackers éticos replicaron el ataque y desviaron el resto de ETH a sus propias cuentas. Es como si los chicos buenos robaran el dinero de una bóveda rota para que los malos no lo puedan robar. Ahora, recuerde que los contratos inteligentes simplemente hacen lo que prometen que harán y que los DAO solo hacen lo

que han sido programados para hacer. El acuerdo del usuario
está justo en el código. Si usted consigue que el contrato
inteligente haga algo que ha sido programado para hacer, y lo
hace, ¿es un *hack* o solo se está comportando según las reglas
que todos acordaron?

De cualquier modo, esto se consideró un *hack* y la
Fundación Ethereum sugirió una actualización para todos
los participantes de Ethereum, que en efecto congelaría
el ETH que había sido extraído, especificando una lista
negra que invalidaría cualquier transacción que intentara
gastar dinero de la cuenta del robo. Esto va en contra de la
visión de una computadora mundial resistente a la censura,
pero esta era una emergencia y muchos de los primeros
promotores de Ethereum corrían peligro de que les robaran
su dinero. Así que el dinero perdido tenía prioridad sobre
los valores. La presión para que la Fundación Ethereum
encontrara una manera de "deshacer" la transacción debe
de haber sido enorme. Justo antes de la implementación
propuesta de este cambio se encontró un error en el cambio
propuesto, por lo que no se adoptó la lista negra. Luego, la
Fundación Ethereum hizo una propuesta para deshacer las
transacciones específicas relacionadas con el robo y permitir a
los inversionistas de DAO retirar sus ETH invertidos.

Una vez más, esto transgredió los mismos principios de una
computadora mundial resistente a la censura. En la tierra
de las criptomonedas, aparentemente está bien promover la
resistencia a la censura, a menos que haya perdida de dinero.

En julio de 2016, se llevó a cabo una votación para determinar
el destino de los Ether robados, y el resultado fue que la
comunidad decidió instalar una actualización en lo que
se conoce como una bifurcación dura o *hard fork*, la cual

trasladaría los Ether robados a un nuevo contrato inteligente y los devolvería a los inversionistas originales.

Esto fue bastante controvertido. Después de todo, una computadora mundial imparable e inmutable fue detenida y mutó para atender a un pequeño número de personas que perdieron mucho dinero por un contrato inteligente que funcionó exactamente como lo especificaba.

Ethereum Classic

Una pequeña pero ruidosa parte de la comunidad pensó que deshacer las transacciones contradecía los valores de Ethereum y mantuvieron el software antiguo de Ethereum. Esto dio lugar a dos *blockchains* de Ethereum, una que devolvió los fondos robados a los inversionistas de El DAO y otra que no lo hizo. La que no lo hizo se hizo conocida como Ethereum Classic. Ethereum y Ethereum Classic tienen una historia compartida hasta el bloque 1 920 000 (julio de 2016), después de lo cual las *blockchains* se bifurcan. Cualquiera que hubiera poseído ETH antes de la bifurcación, ahora tenía la misma cantidad de ETH (*tokens* registrados en la *blockchain* de Ethereum) y ETC (*tokens* registrados en la *blockchain* de Ethereum Classic). Esto fue bueno para cualquier persona que tuviera ETH antes de la bifurcación dura, ya que, a todos los efectos, recibieron dinero gratis en forma de ETC.[181]

El error en Parity

Parity es una parte del software Ethereum escrita por Parity Technologies. Actúa como un nodo completo en la red de

---

181   Se pensaría que el valor del ETH debería haber caído por el mismo valor que fue creado por los *tokens* de ETC. Lamentablemente, los mercados de criptomonedas no funcionan según la lógica convencional.

Ethereum, almacenando la *blockchain*, ejecutando contratos,
reenviando transacciones, etc. Al momento de escribir,
cerca de un tercio de los nodos Ethereum ejecutan software
de Parity.

Fuente: Ethernodes[182]

Parity también contiene un software de billetera avanzado
que se puede utilizar para almacenar ETH. La billetera ha
tenido un par de errores críticos. El 20 de julio de 2017, el
código de Parity se actualizó para corregir un error que había
permitido a un hacker robar $32m en ETH de billeteras
de multifirma de Parity. Sin embargo, esta actualización
en sí misma contenía un error: Se implementó un contrato
inteligente en el que se confiaba para que cumpliera una
función de cartera, pero presentaba una vulnerabilidad.
Cualquiera podría convertir este contrato inteligente en una
billetera multifirma, tomar posesión de él y luego eliminarlo,
destruyendo este fragmento particular de código en el que se
basaban las billeteras multifirma creadas después del 20 de
julio, congelando los activos en las billeteras.

---

182   https://www.ethernodes.org/network/1

Así, alguien con el nombre de devops199 en Github "Hizo exactamente eso el 6 de noviembre de 2017":[183]

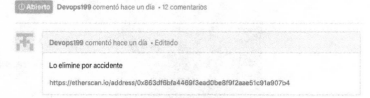

Casi 600 billeteras fueron afectadas, con un saldo combinado de más de medio millón de ETH, valorizado en ese momento en alrededor de $150m. Irónicamente, Gavin Wood, fundador de Parity Technologies, tenía alrededor de 300 mil ETH en una billetera de Parity asociada con fondos recaudados en una ICO llamada Polkadot. Esos fondos están congelados.

Los ETH todavía están en las billeteras, pero no se pueden enviar en este momento. A principios de 2018, los programadores siguen investigando si se puede hacer algo para corregir este error.

Actores en el ecosistema de Ethereum

La Fundación Ethereum

La Fundación Ethereum es una organización sin fines de lucro registrada como Stiftung Ethereum en Suiza y cuya misión es:

---

183   https://blog.comae.io/the-280m-ethereums-bug-f28e5de43513

*Promover y apoyar la investigación, el desarrollo y
la educación de la plataforma Ethereum y el nivel
base para llevar al mundo protocolos y herramientas
descentralizadas que permitan a los programadores
producir aplicaciones descentralizadas (dapps) de próxima
generación y, en conjunto, construir una Internet más
accesible, más libre y más fiable a nivel mundial.*[184]

El trabajo de la Fundación es gestionar los fondos recaudados
en la preventa de Ether de cualquier manera que promueva
a Ethereum. Principalmente paga un salario al equipo de
desarrollo principal, pero también ofrece subvenciones a
los programadores para abordar problemas específicos. Por
ejemplo, en marzo de 2018 se concedieron subvenciones
para financiar proyectos que proporcionaban soluciones
de ampliación y seguridad a Ethereum.[185] Vitalik Buterin,
conocido como el creador de Ethereum, es parte del consejo
de la Fundación, y la Fundación tiene mucha influencia en
el plan de trabajo de Ethereum. En teoría, los participantes
de Ethereum (mineros, tenedores de libros) no tienen que
implementar ningún cambio de software realizado por la
Fundación, pero en la práctica sí lo hacen.

Enterprise Ethereum Alliance

Enterprise Ethereum Alliance es un grupo industrial sin fines
de lucro lanzado en marzo de 2017 cuyo objetivo parece ser
hacer que Ethereum sea adecuado para uso empresarial. Por
sus materiales, es difícil entender si esto significa empresas
que utilizan la *blockchain* pública de Ethereum, o si significa

---

184   https://Ethereum.org/foundation

185   https://blog.Ethereum.org/2018/03/07/announcing-beneficiaries-
Ethereum-foundation-grants/

adaptar el código de Ethereum para que sea adecuado para casos de uso industrial.

El sitio web[186] dice:

> *Enterprise Ethereum Alliance conecta a negocios, emprendimientos, académicos y proveedores de tecnología en la Fortune 500 con expertos en la materia de Ethereum. Juntos aprenderemos de y nos basaremos en el único contrato inteligente que respalda la **blockchain** que se ejecuta actualmente en la producción del mundo real, Ethereum, para definir software de nivel empresarial capaz de manejar las aplicaciones más complejas y exigentes a la velocidad de los negocios.*

Desde el sitio web, la visión del EEA es:

- Ser un estándar de código abierto, no un producto.

- Abordar los requisitos de implementación de la empresa.

- Evolucionar juntamente con los avances de la Ethereum pública.

- Balancear los estándares existentes.

Lamentablemente, no he podido encontrar más detalles sobre lo que esto significa. La misión de la Alianza indica que:

- El EEA es una sociedad sin fines de lucro 501 (c) (6).

- Un plan de trabajo claro para las características y los requisitos de la empresa.

---

186   https://entethalliance.org/

- Modelo de gobierno sólido y responsabilidad, claridad en torno a modelos de IP y licencia para tecnología de código abierto.

- Recursos para que las empresas aprendan sobre Ethereum y aprovechen esta innovadora tecnología para abordar casos de uso específicos de la industria.

Sus miembros son una impresionante lista de grandes empresas establecidas, así como nuevas empresas emergentes. Los miembros del lanzamiento fueron:

Fuente: https://entethalliance.org/

Los miembros pagan entre $3000 y $25 000 en cuotas anuales por las que obtienen los siguientes beneficios:

BENEFICIOS DE LA MEMBRESÍA

MATRIZ DE BENEFICIOS	CLASE B	CLASE C
Participantes	Miembros generales	Profesionales legales
Asiento de la Junta Directiva de la EEA		
Designado como miembro votante		
Con capacidad de presidir Comités		
Con capacidad de presidir Grupos de Trabajo	X	X
Con capacidad de crear y participar en Grupos de Trabajo	X	X
Acceso a Código Abierto	X	X
Invitación a la Junta de todos los Miembros	X	X
Puede ser anfitrión de las Juntas de la EEA	X	X
Logo de la Compañía en la página web de la EEA	X	X
Incluido en el Comunicado de Prensa como Miembro Nuevo	X	X
Publica eventos organizados por la Compañía para el Calendario en línea de la EEA	X	X
Descuento por patrocinio de la EEA	X	X
Cuotas anuales	50 empleados o menos / $ 3000/año Entre 51 – 500 empleados / $ 10000/ año Entre 501 – 5000 empleados/ $ 15000/ año Más de 5000 empleados / $ 25000/año	50 empleados o menos / $ 3000/ año Entre 51 – 500 empleados / $ 10000/ año Entre 501 – 5000 empleados / $ 15000/ año Más de 5000 empleados / $ 25000/ año

El sitio web de la EEA también explica por qué los posibles miembros deben adherirse a la EEA:

¿POR QUÉ UNIRSE A LA EEA?

La EEA es una organización sin fines de lucro respaldada por la industria establecida para crear, promover y respaldar ampliamente a las mejores prácticas, estándares abiertos y arquitecturas de referencia de fuente abierta de la tecnología en base al Ethereum. La EEA ayuda al Ethereum a evolucionar en una tecnología de grado corporativo, a través de la investigación y el desarrollo en un rango de áreas, incluyendo la privacidad, confidencialidad, escalabilidad y seguridad. Asimismo, la EEA está investigando arquitecturas híbridas que abarquen a la red Ethereum pública y la red Ethereum con permiso, así como a los grupos de trabajo de capas de aplicación específica de la industria.

A principios de 2018 había 450 miembros
según un artículo de Coindesk.[187]

Precio del Ether

Como con *Bitcoin*, el precio de Ether también ha pasado por altas y bajas. La *crowdsale* de Ethereum tenía un valor de

---

187   https://www.coindesk.com/markets/2018/04/19/enterprise-ethereum-alliance-pledges-2018-blockchain-standards-release/

2000 ETH por 1 BTC y, en ese momento (julio–agosto de 2014), 1 BTC valía alrededor de $500, por lo que 1 ETH = $0,25. En su pico, a principios de 2018, el precio del ETH llegó a casi $1500. Así que, hasta la fecha, el Ether ha sido una criptomoneda altamente exitosa en términos de precio.

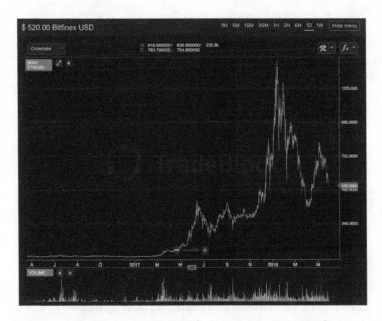

En comparación con *Bitcoin*, Ethereum tiene un caso de uso adicional. Su *token* ETH se utiliza a menudo en las ICO. Una empresa que ejecuta una ICO creará un contrato inteligente en Ethereum que automáticamente creará *tokens* y los asignará a las direcciones de Ethereum que han enviado Ethers a un contrato inteligente relacionado. Esto significa que puede ejecutar una ICO automatizada en Ethereum, siempre que los inversionistas paguen en ETH u otro *token* registrado en Ethereum.

FORKS O BIFURCACIONES

¿Qué es la bifurcación de una criptomoneda? Cuando la gente usa la palabra *bifurcación* puede significar dos cosas distintas, aunque relacionadas:

1. La bifurcación de una *codebase*

2. La bifurcación de una *blockchain* activa (una *chainsplit*)

La diferencia está en si usted está creando un libro contable completamente nuevo, que se consigue bifurcando una *codebase* (el código detrás del software del nodo), o si está creando una nueva moneda, que tiene una historia compartida con una moneda existente, bifurcando una *blockchain*. Exploremos ambas opciones.

Bifurcación de una *codebase*

La bifurcación de una *codebase*, en general, es donde se copia el código de un programa en particular para que usted pueda contribuir con él o adaptarlo. Esto se aconseja en software de código abierto, donde el código se comparte deliberadamente para que cualquier persona lo utilice.

En criptomonedas, esto significa que usted copia el código detrás de un software popular de nodos de criptomonedas (por ejemplo: *Bitcoin* Core), quizás lo modifique y cambie algunos parámetros, y luego ejecute el código para crear una *blockchain* completamente nueva a partir del libro contable en blanco. Se diría que bifurcó el código de *Bitcoin* para crear una nueva moneda. Así fue como se crearon muchas monedas alternativas entre 2013 y 2014. Litecoin, por

ejemplo, se creó utilizando una copia del código de *Bitcoin*
con algunos parámetros modificados, incluyendo la velocidad
de generación de bloques y el tipo de cálculos que los mineros
tenían que hacer en el desafío de la prueba de trabajo.

La clave aquí es que, cuando se ejecuta el nuevo código, se
crea un nuevo libro contable "vacío" de la *blockchain* desde
cero, con un bloque Genesis completamente nuevo.

En la popular plataforma de código abierto para compartir
códigos, GitHub, se puede fácilmente bifurcar (copiar)
el código de un proyecto con unos pocos clics del ratón/
mouse. Entonces tiene su propia copia para editar. Estas
bifurcaciones de *codebase* son comunes y se incentivan en el
desarrollo de tecnologías de código abierto, ya que conducen
a la innovación.

Bifurcación de una *blockchain* activa: *chainsplits*

La bifurcación de una *blockchain* activa, llamada *chainsplit*,
es más interesante. Las *chainsplits* pueden ocurrir por
accidente o a propósito.

Una *chainsplit accidental* se produce cuando se realiza
una actualización aceptada del software de la *blockchain* y
una parte de la red omite u olvida actualizar su software,
ocasionando que muchos de los bloques que se producen
sean incompatibles con el resto de la red. De acuerdo con la
investigación de BitMEX,[188] esto ha ocurrido varias veces en
la historia de *Bitcoin*, habiendo identificado tres *chainsplits*

---

188   https://blog.bitmex.com/bitcoins-consensus-forks/

que duraron, aproximadamente, 51, 24 y 6 bloques en 2010, 2013 y 2015, respectivamente. Por lo tanto, las bifurcaciones se pueden producir incluso cuando no hay polémica sobre los cambios en las reglas, creando cierta confusión temporal sobre el estado "real" de la *blockchain* durante el período en el que hay más de una *blockchain* candidata.

Las *chainsplits* accidentales suelen resolverse rápidamente cuando la pequeña proporción de participantes actualizan su software y descartan los bloques incompatibles.

Una *chainsplit deliberada* ocurre cuando un grupo de participantes de una red activa cree que las cosas deberían hacerse de una manera diferente y ejecuta un nuevo software con cambios en las reglas de protocolo para crear una nueva moneda que tenga una historia compartida con la moneda antigua. Esto deliberadamente divide la cadena en un bloque específico según un plan bien comunicado. Las *chainsplits* deliberadas pueden tener éxito, mientras ambos activos continúan activos y en desarrollo, o pueden fracasar, cuando no hay suficiente interés participativo y el valor del *token* cae a cero y deja de ser minado.

Para ejecutar una *chainsplit* deliberada exitosamente es necesario reunir públicamente y persuadir a un grupo de mineros, tenedores de libros, casas de cambio y billeteras de que sus nuevas reglas son mejores que las reglas existentes. Deberán llegar a un acuerdo para respaldar su nueva moneda, creando una comunidad que apoye una nueva moneda que la gente pueda comprar y vender, almacenar y usar. Cuando la cadena se divide, usted ha creado una nueva moneda con diferentes reglas de protocolo, pero que tiene una historia compartida con la moneda original. Cualquiera que tenga un saldo en la *blockchain* antes de la división ahora tiene un saldo en dos monedas diferentes después de la división.

Por lo tanto, determinar si algo es una actualización de protocolo, una bifurcación fallida o una bifurcación exitosa realmente depende de quién decide adoptar las nuevas reglas:

- Si la gran mayoría de la comunidad adopta nuevas reglas de protocolo, entonces se llama actualización de protocolo, y aquellos que no ejecutan la actualización tienen la opción de mantener las antiguas reglas como un intento de bifurcación o de unirse a la mayoría.

- Si muy pocos participantes adoptan nuevas reglas de protocolo, tiene una bifurcación inviable que puede fracasar en última instancia.

- Si las nuevas reglas del protocolo son adoptadas por suficientes participantes para mantener una comunidad y el interés, entonces es una bifurcación exitosa.

¿Cuál es el resultado de una bifurcación deliberada y exitosa?

El resultado es que cualquiera que hubiera poseído parte de la criptomoneda original continúa teniendo la criptomoneda original, más el mismo número de *tokens* en la nueva criptomoneda bifurcada.

Analogía rápida: Imagínese que normalmente vuela con una aerolínea llamada CryptoAir donde gana puntos de fidelidad, y digamos que ha acumulado 500 puntos con ellos. Ahora imagine que algunos empleados de CryptoAir se molestan y crean su propia aerolínea por separado, NewCryptoAir.

Se llevan una copia de la lista de clientes, incluido el registro de cuántos puntos de fidelidad tiene cada cliente. Ahora, usted tiene 500 puntos con CryptoAir y 500 puntos con NewCryptoAir. Pero no puede gastar sus puntos en NewCryptoAir con CryptoAir o viceversa. Son incompatibles. Si luego gasta puntos con una aerolínea, no afectará sus puntos en la otra aerolínea. Sus antiguos puntos en CryptoAir siguen teniendo el mismo valor que tenían, mientras que sus nuevos puntos en NewCryptoAir deberán establecer su propio valor. No es una analogía perfecta, pero creo que es útil.

Si los titulares de monedas tenían 100 *tokens* antes de una bifurcación exitosa de criptomonedas, ¿han "duplicado su dinero"? En un sentido, sí, han duplicado la cantidad de *tokens* que tienen, ya que tienen 100 unidades de la moneda antigua y 100 unidades de la nueva, y las pueden gastar independientemente.

En realidad, no han duplicado *su* dinero, ya que las dos monedas (original + nueva) tienen diferentes valores en moneda fiduciaria. En la práctica, la moneda antigua tiende a mantener su valor fiduciario, mientras que la nueva debe flotar en las casas de cambio con un nuevo indicador, y por lo general comenzará a cotizar a un valor más bajo.

¿Cómo funciona una *chainsplit* deliberada?

Los participantes de una bifurcación realizan cambios en las reglas del protocolo y venden su filosofía a una amplia audiencia de mineros, proveedores de software de billeteras, casas de cambio, vendedores y usuarios. A continuación, coordinan para cambiar a las nuevas reglas en un momento planificado, determinado por un número de bloque específico conocido como *altura de bloque*.

En ese momento planificado, se minan dos bloques incompatibles, uno que es válido para los participantes titulares y el otro que es válido para los participantes rebeldes. La *blockchain* se divide en dos, porque lo que es aceptable en una *blockchain* no es aceptable en la otra. Considere que la primera transacción que se crea que rompe las reglas antiguas pero que se ajusta a las nuevas reglas. Esta transacción rebelde será rechazada por los participantes antiguos, quienes no la van a propagar, minar o añadir a sus bloques. Sin embargo, será tratada como válida por los nodos validadores rebeldes, y será minada por un minero rebelde, y el bloque rebelde será agregado a las *blockchains* de los participantes rebeldes.

Entonces, ahora hay dos *blockchains* registrando las transacciones de dos monedas distintas que comparten una historia en común hasta el punto de la división. Las monedas tendrán diferentes símbolos y nombres para diferenciarlas, las billeteras deben ser configuradas para aceptar la nueva moneda, las casas de cambio deben listar la nueva moneda para crear un mercado para ella y los comerciantes y otros participantes necesitan aceptar la nueva moneda.

Descripciones en los medios de comunicación

Las bifurcaciones, o específicamente las *chainsplits*, a menudo se describen en los medios como una "división accionaria". Esta es una mala analogía porque, en una división accionaria se crean y asignan más acciones a

los accionistas, pero las acciones antiguas y las nuevas
representan lo mismo. Este no es el caso de una chainsplit
en criptomonedas. Un *spinoff* es una analogía más precisa
porque en un *spinoff*, los accionistas de la antigua empresa
obtienen acciones nuevas de una empresa nueva. Es similar
a una bifurcación donde los titulares de la moneda original
también reciben la moneda nueva, que tiene reglas distintas a
la moneda vieja.

Bifurcaciones duras vs. bifurcaciones blandas

A veces se utilizan los términos bifurcación dura y bifurcación
blanda. Estos términos hacen referencia a cambios en
las reglas sobre lo que constituye una transacción y un
bloqueo válidos.

Una bifurcación blanda es un cambio en las reglas que es
compatible con versiones anteriores, lo que significa que los
bloques creados bajo las nuevas reglas modificadas seguirán
siendo considerados válidos por los participantes que no
ejecutaron la actualización.

Una bifurcación dura es un cambio en las reglas que no
es compatible con versiones anteriores, de modo que si
algunos participantes no ejecutan la actualización, habrá
una *chainsplit*.

En la práctica, si los cambios en las reglas de protocolo
se endurecen o se restringen más, esto se traduce en una
bifurcación blanda, mientras que, si se relajan las reglas de
consenso, se trata de una bifurcación dura.

Estudio de caso 1: *Bitcoin* Cash

Bitcoin Cash[189] es una bifurcación (actualmente) exitosa de *Bitcoin*, creada como una bifurcación dura. *Bitcoin* Cash y *Bitcoin* (a veces llamado *Bitcoin* Core para reducir la confusión) tuvieron una historia compartida hasta el bloque 478 558 cuando la cadena se dividió.

La filosofía de *Bitcoin* Cash es reflejar con mayor precisión la visión del *whitepaper* original de Satoshi de un dinero digital rápido, barato, descentralizado y resistente a la censura. Los defensores creen que *Bitcoin* Core no ha estado avanzando hacia esta visión.

Hasta ahora, *Bitcoin* Cash ha sido considerado un éxito, ya que es apoyado por el software de billeteras populares, los comerciantes lo aceptan y se comercia en las casas de cambio populares de criptomonedas bajo el indicador BCH.

Estudio de caso 2: Ethereum Classic

Ethereum Classic es una bifurcación (actualmente) exitosa de Ethereum. Se creó, como vimos anteriormente, después de que El DAO fue hackeado y más de $50m de ETH fueron extraídos de él. Como hemos visto, la comunidad Ethereum deliberó sobre qué hacer y la mayoría decidió aplicar la bifurcación dura en el bloque 1 920 000 y devolver los ETH hackeados a sus propietarios originales.

Pero una minoría de la comunidad consideró esta devolución como revisionista y antiética y rechazó la bifurcación dura,

---

189   https://www.bitcoincash.org

así que continuaron con la *blockchain* original, a pesar del robo. Así que, en cierto sentido, Ethereum mismo es una bifurcación, ya que tenía un código adicional para neutralizar el *hack* de El DAO, y Ethereum Classic es el Ethereum original. Pero como Classic era la minoría, se le considera como la bifurcación.

Ethereum Classic se intercambia en casas de cambio de criptomonedas bajo el indicador ETC y es ampliamente respaldado por billeteras.

Otras bifurcaciones

Las bifurcaciones están de moda. Es más fácil tomar algo que ya se ha demostrado que funciona que construir algo desde cero. Y, como las criptomonedas suelen ser de código abierto, es legal copiar el código, manipularlo y ejecutarlo. Además, construir una comunidad con una cadena bifurcada es más fácil que construir una nueva *blockchain*. Cualquiera que tuviera un saldo en la cadena original también tendrá un saldo en la nueva cadena, por lo que es más probable que respalden una bifurcación en la que tengan un saldo, en lugar de respaldar una nueva *blockchain* en blanco.

La gente se dio cuenta de que *Bitcoin* Cash se bifurcó exitosamente y retuvo algo del valor monetario, y esto inspiró a muchos imitadores a intentar lo mismo. Sin embargo, hay un límite para la energía en el espacio de las criptomonedas, y parece haber cierta "fatiga de bifurcaciones". Algunos comentaristas predicen que muchas bifurcaciones futuras van a fracasar.

La investigación BitMEX[190] proporciona una lista de bifurcaciones que han ocurrido desde la bifurcación de *Bitcoin* Cash:

Lista de monedas bitcoin bifurcadas desde el Bitcoin Cash

Nombre	URL/Fuente	Tamaño de la Bifurcación
Bitcoin Cash	https://www.bitcoincash.org	478,558
Bitcoin Clashic	http://bitcoinclashic.org	(bifurcado desde Bitcoin Cash)
Bitcoin Candy	http://cdy.one	(bifurcado desde Bitcoin Cash)
Bitcoin Gold	https://bitcoingold.org	491,407
Bitcore	https://bitcore.cc	492,820
Bitcoin Diamond	http://btcd.io	495,866
Bitcoin Platinum	Bitcointalk	498,533
Bitcoin Hot	https://blthot.org	498,777
United Bitcoin	https://www.ub.com	498,777
BitcoinX	https://bcx.org	498,888
Super Bitcoin	http://supersmartbitcoin.com	498,888
Oil Bitcoin	http://oilbtc.io	498,888
Bitcoin Pay	http://www.btceasypay.com	499,345
Bitcoin World	https://btw.one	499,777
Bitclassic Coin	http://bicc.io	499,888
Lightning Bitcoin	https://lightningbitcoin.io	499,999
Bitcoin Stake	https://bitcoinstake.net	499,999
Bitcoin Faith	http://bitcoinfaith.org	500,000
Bitcoin Eco	http://biteco.io	500,000
Bitcoin New	https://www.btn.org	500,100
Bitcoin Top	https://www.bitcointop.org	501,118
Bitcoin God	https://www.bitcoingod.org	501,225
Fast Bitcoin	https://fbtc.pro	501,225
Bitcoin File	https://www.bitcoinfile.org	501,225
Bitcoin Cash Plus	https://www.bitcoincashplus.org	501,407
Bitcoin Segwit2x	https://b2x-segwit.io	501,451
Bitcoin Pizza	http://p.top	501,888
Bitcoin Ore	http://www.bitcoinore.org	501,949
World Bitcoin	http://www.wbtcteam.org	503,888
Bitcoin Smart	https://bcs.info	505,050
BitVote	https://bitvote.one	505,050
Bitcoin Interest	https://bitcoininterest.io	505,083
Bitcoin Atom	https://bitcoinatom.io	505,888
Bitcoin Community	http://btsq.top/	506,066
Big Bitcoin	http://bigbitcoins.org	508,888
Bitcoin Private	https://btcprivate.org	511,346
Classic Bitcoin	https://https://bitclassic.info	516,095
Bitcoin Clean	https://www.bitcoinclean.org	518,800
Bitcoin Hush	https://btchush.org	1 de febrero de 2018
Bitcoin Rhodium	https://www.bitcoinrh.org	Desconocido
Bitcoin LITE	https://www.bitcoinlite.net	Desconocido
Bitcoin Lunar	https://www.bitcoinlunar.org	Desconocido
Bitcoin Green	https://www.savebitcoin.io	Desconocido
Bitcoin Hex	http://bitcoinhex.com	Desconocido

Fuente: Investigación BitMEX, páginas web sobre bifurcación de moneda, findmycoins.ninja)

---

190   https://blog.bitmex.com/44-bitcoin-fork-coins/

Parte 5

TOKENS DIGITALES

¿QUÉ SON LOS *TOKENS* DIGITALES?

La terminología evoluciona rápidamente. Si bien los *bitcoins* y otras criptomonedas se denominan "*tokens* digitales" en un sentido genérico, (como en "un *bitcoin* es un *token* digital"), ahora parece estar surgiendo una diferenciación entre *las criptomonedas*, como BTC y ETH, cuyas monedas son rastreadas en sus respectivas *blockchains*, y *los tokens*, que generalmente los emite un emisor durante una oferta inicial de monedas (ICO) y se rastrean dentro de los contratos inteligentes en la *blockchain* de Ethereum. La palabra "token" puede significar cosas diferentes dependiendo del contexto en el que se utilice.[191]

¿Qué son los *tokens*? ¿Qué es el *token* digital? ¿Por qué es tan importante?

Es fácil entender lo que es un "token" en el mundo físico. Piense en cosas plásticas redondas como fichas de casino, vales de cerveza o tickets para atracciones en las ferias o parques temáticos. En esencia, un *token* es algo emitido por un emisor (el casino, los organizadores del festival de la cerveza o el recinto ferial) y puede ser utilizado en un contexto específico o en un mercado específico, tal vez bajo condiciones o tiempos específicos. El *token* tiene valor porque el contexto le da valor, pero si se lleva el *token* fuera del

---

191   ¡Ahora aprecio más a los editores de diccionarios que tienen que luchar todos los días contra la pedantería frente a la evolución lingüística!

contexto el valor disminuye o cae a cero. Una ficha de casino de $5 vale $5 dentro de un casino, pero valdría menos al otro lado del mundo. Y las fichas de las atracciones de un recinto ferial no valdrían mucho, si acaso, fuera del contexto del recinto ferial.

Pero, ¿a qué se refiere la gente cuando habla de *tokens digitales*? Si digitaliza un vale de cerveza o una ficha de casino, ¿se convierte en un *token* digital? ¿El saldo en una billetera de PayPal es un *token* digital? ¿El saldo bancario es un *token* digital? ¿Qué tiene de especial un *Bitcoin*?

Las características de los diferentes tipos de *tokens* varían ampliamente, y las generalizaciones causan confusión. En esta sección, espero aclarar los diferentes tipos y características de los *tokens* diferenciando entre *tokens nativos de la blockchain* como BTC y ETH, *tokens respaldados por activos* como las ICO, y *los tokens de utilidad* que pueden gastarse en bienes o servicios en una fecha posterior, normalmente registrados en contrato inteligentes en la *blockchain* de Ethereum como *tokens* estándar "ERC-20",[192] aunque también pueden registrarse en otras *blockchains*.

Poseer un *token*

Podemos ser más específicos y utilizar el término criptoactivo. La propiedad de cualquier criptoactivo, ya sea

---

192   ERC-20 es un conjunto de normas técnicas para el diseño de contratos inteligentes en Ethereum que poseen *tokens* fungibles. Los *tokens* que cumplen con ERC-20 tienen interfaces y propiedades bien conocidas, lo que significa que pueden ser fácilmente añadidos por casas de cambio y billeteras. Existen normas superiores, pero siguen siendo compatibles con ERC-20. JP Buntinx describe la idea en The Merkle: https://themerkle.com/what-is-the-erc20-ethereum-token-standard/

una criptomoneda o un *token*, le corresponde a la persona
que tiene la clave privada que corresponde a la dirección
a la que está asociado el *token*. Esta clave privada permite
a la persona, el propietario, crear y firmar transacciones
que liberan el *token* y lo asignan a alguien más. En algunos
aspectos, los criptoactivos son como activos al portador; si
posee la clave privada, son suyos.[193]

Las reglas de las *blockchains* requieren que si se va a enviar
un *token* (es decir, si se va a realizar un pago), la transacción
debe incluir la firma digital relacionada con la dirección
actual del *token*. Esta firma digital es validada por todos
los participantes de la red de la *blockchain*. La firma digital
actúa como un único punto de autenticación para indicar
que realmente es el propietario de la dirección quien está
realizando la instrucción de pago.

Con la banca en línea, en cambio, demuestra que usted es
usted y luego instruye al banco que haga algo en su nombre.
Usted proporciona un nombre de usuario y una contraseña
y, normalmente, un PIN único creado en otro dispositivo,
lo que se denomina "segundo factor". La autenticación con
un nombre de usuario y una contraseña tiene sus ventajas.
Si olvida o pierde la contraseña, puede restablecerla si
proporciona más pruebas de que usted es el titular de
la cuenta.

Con un criptoactivo, las transacciones deben tener una firma
digital válida. Si pierde su clave privada, no podrá acceder a

---

193 En otro aspecto, los criptoactivos no son activos al portador, porque se
documentan en un registro, ¡que es la *blockchain*! Tradicionalmente, un activo es
un activo al portador (quien lo tiene lo posee) o un activo registrado (lo posee
aquel cuyo nombre está en una lista). Los criptoactivos están en un punto
intermedio.

su activo y no podrá restablecerlo. Si se copia la clave privada, el ladrón puede realizar transacciones en su nombre y no puede detenerlas. En este sentido, las criptomonedas son mucho menos indulgentes que los bancos. Ni siquiera quienes mantienen el libro contable pueden alterar los saldos, porque no pueden proporcionar las firmas digitales necesarias. Esto es diferente a un libro contable tradicional mantenido por un banco, donde los saldos se pueden alterar sin ningún tipo de prueba criptográfica.

Algunas personas dicen que con *Bitcoin* usted es su propio banco. Usted no instruye a una entidad que haga un pago en su nombre: usted es responsable de hacer los pagos por sí mismo.

Categorización de *tokens*

Nuevos *tokens* emergen casi a diario. Sus propiedades varían. Aunque la distinción y la separación son difíciles, en este momento pienso que los *tokens* tienen tres categorías:

- *Tokens* **nativos de la blockchain**, que son esenciales para que la *blockchain* subyacente funcione o sea incentivada. Los *tokens* nativos suelen ser el incentivo para que los creadores de bloques hagan su trabajo. Las criptomonedas son generalmente *tokens* nativos.

- *Tokens* **respaldados por activos**, que representan el título o la propiedad de algún activo del mundo real mantenido en fideicomiso por un custodio.

- *Tokens* **de utilidad**, que representan una reclamación de un servicio proporcionado por el emisor del *token*.

El sitio web de información onchainfx.com proporciona las siguientes categorías para *tokens* digitales:[194]

- ***Tokens* de moneda:** Los *tokens* de moneda son activos nativos de la *blockchain* destinados a ser utilizados como dinero. Las redes clasificadas como monedas normalmente no tienen muchas "características" más allá de las necesarias para definir y transferir el activo nativo de la *blockchain*.

- ***Tokens* de plataforma:** Los *tokens* de plataforma son necesarios para utilizar redes descentralizadas de uso general que admitan una amplia variedad de aplicaciones posibles. A menudo, los *tokens* de plataforma se utilizan específicamente para mediar en el uso de la plataforma (es decir, los *tokens* se utilizan para pagar "gas" y poder acceder a las funciones de la plataforma).

- ***Tokens* de utilidad:** Los *tokens* de utilidad son nativos de las redes descentralizadas diseñadas para tipos de aplicación específicos. Es decir, son redes abiertas, pero diseñadas teniendo en cuenta un caso de uso específico. Por ejemplo, tanto el almacenamiento descentralizado como el intercambio descentralizado de activos son tipos de uso para los que se están creando redes dirigidas (y sus correspondientes *tokens*). Los términos "*tokens* de utilidad" y "*tokens* de protocolo" se utilizan a menudo para describir el mismo tipo de *token*.

- ***Tokens* de marca:** Los *tokens* de marca existen como activos digitales comercializables para su uso

---

194   https://onchainfx.com/categories usado con autorización

principalmente en la plataforma de una empresa / entidad. Algunos *tokens* de marca pueden convertirse en *tokens* de utilidad más generalizados con el tiempo.

- **Tokens de seguridad:** Los *tokens* de seguridad representan una reclamación sobre un flujo de efectivo específico o un activo fuera de la cadena. Las redes que generan tarifas por servicio que se acumulan para los titulares de *tokens*, que explícitamente otorgan derecho a voto a los titulares de los *tokens* o en las que se dice que los *tokens* están "respaldados" por algún otro activo, como el oro o el patrimonio de la empresa, son *tokens* de seguridad.

En la sección sobre las ICO discutiremos cómo los *tokens* pueden ser clasificados por los reguladores como valores financieros. Por ahora, voy a describir mis propias distinciones entre *tokens* nativos, *tokens* respaldados por activos y *tokens* de utilidades.

Tokens nativos de las *blockchains*

Aquí voy a utilizar la palabra "token" de forma genérica para hacer referencia a cualquier unidad registrada en cualquier *blockchain*.

Las criptomonedas como *Bitcoin* y Ethereum utilizan los *tokens* nativos BTC y ETH, respectivamente. Estas unidades son necesarias para incentivar a los mineros a crear bloques válidos sin una parte externa para financiar a los participantes. El ETH también se utiliza para pagar a los mineros de Ethereum para que ejecuten contratos inteligentes. Los *tokens* también se conocen como *tokens* "intrínsecos" o "incorporados". Son inseparables de sus sistemas de *blockchain* y se utilizan lo mismo como incentivo para que los participantes mantengan las *blockchains* en funcionamiento que como como mecanismo de pago para utilizar las *blockchains*.

¿Cómo se crearon estos *tokens*?

Los *tokens* intrínsecos son creados por el mismo software de *blockchain* que realiza un seguimiento de la propiedad de estas unidades. Los crea el software de manera transparente durante el proceso de minado de acuerdo con un cronograma definido por el protocolo de la *blockchain*. Todos los participantes acuerdan respetar las reglas del protocolo.

¿Qué respalda a los *tokens* nativos?

Nada "respalda" a estos *tokens* nativos. Simplemente existen y tienen valor. Aquí, la analogía del oro es de utilidad. Cuando usted tiene oro físico, este no está "respaldado" por nada, es solo valioso en sí mismo. En el caso de los *tokens* nativos no *hay* un emisor al que pueda devolver un *token*, canjearlo por un activo subyacente, más de lo que puede acudir a un "emisor de oro" (¿mamá naturaleza?) y canjear su oro por otra cosa.

Satoshi Nakamoto creó la *idea* de *Bitcoin*, pero no es el emisor de las unidades de BTC. Los mineros de *Bitcoin crean* BTC de acuerdo con algunas restricciones mutuamente acordadas, pero no son más el *emisor* de BTC que un buscador de oro es el *emisor* del oro que descubren.

¿De dónde proviene el valor de los *tokens* nativos?

Su valor proviene, en parte, de su utilidad y, en parte, de su valor especulativo. Volvamos a utilizar la analogía del oro.

El valor del oro proviene de dos fuentes. En primer lugar, es útil para llenar huecos en los dientes, para ciertos procesos técnicos o industriales y, como es bonito y no pierde el brillo, para joyería. En segundo lugar, el oro tiene un valor especulativo derivado de su escasez, atractivo general y su largo historial de precios.

Los *tokens* nativos son útiles porque se pueden utilizar en un contexto específico. El contexto para el *token* de BTC es la *blockchain* de *Bitcoin* y el contexto del *token* de ETH es la *blockchain* de Ethereum. Los *bitcoins*, al igual que el oro, no *representan* un activo, sino que *son* el activo. Como se consideró en nuestra discusión anterior sobre los diferentes tipos de dinero, los *bitcoins* son dinero representativo. Los *tokens* nativos también tienen valor especulativo, ya que algunas personas quieren comprarlos y retenerlos, al igual que cualquier otro activo que los especuladores puedan comprar y retener.

Ejemplos de *tokens* nativos

Algunos de los ejemplos más conocidos de *tokens* intrínsecos son:

- BTC en la *blockchain* de *Bitcoin*
- ETH en Ethereum
- NXT en la plataforma NXT
- XRP en la red Ripple

Hay muchos más, y todos difieren ligeramente. Desde 2018, los *tokens* nativos que no son emitidos o respaldados por nadie se describen cada vez más como "criptomonedas". La palabra "token" se limita cada vez más a los *tokens* emitidos por proyectos que *se pueden* canjear por un producto o servicio en una fase posterior. Pero los límites de la definición no son claros. Por ejemplo, el ETH, aunque se le describe ampliamente como criptomoneda, fue emitido por la Fundación Ethereum durante su *crowdsale*, mientras que el BTC no ha sido emitido por nadie. Los *tokens* EOS se emitieron antes de que su *blockchain* estuviera activa y esos *tokens* se pueden intercambiar por *tokens* nativos que se ejecutan en su *blockchain*. Sospecho que estas terminologías seguirán existiendo.

¿Para qué sirven los *tokens* intrínsecos?

Como hemos comentado, los *tokens* intrínsecos son los incentivos para que los mineros hagan su trabajo. Pero cada *blockchain* tiene sus matices. Antes hemos explorado el BTC y el ETH en detalle. Ripple y NXT son otras dos criptomonedas que tienen algunos giros interesantes.

La red Ripple utiliza *tokens* llamados *ripples*, con el indicador XRP alineado con los estándares ISO para monedas. En la red Ripple, todos los *tokens* XRP se crearon al principio; todos los XRP que existirán se *minaron previamente* y se compartieron entre los participantes clave. Cada transacción en la red de Ripple debe incluir una pequeña cantidad de XRP como tarifa de transacción. A diferencia de *Bitcoin* y Ethereum, los fabricantes de bloques destruyen los XRP, en lugar de que estos sean reclamados por ellos como ocurre con *Bitcoin* y Ethereum. Por lo tanto, el número total de XRP en circulación disminuye con el tiempo. Los XRP destruidos en cada transacción garantizan que las transacciones tengan un pequeño costo, evitando el spam de transacciones que podría ocurrir si las transacciones se crearan gratis.

La red NXT utiliza *tokens* NXT preminados. Cada transacción en la red NXT requiere una tarifa para ser agregada. La tarifa se aplica al fabricante de bloques (en NXT se denomina "herrero" en lugar de "minero"). Por lo tanto, el número total de NXT se mantiene constante en el tiempo.

Tokens respaldados por activos

Cualquier activo financiero se puede registrar como un *token*, ya sea directamente, cuando el *token es* el activo financiero, o como un recibo de depósito, cuando el *token* es una *reclamación de un custodio* sobre el activo financiero. Se puede pensar en una acción o un bono como un objeto físico, pero los activos financieros no son más que *acuerdos* entre las partes, generalmente un emisor y el propietario del activo. Por ejemplo, una acción de una empresa es un acuerdo legal entre la empresa emisora y el propietario de la acción; un bono es un acuerdo legal entre el emisor y el titular del bono; un préstamo es un acuerdo legal entre el prestatario y el prestamista. El dinero en sí es un acuerdo entre dos partes. Los depósitos en una cuenta bancaria son un acuerdo entre el banco y el depositante, con muchas disposiciones que incluyen límites diarios de transacciones, límites diarios de retiro, intereses, etc. Un billete es un acuerdo entre el banco central y el portador.

Todos estos acuerdos pueden representarse como *tokens* registrados en *blockchains* o libros contables distribuidos.

Los *tokens* digitales respaldados por activos tienen varias formas:

1. *Tokens* de recibo de depósito

2. *Tokens* de título

3. *Tokens* de contrato

Tokens de recibo de depósito

Los recibos de depósito son *tokens* que son reclamaciones de una entidad específica por un elemento subyacente. Se puede pensar en ellos como una versión digital del recibo de que tiene un orfebre sobre el oro almacenado en una bóveda, o como una versión digital de un billete de guardarropa o de un billete para dejar el equipaje. Los *tokens* representan la propiedad del elemento subyacente mantenido en fideicomiso por un custodio. El recibo podría ser para objetos físicos del mundo real, como el oro, o para un activo financiero, como una acción de una compañía. Cuando el titular de un *token* desea canjear un *token*, va donde el emisor con el *token* para reclamar de vuelta el activo subyacente. El emisor destruye el *token* una vez que ha devuelto el activo subyacente.

Tokens de título

Los *tokens* de título son un concepto ligeramente diferente. Son el documento digital que representa la prueba de propiedad de un activo, por ejemplo, el documento del título digital de un automóvil o una casa. A diferencia de un *token* de recibo de depósito, el artículo no está necesariamente bajo la custodia de otra persona.

¿Cómo funcionan los *tokens* digitales respaldados por activos?

Tomemos el ejemplo de Goldchain Inc, una entidad ficticia. Almacena lingotes de oro físicos en su bóveda en su propio nombre y en el de sus titulares de cuenta que han comprado parte de ese oro. Emite *tokens* digitales llamados GoldchainOz a los titulares de cuenta cuando compran ese oro. Cada *token* representa 1 onza del lingote de oro almacenado. Estos *tokens* de oro se registran en una *blockchain*. Pueden ser registrados en un contrato inteligente en la *blockchain* pública de Ethereum o en una *blockchain* privada de Ethereum, y como activos en muchas otras *blockchains* públicas o privadas como Corda. En realidad, no importa para estos fines ilustrativos. Lo que importa es la capacidad de un cliente de Goldchain Inc para retirar los *tokens* y mantenerlos en una billetera donde ellos, y solo ellos, tienen las claves privadas.

Supongamos que desea adquirir 1 onza de su lingote de oro. Entonces:

1. Usted crea una cuenta con Goldchain Inc ingresando a su sitio web.

2. Hace una transferencia bancaria de fondos fiduciarios a la cuenta bancaria de Goldchain para financiar su cuenta.

3. Después de un período de tiempo (horas o días, dependiendo de cuánto demore su transferencia bancaria en llegar al banco de Goldchain), Goldchain le envía un correo electrónico indicando que han revisado su cuenta bancaria y recibido sus fondos. Ya puede comprar *tokens* de oro.

4. Vuelve a iniciar sesión y hace clic en "comprar" 1 onza de oro a $1500 por onza.

5. El dinero en su cuenta de Goldchain se reduce $1500 y usted ve que tiene 1 *token* de "GoldchainOz" en su cuenta. En segundo plano, Goldchain reclasifica 1 oz de oro en sus libros, de "oro de propiedad de Goldchain Inc" a "activos del cliente". Goldchain le ha vendido un poco de oro, pero en vez de enviar el oro físico a su casa le ha emitido un *token* que representa ese oro. El *token* del oro sigue estando bajo el control de Goldchain Inc porque usted todavía no lo ha retirado a una billetera que esté completamente bajo su control.

6. Si usted quiere que el *token* del oro esté completamente bajo su control, puede mover el *token* de GoldchainOz a su dirección independiente. Goldchain enviará una transacción a la *blockchain*, transfiriendo un *token* de GoldchainOz desde la dirección de ellos a la suya.

7. Usted puede guardar el *token*, regalarlo a sus amigos, venderlo o hacer lo que desee con él. Digamos que se lo transfiere a Alice.

8. Con el tiempo, Alice quiere canjear el oro real del *token*, si esa fuera una opción, o venderlo por USD. Puede hacerlo creando una cuenta en Goldchain Inc, transfiriendo el *token* de oro desde su dirección de *blockchain* a la dirección de *blockchain* de ellos y solicitando la entrega de oro, o vendiendo el *token* de vuelta a Goldchain Inc, suponiendo que estas opciones estén disponibles.

Si Goldchain Inc, que controla el almacén, es un punto central de falla y control, ¿cuál es el valor en el uso de *tokens*? ¿Por qué Goldchain Inc no solo usa una hoja de cálculo de Excel?

En primer lugar, el uso de criptografía en la tecnología *blockchain* hace que los *tokens* sean muy difíciles de falsificar, lo que proporciona más transparencia en relación con el número de *tokens* emitidos y mantenidos por los clientes. El almacén puede demostrar que el número de *tokens* no es mayor que la cantidad de oro que tienen en su bóveda. Un auditor comprobaría periódicamente que la cantidad de oro físico es equivalente al número de *tokens* pendientes.

En segundo lugar, los procesos existentes de aprobación de recibos o documentos de titularidad podrían ser manuales, requerir mucho tiempo y su operación puede ser un desafío. La transferencia de *tokens* digitales puede ser cada vez más eficiente a medida que se desarrollan nuevos software y hardware para gestionar activos digitales.

Por último, en un sistema peer-to-peer, el almacén en sí no tiene que estar en línea y participar de las transacciones entre clientes. Todo lo que tiene que hacer es emitir y canjear los *tokens* digitales. La comercialización de los *tokens* puede producirse en cualquier casa de cambio de activos digitales que se elija en lugar de ser gestionada centralmente por el almacén. La liquidación de los *tokens* se registra en la *blockchain* elegida.

Esto origina un deslinde de responsabilidades y abre la posibilidad de competencia para cada elemento del "ciclo de vida comercial" de extremo a extremo.

El trabajo del almacén es almacenar oro, emitir *tokens* que representen ese oro y transferir oro a cualquiera de las partes que canjee legítimamente el *token*, como se hubiera hecho con un sistema antiguo basado en papel. La comercialización, la liquidación, la liquidez, la garantía y otras funciones no relacionadas con el almacenamiento se pueden realizar en otro lugar sin que el almacén tenga que

actualizar sus registros o gestionar esas funciones. Los recibos
o documentos de titularidad, por estar en una *blockchain*, son
confiables en cuanto a que son auténticos e infalsificables,
y la propiedad o los gravámenes sobre cualquier pieza
particular de oro pueden ser más transparentes, reduciendo
potencialmente la confusión relacionada con quién puede
reclamar qué trozo de oro.

Los *tokens* respaldados por activos son fáciles de transferir.
Las *blockchains* permiten mantener registros predecibles y
seguros. El riesgo clave es que el emisor siga siendo solvente.
Si el oro es robado de la bóveda, o si el emisor quiebra, ya
sea por fraude o por otro motivo, los *tokens* respaldados por
activos pueden perder todo su valor.

Tokens de contratos

Los *tokens* de contratos representan una obligación
contractual entre el emisor del *token* y el portador del *token*,
o entre dos partes que acuerdan conjuntamente mantener el
token. Por ejemplo, un *token* puede representar una acción
de una empresa o una permuta de tipos de interés entre
dos partes. Una empresa puede emitir acciones en forma de
tokens y el propietario del *token* es el accionista. Dos partes
que acuerdan una permuta de tipos de interés celebran un
acuerdo que está representado por el *token*.

Los *tokens* de contrato son ligeramente diferentes de los
recibos de depósito. En el caso de un *token* de contrato, el
token es la acción; mientras que, con un recibo de depósito,
el *token* es una *reclamación de un custodio* que guarda
la acción.

Tokens de utilidad

El titular de un *token* de utilidad puede canjear el *token* de una entidad específica por un *producto o servicio* en lugar de por un *activo*. La venta de *tokens* de utilidad es una estrategia popular de ICO.

Los *tokens* de utilidad representan una responsabilidad de la empresa emisora. Finalmente, cuando el producto o servicio esté disponible, el titular de un *token* puede canjear su *token* por ese producto o servicio. En este sentido, las ICO que emiten *tokens* de utilidad están llevando a cabo una preventa.

Transacciones

Una transacción es solo un asiento en el libro contable que cambia el estado del libro contable. Hemos hablado anteriormente de las transacciones que cambian la propiedad de los *tokens*. Pero las transacciones también pueden representar cambios en el *token* mismo, si las reglas de ese *token* en particular lo permiten. Por ejemplo, un *token* que representa una acción podría cambiar su estado de "predividendo" a "exdividendo", si lo firma el participante correcto y se paga un dividendo. Ese mismo *token* puede estar marcado como "votado" después de que se haya llevado a cabo una votación de accionistas. Un *token* que representa un bono podría cambiar su estado de "cupón adeudado" a "cupón pagado" si va acompañado de una transacción que pague el cupón. Un *token* de utilidad que representa un servicio puede marcarse como "parcialmente canjeado" si el servicio tiene varios elementos. Y así sucesivamente. En esta etapa de la evolución de los criptoactivos, apenas estamos destapando la superficie de lo que es posible.

RASTREO DE OBJETOS FÍSICOS

Las *blockchains* y los libros contables distribuidos funcionan mejor cuando todo puede ser registrado en la cadena, es decir, cuando todo es digital. Entonces, las *blockchains* son muy buenas para criptomonedas o para *tokens* que representan acuerdos legales entre entidades, ya sean acciones, bonos, deuda o incluso un reclamo futuro sobre una entidad. Estos *tokens* pueden registrarse digitalmente sin que ningún objeto físico esté presente. Pero los problemas empiezan a surgir cuando se quiere rastrear objetos físicos como bolsos, comida, arte o elefantes.

El interés en los *tokens* digitales para rastrear la propiedad de objetos físicos parece provenir del hecho de que los *bitcoins* son rastreables. Esto es cierto en sentido estricto. Se puede rastrear la proveniencia de cualquier *bitcoin* específico a través de todas las direcciones anteriores a las que perteneció hasta cuando fue minado por primera vez. Esto es posible porque cada transacción se registra en la *blockchain* de *Bitcoin*, y cualquiera puede descargar toda la *blockchain* e interrogarla. La proveniencia de los *bitcoins* es rastreable porque es la manera en que *Bitcoin* funciona. No se puede hacer una transacción de *Bitcoin fuera* de la cadena, porque la definición misma de una transacción de *Bitcoin* es que está registrada *en* la cadena y el modelo UTxO obliga a especificar qué *bitcoins* se mueven y a dónde, lo que resulta en una cadena completa de proveniencia en la cadena.

¿Podemos extender ese concepto a los objetos del mundo real con facilidad? Según un artículo publicado en línea por *Fortune* en octubre de 2016, "Walmart e IBM se asocian para poner el cerdo chino en una *blockchain*".[195] Aparentemente, las *blockchains* se pueden utilizar para rastrear la procedencia del cerdo y evitar que alimentos potencialmente peligrosos lleguen a los clientes.

Pero vamos a detenernos a pensar por un segundo. ¿Cómo funcionaría esto? No sé mucho sobre la cadena de suministro del cerdo, pero supongo que hay empresas que lo hacen todo, desde criar a los cerdos, alimentarlos, beneficiarlos, trozarlos, transportarlos, empacarlos y entregarlos. Finalmente, las chuletas de cerdo terminan en los refrigeradores de los supermercados para que la gente las compre o en el plato de un restaurante. Entonces... todos los participantes en la cadena de suministro del cerdo pueden tener una dirección en la *blockchain*, con *tokens* PigCoin, probablemente emitidos por granjeros, que representen a los cerdos. El movimiento de la PigCoin se registra inmutablemente en la PigChain. Cuando un granjero vende un cerdo a otro granjero, el vendedor pregunta: "¡Oye! ¿Cuál es tu dirección de PigChain? Déjame enviarte algunas PigCoins", y hace la transacción de PigCoin correspondiente en PigChain para representar el movimiento del cerdo.

Pero entonces, un fatídico día, el comprador es un matadero que corta los cerdos en pequeños trozos y los envía a diferentes compradores. ¡Ah! Pero, claro, una PigCoin, como *Bitcoin*, es divisible, por lo que el matadero divide la PigCoin y envía fracciones a diferentes compradores. ¿Pero qué

---

195   http://fortune.com/2016/10/19/walmart-ibm-blockchain-china-pork/

fracción corresponde a qué parte del cerdo? ¿Necesitamos una PataCoin y una FlancoIzquierdoCoin? ¿Qué ocurre si una de las partes no tiene una cuenta en PigChain? ¿Qué ocurre si una de las partes pierde su clave privada y todas sus HocicoCoins terminan atrapadas en su cuenta mientras que los hocicos subyacentes reales se están distribuyendo? ¿Qué pasa si (horror de horrores), una mala persona intercambia con usted, en la vida real, un cerdo de muy buena calidad por un cerdo de mala calidad, pero luego envía la PigCoin al comprador diciendo: "Mira la proveniencia de la PigCoin en la PigChain? El cerdo que estás comprando definitivamente es de buena calidad. ¿Puedes descargar la PigChain y verlo por ti mismo?".

Y cuando un cerdo se convierte en parte de una salchicha, ¿cómo funcionaría eso? Necesitaremos las MigajaCoin, HierbaCoin, PartesDesagradablesDeCerdoPigCoin y un creador de mercado para intercambiarlas por SalchichasCoin.

¿Y cómo es que el restaurante o la persona en el supermercado que casualmente revisa las chuletas crudas valida que la salchicha que tiene enfrente es real? ¿Toma una foto de la salchicha y la compara con PigChain? ¿Escanea un código QR que lo lleva a un sitio web que dice en letras grandes: "Esta, definitivamente, es una salchicha de verdad"? ¿O saca su útil kit de prueba de ADN y rastrea el ADN de la salchicha en PigChain? ¿Cómo se evita que un chef emprendedor cambie la chuleta de buena calidad por una más barata? Todo esto es absurdo.

Según el artículo de *Fortune*: "La información que se almacenará en la *blockchain*, donde el fraude y las imprecisiones son mucho más difíciles de conseguir con éxito, incluye detalles relacionados con los orígenes en la granja, los datos de la fábrica, las fechas de caducidad, las temperaturas de almacenamiento y el transporte". Eso es bueno, entonces. Claro que nada de eso se puede falsificar antes de almacenarlo en PigChain.

Es fácil burlarse, pero rastrear artículos del mundo real usando un entorno digital es difícil. Las *blockchains* son muy buenas para rastrear artículos digitales únicos que solo existen en esa *blockchain*, pero no tan buenas cuando los mundos digital y físico colisionan. Las *blockchains* no dicen la verdad, solo registran lo que alguien más les dice. Quizás las *blockchains* podrían incrementar algunos aspectos relacionados con la transparencia en una cadena de suministro, pero no son infalibles y no deben utilizarse únicamente porque la frase "cadena de suministro" contiene la palabra cadena.

Habiendo dicho esto, puedo imaginar algunos casos que son interesantes y, aunque no requieren *blockchains* en absoluto, podrían usar algunos de los mismos conceptos. Los bolsos de diseñador costosos tienen insertados chips a prueba de manipulaciones. Entonces, un comprador puede escanear un bolso para asegurarse de que no es falso antes de comprarlo. El chip contendría una clave privada que produciría una firma digital al escanearla. La firma digital podría convalidarse con una lista de claves públicas emitida por el fabricante. El chip estaría incorporado en el bolso de manera que sería obvio si fue retirado o manipulado.

Este sistema utiliza claves públicas y privadas, pero no necesita *blockchains*. El sistema resolvería el problema de un mal actor que hace pasar un bolso falso como real.

Sin embargo, muchas personas compran bolsos de diseñador falsos sabiendo que son falsos. Y los compran porque parecen verdaderos, pero son baratos. Así que el sistema solo llegaría hasta ahí. Es importante comprender en profundidad el problema fundamental que se está resolviendo.

CRIPTOMONEDAS Y *TOKENS* DESTACADOS

Hay varias otras criptomonedas que existen como *blockchains* en sí mismas o existen como *tokens* registrados en contratos inteligentes en otras *blockchains*, por lo general en la cadena pública de Ethereum.

Onchainfx.com y coinmarketcap.com hacen un buen trabajo catalogando estas criptomonedas si se comercializa un cierto volumen por día. Hasta la fecha, onchainfx[196] registra que los top[197] *tokens*, con mis comentarios, son:

Tokens **monetarios** (usados principalmente como dinero / reserva de valor):

- *Bitcoin* (BTC): la criptomoneda y reserva de valor original, creada por el seudónimo Satoshi Nakamoto y lanzada en 2009.

---

196 https://onchainfx.com/categories

197 Hay que tener en cuenta que "principales" se define como "capitalización de mercado", es decir, el precio del *token* multiplicado por el número de *tokens* en circulación. Principales no significa buenos. No respaldo a ninguno de estos, ni pienso que sean todos legítimos. Para cuando usted lea esto estará desactualizado.

- Ripple (XRP): un *token* usado para mover valor en la red Ripple, diseñado como una moneda que fue inicialmente pensada para competir contra bancos para mejorar la tasa de cambio y los pagos internacionales. Creado en 2012 por OpenCoin (rebautizada como Ripple Inc en 2015).[198]

- Litecoin (LTC): uno de los primeros clones de *Bitcoin* con bloques más rápidos y una prueba de trabajo de minado diferente. Llamado "la plata del oro de *Bitcoin*" por su fundador, Charlie Lee, quien anunció que vendió todas sus Litecoin en diciembre de 2017.

- Zcash (ZEC): una moneda enfocada en la privacidad, que usaba criptografía avanzada llamada pruebas de conocimiento cero, para proteger los datos de las transacciones. Creada por Zooko Wilcox-O'Hearn en 2016.

- Dash (DASH): otra moneda enfocada en la privacidad, creada por XCoin en 2014 por Evan Duffield, luego llamada Darkcoin y rebautizada como DASH.

- Monero (XMR): una moneda más enfocada en la privacidad, que usa firmas de círculo para ocultar las direcciones del pagador y el destinatario. Lanzada en 2014.

---

198 http://www.businessinsider.com/ripple-link-xrp-explained-2018-3

***Tokens* de plataformas** (es decir, aquellos usados como gas para activar contratos inteligentes):

- Ethereum (ETH): la plataforma original habilitada mediante contratos inteligentes, creada por Vitalik Buterin y lanzada en 2015.

- Ethereum Classic (ETC): bifurcación de Ethereum que no salvó a los inversionistas de DAO. A sus defensores les gusta la inmutabilidad. Bifurcada de Ethereum en julio de 2016.

- New Economy Movement (NEM): una *blockchain* con "activos inteligentes".

- EOS (EOS): una nueva estructura de *blockchain* diseñada para ser más escalable que Ethereum.

***Tokens* de utilidad** (desarrollados para redes de uso específico):

- Augur (REP): un *token* utilizado para apostar en cosas en un "mercado de predicciones", es decir, una plataforma de apuestas. Lanzado en 2015, desde San Francisco.

- Siacoin (SC): un *token* usado para pagar por el almacenamiento cifrado y descentralizado de archivos. Lanzado en 2015.

- Golem (GNT): un *token* usado para pagar por cómputos y cálculos descentralizados. Lanzado en 2016.

- Gnosis (GNO): otra moneda del mercado de predicciones. Lanzada en 2016, desde Alemania.

***Tokens* de marcas** (usados específicamente en redes de entidades únicas):

* Basic Attention Token (BAT): *Token* utilizado para hacer micropagos en un buscador web llamado Brave. Lanzado en 2017.

* Civic (CVC): Relacionado con la verificación de identidad en una / la *blockchain*. Espero que resuelva el problema de tener demasiadas contraseñas. Lanzado en 2017.

* Steem (STEEM)—*Token* utilizado para hacer micropagos en redes sociales y páginas de foros. Lanzado en 2016.

Esta es solo una pequeña lista de los muchos *tokens* y plataformas que existen hoy en día. Hay muchos más en planes. La industria de las *blockchains* y de los criptoactivos, en su conjunto, ha atraído mucho interés e inversiones, apostaría a que decenas de miles de programadores están trabajando para construir plataformas viables. Como con las empresas, espero que la mayoría de las plataformas evolucionen y se adapte, en busca de una viabilidad de largo plazo. Espero que algunas tengan éxito y muchas fracasen debido a modelos inviables, interés insuficiente o un tamaño de red insuficiente. Aquellas que tengan éxito pueden pasar a ser tan relevantes para la gente como lo es el Internet hoy.

Parte 6

TECNOLOGÍA BLOCKCHAIN

¿QUÉ ES LA TECNOLOGÍA *BLOCKCHAIN*?

Usted verá la frase "tecnología *blockchain*", o generalmente solo "*blockchain*", en muchos contextos distintos, y puede ser confuso porque distintas personas usan estas palabras para significar diferentes cosas. Los puristas tendrán una comprensión del mundo distinta de los generalistas. Angela Walch, investigadora del Centro para las tecnologías *blockchain* de la University College London, aportó un excelente comentario sobre el vocabulario en su artículo de 2017 "The Path of the Blockchain Lexicon (and the Law)" [El camino del léxico de las *blockchains* (y la ley)].[199] En general, los tecnólogos e informáticos son más precisos en su terminología que los periodistas, que escriben para el lego. En este capítulo, voy a proporcionar un panorama amplio sobre la tecnología *blockchain* y luego explicaré algunos matices.

Para este momento, debe entender que no existe algo así como "la *blockchain*", así como no existe algo como "la base de datos" o la "red". ETH es la *blockchain* de Ethereum, una referencia a la base de datos pública de transacciones de Ethereum, aunque también puede crear *blockchains* privadas de Ethereum con simplemente ejecutar unos softwares de nodos en algunas máquinas y hacer que se conecten unos con otros. Su red privada de Ethereum creará su propia *blockchain* y los mineros van a minar ETH tal como lo hacen en la red pública. Su ETH privada no será compatible con la ETH pública porque su red privada de Ethereum tiene un historial diferente de la versión pública.

---

199   https://papers.ssrn.com/sol3/papers.cfm?abstract_id=2940335

En papel, cuando lea "la *blockchain*", quizás tenga que adivinar lo que el escritor quiso decir. En una conversación, y corriendo el riesgo de parecer pedante, sería útil para su comprensión que pregunte con anticipación a qué plataforma de *blockchain* hacen referencia y, luego, si esa plataforma es pública o privada. Como ya debe saber, hay muchas *blockchains* y muchas variaciones en cuanto a su funcionamiento.

Si le gustan las jerarquías, las *blockchains* entran en la categoría más amplia de "libros contables distribuidos". Todas las *blockchains* son libros contables distribuidos, pero se puede tener libros contables distribuidos que no tengan bloques de datos encadenados y transmitidos a todos los participantes. A veces, los periodistas y consultores usan incorrectamente el término "*blockchain*" cuando describen libros contables distribuidos que son parte de una *blockchain*. Supongo que "libros contables distribuidos" es un nombre kilométrico, mientras que "*blockchain*" es una palabra de moda, linda e inolvidable.

Necesitamos marcar la diferencia entre *tecnologías blockchain* y libros contables de *blockchains* específicas.

Las tecnologías *blockchain* son las reglas o normas para la manera en que se crea y se mantiene un libro contable. Las diferentes tecnologías tienen diferentes reglas de participación, diferentes reglas para redes, diferentes especificaciones para crear transacciones, diferentes métodos de almacenamiento de datos y diferentes mecanismos de consenso. Cuando se crea una red, la *blockchain* o el libro contable del registro están inicialmente vacíos de transacciones, del mismo modo que un libro contable físico con encuadernación de cuero está vacío. Algunos ejemplos de tecnología *blockchain* son: *Bitcoin*, Ethereum, NXT, Corda, Fabric y Quorum.

Los libros contables de *blockchains* en sí son instancias específicas de libros contables que contienen sus respectivas transacciones o registros. Piense en bases de datos normales. Puede que haya oído hablar de algunos tipos o versiones de bases de datos: bases de datos de Oracle, bases de datos MySQL, quizás otros. Cada versión funciona de forma ligeramente diferente, aunque todas tienen objetivos similares: almacenamiento, clasificación y recuperación eficientes de datos. Puede tener varias *instancias* del mismo tipo de base de datos: una empresa puede utilizar más de una base de datos Oracle. Y pasa igual con las *blockchains*. Algunas tecnologías *blockchain* funcionan de una manera, otras funcionan de una manera ligeramente diferente y usted puede tener múltiples instancias de cualquier tecnología *blockchain*, en libros contables separados.

Blockchains públicas, sin autorización requerida

Hemos visto que las criptomonedas y algunos otros *tokens* utilizan *blockchains* públicas como su medio de registro, es decir, sus respectivas transacciones se registran en bloques en un libro contable replicado. Otra característica de las *blockchains* públicas es que no requieren permiso, principalmente porque cualquier persona puede crear bloques o ser un tenedor de libros sin requerir el permiso de una autoridad. En estas redes públicas, también existe otro sentido para la no necesidad de permiso, y es que cualquiera puede crear una dirección para recibir fondos y crear transacciones para enviar fondos.

Instancias privadas de *blockchains* públicas

Como se ha descrito anteriormente, usted puede ejecutar el software de *blockchain* en una red privada para crear un nuevo libro contable. Por ejemplo, podría tomar el código de Ethereum y ejecutarlo, pero en lugar de apuntar su nodo a algunas computadoras que ya ejecutan la *blockchain* pública de Ethereum, podría señalarlo, en cambio, a algunas otras computadoras que no están en la red pública de Ethereum. En lo que respecta a todas estas computadoras, están empezando con un libro contable nuevo, sin asientos.

¿Podría establecer una pequeña red privada que ejecute Ethereum, luego extraer algunas ETH y transferirlas a la red pública? No. Aunque esta red privada utilizaría el mismo conjunto de *reglas* que la *blockchain* pública, tienen diferentes registros de saldos de cuenta. Los nodos de cada red solo pueden validar lo que ven en su propia *blockchain*, y no pueden ver monedas en la otra *blockchain*.

Blockchains de autorización (o autorizables)

Algunas plataformas están diseñadas para permitir que grupos de participantes creen sus propias *blockchains* en un contexto privado. No tienen una red pública global. Estas plataformas se denominan *"blockchains* privadas" y están diseñadas para autorizar que participen únicamente aquellos participantes que han sido previamente aprobados. De ahí proviene el término "de autorización".

Entre las *blockchains* permisionadas más populares se incluyen:

- Corda, una plataforma construida desde cero por R3 y un consorcio de bancos para su uso por parte de instituciones financieras reguladas, pero con amplia aplicabilidad.

- Hyperledger Fabric, una plataforma creada por IBM y donada al Proyecto Hyperledger de la Fundación Linux. Originalmente se basaba en gran medida en Ethereum, pero entre las versiones 0,6 y 1,0 se rediseñó a profundidad. Fabric utiliza un concepto de "canales" para restringir a las partes la visualización de todas las transacciones.

- Quorum, un sistema de *blockchain* privada basado en Ethereum originalmente construido por JP Morgan. Quorum utiliza construcciones criptográficas avanzadas denominadas pruebas de conocimiento cero para complicar datos y resolver problemas de privacidad.

- Varias instancias privadas de Ethereum en desarrollo por parte de empresas individuales.

A diferencia de las redes sin necesidad de autorización como *Bitcoin* y Ethereum, las *blockchains* con permiso no necesitan su propio *token* nativo. No necesitan incentivar a los creadores de bloques y no necesitan la prueba de trabajo como factor de sincronización para permitir que los participantes escriban en el libro contable compartido. En su lugar, cuando las empresas realizan transacciones, buscan datos de confianza que estén actualizados, acordados y firmados por las partes correspondientes. En un ecosistema empresarial tradicional, todos los participantes están identificados, y si algunos intentan comportarse mal, pueden ser demandados. Cuando las partes están identificadas y tienen acuerdos legales entre ellas, el entorno técnico no es tan hostil como el del mundo del seudónimo de las *blockchains* públicas de criptomonedas, donde el código es ley y no hay términos de servicio o acuerdos legales.

Algunos defensores de las criptomonedas argumentan que las *blockchains* privadas con permiso son de alguna manera inferiores a las *blockchains* públicas de criptomonedas. Una analogía comúnmente utilizada es que las *blockchains* públicas de criptomonedas son como el "Internet", en el sentido de que son abiertas, libres y sin necesidad de permisos, mientras que las *blockchains* privadas de la industria son como intranets, que son cerradas. La implicación aquí, por supuesto, es que las *blockchains* públicas serán muy exitosas y disruptivas mientras que las *blockchains* privadas son aburridas, infructuosas y no muy disruptivas ni innovadoras.[200]

Nada podría estar más lejos de la verdad. Las intranets y las redes de empresas privadas tienen un gran éxito. No puedo pensar en ninguna empresa importante que no utilice su propia red. Y está igualmente lejos de la verdad considerar que Internet es abierto y sin permiso. Como señala Tim Swanson en su blog en "Intranets and the Internet":[201]

---

200   La fusión entre el éxito y disrupción es un punto de vista que parece ser común en los hubs de tecnología e innovación. Sin embargo, hay muchas rutas hacia el éxito. El éxito también puede derivarse de la creación de tecnologías que mejoren progresivamente las operaciones empresariales habituales.

201   http://www.ofnumbers.com/2017/04/10/intranets-and-the-internet/

*Internet es en realidad un grupo de redes privadas de
proveedores de servicios de Internet (ISP) que tienen acuerdos
legales con los usuarios finales, cooperan a través de acuerdos
de "interconexión" con otros ISP y se comunican a través
de protocolos de enrutamiento comunes y estandarizados,
como BGP, que publica números de sistema autónomos.*

El hecho es que las criptomonedas y las *blockchains* privadas
son herramientas diferentes desplegadas para abordar
diferentes problemas. Ambas están bien y pueden coexistir
felizmente. En artículos de noticias escritos entre 2015 y
2018, la tecnología *blockchain* se definía comúnmente como
"la tecnología que apuntalaba la criptomoneda *Bitcoin*". Esto
combina las dos ideas y es tan esclarecedor como definir
bases de datos como "la tecnología que impulsa a Twitter".

Las *blockchains* públicas y privadas se ejecutan en diferentes
contextos y ecosistemas y, como se ha comentado, están
diseñadas para abordar diferentes problemas. Por lo tanto,
naturalmente operarán de diferentes maneras. Después de
todo, la tecnología es una herramienta y las herramientas
existen para satisfacer una necesidad. Si las necesidades
son diferentes, entonces es probable que las herramientas
sean diferentes.

¿QUÉ TIENEN EN COMÚN LAS TECNOLOGÍAS *BLOCKCHAIN*?

Las *blockchains* generalmente contienen los
siguientes conceptos:

1. Un almacén de datos (base de datos) que registra los
   cambios en los datos. Hasta ahora, por lo general, han
   sido transacciones financieras, pero se puede almacenar
   y registrar cambios de cualquier tipo de dato en
   una *blockchain*.

2. La replicación del almacén de datos en numerosos
   sistemas en tiempo real. Las *blockchains* de "difusión",
   como *Bitcoin* y Ethereum, garantizan que todos los
   datos se envíen a todos los participantes: todos ven
   todo. Otras tecnologías son más selectivas sobre dónde
   se envían los datos.

3. Arquitectura peer-to-peer en lugar de cliente–servidor.
   Los datos pueden ser "chismeados" a los vecinos en
   lugar de ser transmitidos por un solo coordinador que
   actúa como fuente dorada de datos.

4. Métodos criptográficos, como firmas digitales,
   para demostrar la propiedad y autenticidad, y para
   referencias y, a veces, para administrar el acceso a
   la escritura.

A menudo describo la tecnología *blockchain* como "una
colección de tecnologías, algo así como una bolsa de Legos".
Usted puede sacar distintas piezas de la bolsa y ponerlas
juntas de diferentes maneras para crear diferentes resultados.

A veces, al discutir usos potenciales específicos para esta
tecnología, escuchamos este intercambio:

"Pero no necesitas una *blockchain* para hacer eso.
¡Simplemente puedes utilizar tecnología *tradicional*!

"Entonces, ¿cómo lo harías?"

"Bueno, algo de almacenamiento de datos, algo de
intercambio de datos peer-to-peer, criptografía para
garantizar la autenticidad, hashes para garantizar que la
manipulación de datos sea evidente, etc.".

"¡Pero acabas de describir cómo funcionan las *blockchains*!"

De modo que las *blockchains* no son una nueva invención en
sí, sino que, en cambio, reúnen tecnologías existentes para
crear nuevas capacidades.

¿Cuál es la diferencia entre una *blockchain* y una base de datos?

Una base de datos común es un sistema que simplemente
almacena y recupera datos. Una plataforma de *blockchain* es
mucho más que eso. Almacena y recupera datos existentes al
igual que una base de datos normal. También se conecta con
otros pares (*peers*) y escucha datos nuevos, convalida datos
nuevos con reglas preacordadas, luego almacena y transmite
los nuevos datos a participantes de otras redes para asegurar
que todos comparten los mismos datos actualizados. Y lo hace
constantemente, sin intervención manual.

¿Cuál es la diferencia entre una base de datos distribuida y un libro contable distribuido?

Las bases de datos *replicadas*, en la que los datos se copian
en tiempo real en múltiples máquinas por razones de
resistencia y desempeño, no son nuevas. Las bases de datos
fragmentadas, donde la carga de trabajo y el almacenamiento

se dividen o se distribuyen en varias máquinas, normalmente para aumentar la velocidad y el almacenamiento, tampoco son nuevas. Sin embargo, con los libros contables o *blockchains* distribuidos, los participantes no necesitan confiar entre sí. Ellos no trabajan bajo la suposición de que los otros participantes se están comportando honestamente, así que cada participante comprueba todo de forma individual. Richard Brown describe esto en su blog[202] como una diferencia en los límites de confianza:

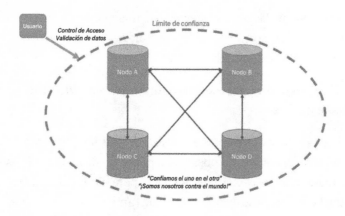

Base de datos distribuida

202   https://gendal.me/2016/11/08/on-distributed-databases-and-distributed-ledgers/

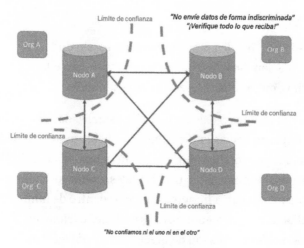

Libro contable distribuido

¿PARA QUÉ SIRVEN LAS *BLOCKCHAINS*?

Las motivaciones entre las *blockchains* públicas y privadas son diferentes. Considerémoslas por separado.

Blockchains públicas

Hasta la fecha, se han utilizado *blockchains* públicas con cierto éxito en las siguientes áreas:

1. Especulación

2. Mercados Darknet

3. Pagos transfronterizos

4. Ofertas iniciales de monedas

Especulación

El uso principal de las criptomonedas es, sin duda, la especulación. Sus precios son volátiles y la gente hace y pierde mucho dinero comercializando estas monedas.

El hecho de que no existan métodos establecidos para valorar una criptomoneda significa que es probable que los precios permanezcan volátiles durante algún tiempo. Esto difiere de los mercados financieros tradicionales, donde los modelos de precios ayudan a limitar los precios dentro de límites ampliamente comprendidos. Las acciones cuentan con metodologías de fijación de precios bien establecidas. Los flujos de efectivo descontados de previsión, el valor contable y los cálculos del valor empresarial pueden ayudar a establecer un consenso sobre el valor de una empresa. Las ratios como las ganancias por acción, precio–ganancia y la rentabilidad sobre activos pueden ayudar a comparar los precios de las acciones entre empresas similares. Las monedas fiduciarias se negocian sobre la base de datos económicos comparativos. Otros activos financieros tradicionales tienen otras metodologías estandarizadas de fijación de precios. Hasta ahora, sin embargo, no he visto métodos creíbles para fijar los precios de las criptomonedas o los *tokens* de las ICO. Esto está cambiando: a medida que la industria madura, se están explorando los modelos de fijación de precios, pero estos modelos tardan algún tiempo en aceptarse ampliamente.

Mercados Darknet

Las criptomonedas se han utilizado con cierto éxito para comprar artículos de mercados clandestinos.

Desafortunadamente para algunos, la rastreabilidad de ciertas criptomonedas las convierte en malas candidatas para la actividad ilegal. En 2015, dos agentes federales estadounidenses de la Administración de Control de Drogas (DEA) y el Servicio Secreto de los Estados Unidos, intentaron enriquecerse mientras llevaban a cabo una investigación encubierta del mercado de drogas Silk Road. Tal vez creyeron que *Bitcoin* era anónimo e imposible de rastrear. Presuntamente robaron, sobornaron, chantajearon y lavaron las ganancias mientras trabajaban encubiertos y finalmente fueron denunciados por lavado de dinero y fraude electrónico. Este es un extracto de un comunicado de prensa publicado por el Departamento de Justicia:[203]

Carl M. Force, de 46 años, de Baltimore, era un agente especial de la DEA, y Shaun W. Bridges, de 32 años, de Laurel, Maryland, era un agente especial del Servicio Secreto de los Estados Unidos (USSS). Ambos fueron asignados al Grupo de Trabajo Silk Road, que Investigaba la actividad ilegal en el mercado Silk Road. Force sirvió como agente encubierto y se le encargó establecer comunicaciones con un objetivo de la investigación, Ross Ulbricht, alias "Dread Pirate Roberts". Force está acusado de fraude electrónico, robo de propiedad gubernamental, lavado de dinero y conflicto de intereses. Bridges está acusado de fraude electrónico y lavado de dinero.

Según la denuncia, Force era un agente de la DEA encargado de investigar el mercado Silk Road. Durante la investigación, Force realizó determinadas operaciones encubiertas autorizadas, entre otras cosas, comunicándose en línea con "Dread Pirate Roberts" (Ulbricht), objetivo

---

203   https://www.justice.gov/opa/pr/former-federal-agents-charged-bitcoin-money-laundering-and-wire-fraud

de su investigación. Sin embargo, en la denuncia se alega
que Force entonces, sin autorización, desarrolló personajes
adicionales en línea y se involucró en una amplia gama de
actividades ilegales calculadas para conseguir ganancias
financieras personales. Al hacerlo, la denuncia alega que
Force utilizó falsos personajes en línea y se involucró en
complejas transacciones de Bitcoin para robar al gobierno
y a los objetivos de la investigación. Específicamente,
Force supuestamente solicitó y recibió monedas digitales
como parte de la investigación, pero no informó sobre esa
recepción de fondos y, en cambio, transfirió las monedas
a su cuenta personal. En una de esas transacciones, Force
presuntamente vendió información sobre la investigación del
gobierno al objetivo de la investigación. La denuncia también
alega que Force invirtió en y trabajó para una compañía
de cambio de moneda digital mientras todavía trabajaba
para la DEA, y que ordenó a la compañía que congelara la
cuenta de un cliente sin base legal para hacerlo, y luego
transfirió los fondos del cliente a su cuenta personal. Además,
Force presuntamente envió una citación no autorizada
del Departamento de Justicia a un servicio de pago en
línea ordenando que descongelara su cuenta personal.

Bridges supuestamente desvió a su cuenta personal
más de $800 000 en moneda digital de la que obtuvo el
control durante la investigación de Silk Road. La denuncia
alega que Bridges colocó los activos en una cuenta en Mt.
Gox, la ahora desaparecida casa de cambio de monedas
digitales en Japón. Luego, supuestamente envió fondos a
una de sus cuentas personales de inversión en los Estados
Unidos, apenas días antes de que pidiera una orden de
incautación de $2,1 millones para las cuentas de Mt. Gox

El 1 de julio de 2015, Force se declaró culpable de lavado
de dinero con delitos conexos de fraude y robo de bienes
gubernamentales, obstrucción de la justicia y extorsión. Más

tarde, el 31 de agosto de 2015, Bridges admitió haber robado más de $800 000 de *Bitcoin* mientras estaba en el caso y se declaró culpable de lavado de dinero y obstrucción de la justicia.[204]

¿Qué podemos aprender de esto? No utilice *bitcoins* para realizar o financiar actividades ilegales.

Pagos transfronterizos

Si bien puede haber habido cierto éxito limitado en el uso de las criptomonedas como vehículo para mover el dinero fiduciario a través de las fronteras, la adopción ha sido limitada. Yo, personalmente, hice un experimento en 2014 cuando envié $200 dólares de Singapur a mi amigo en Indonesia[205] usando tres métodos: Western Union, transferencia bancaria y *Bitcoin*. La ruta *Bitcoin* fue, con mucho, la peor experiencia de usuario y la más cara. Sin embargo, *Bitcoin* se ha vuelto más útil desde entonces, y espero que siga mejorando.

El problema central es que, en una remesa convencional de dinero fiduciario a dinero fiduciario, ya sea a través de una agencia de servicios financieros como Western Union o a través del sistema bancario, solo hay un intercambio de divisas. Al usar criptomonedas hay dos intercambios: de dinero fiduciario a criptomoneda y, luego, de criptomoneda a dinero fiduciario. Más intercambios significan más pasos, complejidad y costo.

---

204   https://www.justice.gov/usao-ndca/pr/former-secret-service-agent-pleads-guilty-money-laundering-and-obstruction

205   Para que lleguara como legar como rupia indonesia.

Los pagos transfronterizos se promocionaron inicialmente como una "aplicación espectacular" para *Bitcoin* y las criptomonedas, especialmente en 2014–15, pero en 2018 hay menos atención mediática para este uso particular de la criptomoneda. De hecho, en junio de 2018, la agencia de transferencias de dinero Western Union anunció que había estado probando XRP durante seis meses y todavía no había visto ningún ahorro.[206] Tal vez la industria se encuentre en el "punto de desencanto" en el ciclo de sobre-expectación tecnológica de Gartner.[207]

Ofertas iniciales de monedas (ICO)

Las ICO son un nuevo método de recaudación de fondos que se hizo popular en 2016. Las empresas ofrecen *tokens* a la gente a cambio de criptomonedas. Los *tokens* suelen representar una reclamación sobre futuros bienes o servicios proporcionados por esa empresa. Hablaremos de las ICO con más detalle en la siguiente sección.

Otros

Algunos comerciantes utilizan procesadores de pago de criptomonedas para aceptar criptomonedas de los clientes como pago. En 2014 y 2015, era una manera barata para que los comerciantes consiguieran aparecer en los medios y parecer innovadores. Sin embargo, desde entonces, muchos

---

206   http://fortune.com/2018/06/13/ripple-xrp-cryptocurrency-western-union/

207   https://www.gartner.com/technology/research/methodologies/hype-cycle.jsp

han eliminado este mecanismo de pago debido a la falta
de interés.

He visto cómo se utilizan las *blockchains* públicas para otros
fines "marginales", como el almacenamiento de hashes en una
blockchain para demostrar que algunos datos existían en un
momento determinado. No he visto evidencia de que este uso
sea particularmente generalizado.

Los críticos de las criptomonedas a menudo afirman que
son ampliamente utilizadas para el lavado de dinero. Si
bien es indudable que se utilizan criptomonedas para lavar
algo de fondos ilícitos, como también se utilizan monedas
fiduciarias, es difícil decir en esta etapa qué proporción de
transacciones de criptomonedas se utiliza para este propósito
y qué proporción del lavado de dinero a nivel mundial se
realiza a través de criptomonedas. Sospecho que para el
crimen organizado serio los mercados de criptomonedas son
demasiado pequeños e ilíquidos como para satisfacer sus
demandas. Las grandes empresas, los billetes de alto valor
e incluso los bancos tienen más probabilidades de ser los
vehículos preferidos para la mayor parte del lavado de dinero.

Blockchains privadas

Si bien las *blockchains* públicas han permitido que haya
dinero en efectivo digital resistente a la censura, no fueron
diseñadas para resolver los problemas que tienen las
empresas tradicionales. ¿Cuáles son los desafíos dentro
de las empresas existentes y cómo podrían los conceptos
tomados de las *blockchains* públicas ayudar a mejorar su
funcionamiento?

Comunicación entre empresas

Con el tiempo, los procesos *dentro* de una organización se han hecho eficientes mediante el uso de sistemas internos, herramientas de flujo de trabajo, intranets y repositorios de datos. Sin embargo, la sofisticación de la tecnología utilizada para la comunicación *entre* organizaciones se ha mantenido baja. En algunas situaciones avanzadas, las API (interfaces de programación de aplicaciones) se utilizan para las comunicaciones de máquina a máquina, pero en la mayoría de los casos dependemos de correos electrónicos y archivos en PDF. Aún es común que papeles con firmas en tinta húmeda se envíen por correo postal a todo el mundo.

Datos, procesos y reconciliación duplicados

Las empresas confían en sus propios datos, pero no en los de alguien más. Esto significa que las empresas dentro de un ecosistema duplican datos y procesos. Los archivos y registros digitales se replican a menudo dentro de y entre varias organizaciones, sin que ninguno de ellos sea la fuente de oro. El control de versiones de documentos y registros es penoso a menos que se pague a un tercero para que sea la fuente de oro. La reconciliación solo resuelve estos puntos críticos en cierta medida.

Piense en una factura digital emitida por la compañía A a la compañía B. La factura podría ser un archivo PDF creado por alguien en la compañía A, tal vez aprobado por otra persona en la empresa A antes de que se envíe una copia desde el departamento de cuentas por cobrar a alguien en la empresa B. Alguien en la empresa B la recibe en su bandeja de entrada, guarda una copia en su disco duro y envía una copia a otra persona, tal vez a su gerente, para que la apruebe. Otra copia va al departamento de cuentas a pagar y, cuando se paga la factura, todos necesitan ser actualizados. Podría haber diez o más copias del mismo activo (la factura) flotando por varias computadoras sin estar sincronizadas. Cuando el estado de la factura cambia de "pendiente de pago" a "pagada", esto no se refleja en todas las copias de la factura.

Blockchains privadas

Por lo tanto, no es de extrañar que las empresas se hayan interesado en conceptos popularizados por *blockchains* públicas, como activos digitales únicos, automatización fiable y asientos con protección criptográfica en los libros contables. Sin embargo, la transparencia radical de los *blockchains* públicos no es atractiva para las empresas que legítimamente pueden requerir un nivel de confidencialidad comercial.

Las *blockchains* privadas se han inspirado en las *blockchains* públicas, pero están siendo diseñadas para satisfacer las necesidades de las empresas. Adoptan algunos conceptos de las *blockchains* públicas y rechazan otros. Al relajar los estrictos requerimientos de las *blockchains* públicas en torno a la falta de permiso y la resistencia a la censura, las *blockchains* privadas no necesitan mecanismos como la minería de prueba de trabajo con uso intensivo de energía eléctrica.

¡Algunas tecnologías inspiradas en las *blockchains* públicas no tienen bloques en cadenas en absoluto! A veces se les llama más exactamente "libros contables distribuidos". Corda, una plataforma de libros contables distribuidos construida por R3 y un grupo de bancos, es una plataforma de código abierto que utiliza muchos de los conceptos de las *blockchains* públicas, pero no agrupa las transacciones en bloques para el procesamiento y la distribución por lotes en toda la red. Esto aborda algunas preocupaciones relacionadas con la privacidad, ya que solo las empresas que participan en una transacción la pueden ver.

Una ventaja clave de las *blockchains* y de otras estructuras de datos similares que utilizan cadenas de hashes es que las partes tienen la capacidad de saber por sí mismas que un conjunto de declaraciones está completo (no falta ninguna) y que las declaraciones en sí mismas están completas y no han sido alteradas. Cada parte puede verificarlo por sí misma sin tener que consultar con otra parte. Esto es útil en muchas situaciones empresariales, sobre todo en los bancos que necesitan saber que su lista de operaciones está completa y que los datos dentro de las operaciones son coherentes con su contraparte.

Las *blockchains* privadas tienen como objetivo aumentar la calidad y la seguridad de la tecnología utilizada en las comunicaciones entre empresas. Permiten que los activos digitales únicos se muevan de manera fiable entre empresas sin necesidad de que un tercero actúe como encargado del registro.

Las *blockchains* privadas pueden proporcionar flujos de trabajo multilaterales transparentes en forma de contratos inteligentes y demostrar que se respetan los flujos de trabajo acordados. Esto es lo que se entiende por "automatización sin confianza". En lugar de tener que confiar en que una empresa se comporte según lo acordado, un contrato inteligente asegura que se sigan los procesos preprogramados.

Las *blockchains* privadas pueden ser útiles siempre que una empresa interactúe con otra empresa para compartir flujos de trabajo, procesos o activos. ¿Cuándo sucede esto? ¡Casi todo el tiempo! La mayoría de las empresas no opera en un vacío, sino que debe interactuar con otras empresas. La industria de servicios financieros fue la primera en invertir, comprender y utilizar esta tecnología, específicamente para la banca mayorista y en los mercados financieros. Esto tiene sentido, ya que la industria está dominada por flujos de trabajo business-to-business, intermediarios y activos digitales; y el "back office" (o área administrativa) no había recibido una inversión significativa en décadas. Quizás el hecho de que *Bitcoin* haya sido descrito como una criptomoneda también lo hizo interesante para los bancos.

Volvamos al ejemplo de la factura. Imagine ahora que la factura fuera registrada en una especie de libro contable que se mantuviera sincronizado entre ambas empresas, bilateralmente, y que tan pronto fuera aprobada, firmada o pagada, ambas partes lo sabrían. Esto podría agilizar muchos procesos empresariales, y los conceptos podrían extenderse a cualquier documento, registro o dato.

Por supuesto, muchos flujos de trabajo business-to-business podrían digitalizarse y automatizarse si pudiera encontrarse una parte que almacenara los datos y fuera la fuente de oro. En algunos casos, lo son. SWIFT y Bolero son ejemplos que se ajustan a esta categoría. Pero en otros casos, un tercero puede no ser viable, ya sea porque todo el mundo quiere serlo o porque nadie quiere serlo, o porque hay razones normativas o geográficas que impiden la aparición de ese tercero. Las industrias pueden sospechar de puntos únicos de poder y control y ser cautelosas ante el comportamiento monopolístico que a menudo surge de esto. Los repositorios centrales de datos podrían tener implicaciones competitivas si se filtran o se les da un mal uso. Por lo tanto, hay una serie de razones por las que la solución aparentemente obvia de tener un tercero puede no ser viable.

Las industrias no financieras se están interesando ahora en explorar la tecnología para, entre otras cosas, identidad digital, cadenas de suministro, financiación del comercio, salud, compras, bienes raíces y registros de activos.

Blockchains privadas destacadas

Algunas *blockchains* privadas o de autorización ciertamente están ganando notoriedad y aceptación. Ejemplos actuales son:

Axoni AxCore

Axoni es una empresa de tecnología del mercado de capitales fundada en 2013 y especializada en tecnología de libros contables distribuidos e infraestructura de *blockchain*. Entre otros proyectos, la iniciativa emblemática de Axoni es el uso de su tecnología para mejorar el almacén de información comercial de Depository Trust & Clearing Corporation.[208]

R3 Corda

Corda es un proyecto de *blockchain* de código abierto diseñado para resolver problemas en la industria de servicios financieros. Fue diseñado por un consorcio de bancos y R3,

---

208   http://www.dtcc.com/news/2017/january/09/dtcc-selects-ibm-axoni-and-r3-to-develop-dtccs-distributed-ledger-solution

mi empleador, por lo que declaro mi interés aquí. En las propias palabras del director de tecnología Richard Brown:[209]

Corda es una plataforma de **blockchain** *empresarial de código abierto que se ha diseñado y construido desde cero para permitir que los contratos legales y otros datos compartidos se gestionen y sincronicen entre organizaciones no confiables de cualquier industria. De forma única entre las plataformas empresariales de* **blockchain**, *Corda permite que una amplia gama de aplicaciones interopere en una única red global.*

Corda utiliza conceptos extraídos de *Bitcoin* y *blockchains* públicas para garantizar que los activos digitales sean únicos y que los datos se sincronicen entre bases de datos controladas por diferentes partes, aunque difiere de otras *blockchains* en que no agrupa transacciones no relacionadas y las distribuye a todos los participantes de una red para su procesamiento periódico. Esto significa que puede procesar mayores volúmenes de transacciones y resolver el problema de privacidad de las *blockchains* públicas. Aunque Corda fue originalmente diseñado para instituciones financieras reguladas, ahora está siendo activamente explorada por otras industrias.

---

209   https://medium.com/corda/new-to-corda-start-here-8ba9b48ab96c

Corda se está utilizando, entre otras cosas, para el comercio de cestas de activos financieros,[210] para el comercio de oro,[211] para préstamos sindicados,[212] y el comercio de divisas.[213]

Digital Asset GSL

Digital Asset Holdings, LLC es una empresa fundada en 2014. Según Wikipedia,[214] "construye productos basados en tecnología de libros contables distribuidos (DLT) para instituciones financieras reguladas, como proveedores de infraestructura del mercado financiero, CCP, CSD, bolsas, bancos, custodios y sus participantes en el mercado". La plataforma tecnológica se denomina Global Synchronization Log (GSL, Registro de sincronización global).

Digital Asset tiene un importante contrato para utilizar DLT para modernizar y reemplazar los sistemas tecnológicos de la Bolsa Australiana de Valores.[215] Esto se considera un gran voto de confianza para Digital Asset y para toda la industria privada de *blockchain*.

---

210   https://www.hqla-x.com/post/hqlax-selects-corda-for-collateral-lending-solution-in-collaboration-with-r3-and-five-banks

211   https://www.bloomberg.com/news/articles/2018-05-07/-cryptolandia-blockchain-pioneers-take-root-in-hipster-brooklyn

212   https://www.finastra.com/news-events/press-releases/finastras-fusion-lendercomm-now-live-based-blockchain-architecture

213   http://www2.calypso.com/Insights/press-releases/calypso-r3-and-five-financial-institutions-develop-trade-matching-application-on-corda-dlt-platform

214   https://en.wikipedia.org/wiki/Digital_Asset_Holdings

215   http://sjm.ministers.treasury.gov.au/media-release/128-2017/

Hyperledger Fabric

Hyperledger Fabric es una tecnología *blockchain* desarrollada originalmente por IBM y Digital Asset, e incubada bajo el Proyecto Hyperledger de la Fundación Linux. Parece tener cierta aceptación en las cadenas de suministro y la atención sanitaria.

JP Morgan Quorum

Quorum es una tecnología de *blockchain* creada originalmente por el banco estadounidense JP Morgan Chase y se basa en la plataforma Ethereum. Es interesante porque utiliza técnicas criptográficas avanzadas denominadas *pruebas de conocimiento cero* para confundir datos de transacciones. En marzo de 2018, el *Financial Times* informó que JP Morgan estaba considerando la posibilidad de convertir el proyecto en su propia entidad.[216]

EXPERIMENTOS CON *BLOCKCHAINS*

Tanto empresas emergentes como sus titulares han anunciado muchos experimentos con el uso de tecnología *blockchain*. A menudo se describen como "casos de uso", un término que implica, de manera optimista, que una *blockchain* sería un *buen* uso para el problema particular descrito. Esta selección de experimentos cotejados por Peter Bergstrom[217] da una idea del alcance del interés en el uso de *blockchain*:

---

216 https://www.ft.com/content/3d8627f6-2e10-11e8-a34a-7e7563b0b0f4

217 https://www.linkedin.com/feed/update/activity:6257098564841852928/

Blockchain lista de casos de uso por industria

Financiera
Comercial
Origen de Negociaciones
Órdenes de Compra para Valores Bursátiles nuevos
Acciones
Ingresos fijos
Negociación de Derivados
Permutas de Rendimiento Total (TRS por sus siglas en inglés)
Derivados de 2da generación
La carrera hacia un middle office cero
Gestión colateral
Liquidaciones
Pagos
Transferencia de valores
Conozca a su Cliente (KYC por sus siglas en inglés)
Anti lavado de dinero
Datos del cliente y de referencia del producto
Recaudación de fondos
Préstamo para par
Reporte de Cumplimiento
Reporte comercial y visualización de riesgos
Apuestas y predicción de mercado

Seguros
Presentación de Demandas
MBS/pagos de propiedad
Procesamiento y administración de demandas
Predicción de fraudes
Telemática y calificaciones

Medios de Comunicación
Gestión de derechos digitales
Monetización de juegos
Autenticación de Arte
Compras y monitoreo de uso
Compra de boletos
Seguimiento de Fanáticos
Reducción del fraude vía clics en anuncios
Reventa de activos autenticados
Remates en tiempo real y colocación de anuncios

Ciencias Computacionales
Micronización del trabajo (pago por algoritmos, tweets, clics en anuncios, etc.)
Expansión del nicho del mercado
Desembolso de obra
Pago directo al desarrollador
Ejecución de plataformas API
Notarización y certificación
Compartir cómputo y almacenamiento P2P
DNS

Médica
Compartir Registros
Compartir Prescripciones Médicas
Cumplimiento
Medicina Personalizada
Secuencia de ADN

Título de Activos
Diamantes
Marcas de Diseñador
Alquiler y venta de autos
Hipotecas de casas y pagos
Tenencia de título de propiedad inmobiliaria
Registro de activos digitales

Gobierno
Votación
Registro de vehículos
WIC, Veterinaria, Beneficios del seguro social, distribución
Licencia e identificación
Derechos de autor

Identificación
Personal
Objetos
Familias de objetos
Activos digitales
Autorización multi-factor
Seguimiento de refugiados
Educación y credencialización
Compra y seguimiento de revisión
Empleador y revisión del empleado

IOT
Dispositivo para pagos de dispositivo
Directorios de dispositivos
Operaciones (por ejemplo, flujo de agua)
Monitoreo de red
Gestión inteligente del hogar y la oficina
Mercados de mantenimiento entre empresas

Pagos
Micropagos(apps, 402)
Remesas internacionales B2B
Declaración y recaudación de impuestos
Replanteamiento de billeteras y bancos

Consumidor
Recompensas digitales
Uber, AirBNB, Apple Pay
venta P2P, craigslist
Multi-sociedad, marca, seguimiento de lealtad

Cadena de suministros
Precios dinámicos de materias primas agrícolas
Remates en tiempo real para entrega de suministros
Seguimiento y pureza farmacéutica
Autenticación de alimentos agrícolas
Gestión de envíos y logística.

Y aquí hay una hermosa infografía de Matteo Gianpietro Zago:[218]

218   https://medium.com/@matteozago/50-examples-of-how-blockchains-are-taking-over-the-world-4276bf488a4b

Incluyo estas listas como ejemplos de la sobre-expectación que se puede compartir, aunque sea en última instancia engañosa, en las redes sociales y en medios de comunicación tradicionales. Estos no son casos reales de uso. Son experimentos para aplicar tecnología *blockchain* a una variedad de industrias y flujos de trabajo empresariales, de forma adecuada o no.

Caso de uso para una computadora: tope de puerta.

De la misma manera en que usted podría redactar una carta usando un software de hojas de cálculo, puede utilizar una *blockchain* en casi cualquier situación empresarial que involucre datos. Después de todo, una *blockchain* es una base de datos con algunas características adicionales. En mi opinión, varios de estos experimentos no cumplirán con los beneficios prometidos, ya que se dispone de software y herramientas más adecuados. Sin embargo, algunos pueden tener éxito o evolucionar y lograr aceptación. Todavía no está claro qué procesos se mejorarán significativamente como consecuencia directa de la tecnología y cuáles se mejorarán simplemente digitalizando los flujos de trabajo.

¿Importa? En muchos casos, un proyecto podría no *necesitar* una *blockchain*, pero usar una podría generar interés y entusiasmo por parte de la gerencia, e incluso podría desbloquear un presupuesto que quizás no hubiera estado disponible si el proyecto fuera simplemente un proyecto de digitalización viejo y aburrido. Esto está bien y, en este caso, creo que el fin justifica los medios. Sin algo de exageración para encender la imaginación habría menos dinero para gastar en innovar y, por lo tanto, potencialmente, menos innovación.

Preguntas

Con tantos intentos por utilizar la tecnología *blockchain*, ¿cómo se entiende el uso y el valor de la tecnología *blockchain* en estos experimentos?

Hay ciertas preguntas que puede ser útil hacer. Primero, preguntamos: "¿qué *blockchain*?" y "¿la pública o la privada?" A partir de ahí, las preguntas dependen de las respuestas a las preguntas originales. Estas son algunas para empezar.

Para las *blockchains* públicas, es útil comprender lo siguiente:

- ¿Todas las partes ejecutan nodos o algunas confiarán en otras?

- Si la *blockchain* está atrasada, ¿qué impacto podría tener esto en los usuarios?

- ¿Cómo abordará el proyecto las bifurcaciones y las *chainsplits*?

- ¿Cómo se logrará la privacidad de los datos?

- ¿Cómo cumplirán los operadores con las cambiantes normativas?

Para las *blockchains* privadas, es útil comprender lo siguiente:

- ¿Quién ejecutará los nodos? ¿Por qué?

- ¿Quién va a escribir bloques?

- ¿Quién va a validar los bloques y por qué?

- Si se trata de compartir datos, ¿por qué no se puede utilizar un servidor web?

- ¿Existe una autoridad central natural en la que todos confíen? Si así fuera, ¿por qué no alojan un portal?

Para cualquier tipo de *blockchain*:

- ¿Qué datos están representados en la *blockchain* y qué datos están "fuera de la cadena"?

- ¿Qué representan los *tokens*?

- ¿Qué significa en la vida real que una parte pase un *token* a otra parte?

- ¿Qué sucede si se pierde o se copia una clave privada? ¿Esto es aceptable?

- ¿Todas las partes están cómodas con los datos que se transmiten por la red?

- ¿Cómo se manejarán las actualizaciones?

- ¡¿Qué hay en los bloques?![219]

Dependiendo del proyecto, algunas de estas preguntas pueden ser más pertinentes que otras. Algunas de las soluciones pueden provenir de innovaciones en toda la red. Por ejemplo, las cadenas públicas pueden congestionarse actualmente, pero innovaciones como los canales de pago pueden permitir una capacidad de procesamiento mucho mayor. Hay muchas más preguntas por hacer, dependiendo del proyecto.

El punto es que no se deben tomar al pie de la letra los anuncios exagerados de los medios de comunicación, sino que se debe tener un acercamiento más investigativo para descubrir si estos experimentos tienen valor o no. En esta fase del ciclo de innovación, un sincero "no lo sé" es una respuesta aceptable para algunas de estas preguntas, y es más importante entender los pros y los contras que emitir inmediatamente un juicio sobre las soluciones.

---

219   Un agradecimiento especial a Dave Birch (www.dgwbirch.com) por hacer popular esta pregunta.

Parte 7

OFERTAS INICIALES DE MONEDAS

¿QUÉ SON LAS ICO?

Las ofertas iniciales de monedas (ICO, en inglés), a veces denominadas "ventas de *tokens*" o "eventos de generación de *tokens*", son una nueva manera para que las empresas recauden dinero sin dividir la propiedad de la empresa o tener que reembolsar a los inversionistas. Los ICO son una combinación de las formas existentes de recaudación de fondos con algunos cambios, y la frase "ICO" parece haber sido acuñada (ija!) para evocar connotaciones con IPO u Ofertas Públicas Iniciales de acciones. Según icodata.io,[220] entre 2014 y mediados de 2018 se recaudaron más de 11 mil millones de dólares estadounidenses utilizando alguna forma de ICO. Las primeras ICO fueron Mastercoin (julio de 2013) y Maidsafe (julio de 2014), aunque utilizaron el término "crowdsale". Las ICO se hicieron populares en 2017.

Tradicionalmente, una empresa puede recaudar dinero de tres maneras: capital, deuda o mediante la realización de pedidos previos de productos específicos. Pueden recaudar dinero de un pequeño grupo de inversionistas, como es típico en el financiamiento inicial de empresas, o de un grupo más grande, un tipo de recaudación normalmente denominado "crowdfunding" o financiamiento colectivo, que se ha vuelto cada vez más popular.

En un aumento de capital, los inversionistas pagan dinero a la empresa a cambio de una parte de la propiedad sobre

---

220   Este es el valor en dólares estadounidenses de las recaudaciones de fondos en el momento de la recaudación de fondos. Como veremos más adelante, la moneda de financiamiento es generalmente una criptomoneda, generalmente bitcoins o ether. Depende de los proyectos decidir cómo gestionan los fondos recibidos, y la mayor parte del balance entre mantener algunos en criptomonedas y otros en dinero fiduciario.

la empresa. Los inversionistas reciben una parte de los beneficios de la empresa en forma de dividendos y podrían obtener derecho a voto en las reuniones de accionistas, entre otros privilegios. En un aumento de deuda, los inversionistas prestan dinero a la compañía y pueden obtener pagos periódicos de intereses en forma de cupones. Los obligacionistas esperan recuperar su capital al final del término del préstamo. En un prefinanciamiento o una petición anticipada, los clientes (tenga en cuenta que son los clientes y no los inversionistas) pagan dinero por un producto que recibirán más tarde. A menudo, el producto todavía no está listo para su distribución. A veces hay descuentos para hacer pedidos anticipados.

El *crowdfunding*, o financiamiento colectivo, es un fenómeno reciente que utiliza el poder de Internet y en el que un proyecto o empresa se puede financiar recaudando pequeñas cantidades de dinero de un gran número de personas, a menudo a través de una plataforma web o basada en aplicaciones que reúne a los proyectos y los inversionistas, o los clientes. Todos los tipos de financiamiento se pueden obtener de la "multitud". Ejemplos de plataformas de *crowdfunding* son Seedrs, AngelList, CircleUp y Fundable. Entre las plataformas de *crowdfunding* de deuda se encuentran Prosper, Lending Club y Funding Circle. Algunas veces se les denomina plataformas "de préstamos peer-to-peer". Las plataformas de prefinanciamiento incluyen a Kickstarter e Indiegogo, y funcionan sobre la base de promesas, donde un proyecto solo se aprueba si se promete una cierta cantidad objetiva de dinero. Esto es popular para los productos que apelan a un nicho de mercado. Las órdenes anticipadas son populares para las ventas de libros y computadoras.

Recaudación de impuestos					
Método	**Características**	**Ventajas potenciales**	**Desventajas potenciales**	**Grupo pequeño**	**Grupo grande**
Acciones	• Los inversores se vuelven accionistas de la compañía • Normativa mucho más desarrollada	• El valor de la empresa puede aumentar múltiplos	• El valor de la empresa puede caer a cero	• Ver ronda / Serie A / Serie B, etc.	• IPO si cotiza en bolsa • Financiamiento colectivo del capital si la empresa sigue siendo privada • Por ejemplo: Seedrs, AngelList
Deuda	• Los inversores son acreedores de la empresa.	• La ventaja se limita a la tasa de interés (cupón) del bono	• La empresa puede incumplir con los bonos • Si la empresa quiebra, los tenedores de bonos obtienen su dinero antes que los tenedores de acciones	• Emisión de bonos • Préstamos sindicados	• El financiamiento colectivo de la deuda se conoce como "préstamo P2P" o "micro financiamiento" • Por ejemplo, club de préstamos, círculo de financiamiento
Pre financiamiento	• Los participantes pagan para, posteriormente, recibir. • Menos regulada	• Los participantes aseguran el precio con un probable descuento. • En primer lugar, los participantes acceden al producto	• El producto no cumple con las expectativas debido a los plazos o a la calidad.		• "Recompensas basadas en financiamiento colectivo" • Por ejemplo, Kickstarter, indegogo
Pedido anticipado	• Los participantes pagan para, posteriormente, recibir. • No regulado como inversión	• En primer lugar, los participantes acceden al producto • Los participantes reducen el riesgo de perderse el producto	• La distribución del producto se retrasa		• Por ejemplo, orden anticipada de un libro o juego en Amazon con una fecha de entrega esperada

Las diferentes ICO tienen diferentes características, y las generalizaciones que hago en este capítulo sirven para proporcionar un panorama general, pero habrá excepciones. La industria se está moviendo rápidamente y los reguladores están empezando a aclarar sus puntos de vista sobre esta nueva forma de recaudación de fondos.

¿Cómo funcionan las ICO?

Las empresas[221] describen un producto o servicio en particular en un documento llamado *whitepaper* y anuncian su ICO. Los inversionistas[222] envían fondos, por lo general criptomonedas, a la empresa a cambio de *tokens* o una promesa de *tokens* a futuro. Los *tokens* pueden representar cualquier cosa, pero

---

221   NB A veces no hay empresa, solo hay un proyecto o emprendimiento que controla la dirección de una criptomoneda que puede recibir fondos. Mientras que con los bancos usted tiene que ser explícito con el dueño de la cuenta bancaria, no existe tal requisito para crear direcciones de criptomoneda en las redes públicas.

222   Podemos discutir sobre cómo llamar a los participantes que contribuyen a las ICO. Yo los llamo inversionistas, porque al menos, se invierten en el éxito del proyecto, ya sea que esperen beneficiarse financieramente de su inversión o que esperen poder utilizar el producto o servicio final.

normalmente representan valores financieros vinculados al éxito del proyecto (y descritos como *tokens* de seguridad) o el acceso a un producto o servicio creado por la empresa (y descritos como *tokens* de utilidad). En algún momento, los *tokens* pueden aparecer en una o más casas de cambio de criptoactivos. Finalmente, se crea un producto o servicio, y en el caso de los *tokens* de utilidad, los titulares pueden canjear sus *tokens* por el producto o servicio.

Whitepapers

Según Wikipedia,[223] un *whitepaper* es un informe autorizado o un documento sobre políticas. El término fue utilizado originalmente por el gobierno británico y el primer ejemplo conocido fue un artículo encargado en 1922 por el primer ministro Winston Churchill y titulado "Palestine. Correspondence with the Palestine Arab Delegation and the Zionist Organisation". Como veremos, el término *whitepaper* ya no se utiliza exclusivamente para este tipo de documentos.

Las ideas de *Bitcoin* fueron documentadas en un *whitepaper* por Satoshi Nakamoto.[224] Ethereum fue descrito inicialmente en un whitepaper[225] escrito por Vitalik Buterin, seguido por un *yellow paper*[226] escrito por el Dr. Gavin Wood. Desde entonces, la mayoría de los proyectos de ICO han incluido un *whitepaper*, aunque con el tiempo los whitepapers parecen haber pasado a ser menos técnicos y se han convertido en

---

223   https://en.wikipedia.org/wiki/White_paper

224   https://bitcoin.org/bitcoin.pdf

225   https://github.com/ethereum/wiki/wiki/White-Paper aunque esta versión se actualiza periódicamente

226   https://ethereum.github.io/yellowpaper/paper.pdf

una combinación de documentos de marketing y folletos para inversionistas.

Los whitepapers actuales de las ICO suelen describir los detalles comerciales, técnicos y financieros del proyecto, entre los que se incluyen:

- La meta del proyecto, incluyendo el problema actual y la solución propuesta

- Hitos para el desarrollo del producto o servicio

- Los antecedentes y la experiencia del equipo del proyecto

- El valor total de recaudación de fondos esperado

- Cómo se gestionarán y gastarán los fondos

- El propósito y uso de los *tokens*

- La distribución inicial y continua de los *tokens*

Puede ver algunos ejemplos de whitepapers de las ICO en whitepaperdatabase.com, aunque hay que señalar que la inclusión en ese sitio web no significa que el proyecto sea legítimo. ¡Se le ha advertido!

La venta de *tokens*

Aunque las ICO operan de manera diferente, dos rutas parecen surgir para la venta de *tokens*. Los proyectos cuyos *tokens* tienen la posibilidad de ser clasificados como valores en jurisdicciones relevantes pueden tomar una ruta conservadora, y los proyectos que confían en que sus *tokens*

no están sujetos a la normativa sobre valores bursátiles
pueden utilizar otra ruta.

Aquellos proyectos cuyos *tokens* pueden estar bajo la
normativa sobre valores bursátiles se comportan como si
fueran recaudaciones de fondos de una manera tradicional.
Esto significa que es posible que no anuncien ampliamente su
oferta y que solo ofrezcan *tokens* a personas adineradas o a
aquellas que tienen experiencia en instrumentos financieros
complejos y de mayor riesgo. En los Estados Unidos, estos
inversionistas se denominan "inversionistas acreditados" y
otras jurisdicciones utilizan "inversionistas sofisticados" o
una terminología similar.[227] Los inversionistas individuales
acreditados son autodeclarados, y los criterios se basan
generalmente en alguna combinación de valor neto, ingresos
anuales y experiencia en instrumentos financieros complejos.
El país de residencia o ciudadanía del inversionista a veces
es relevante y algunas ICO no venderán *tokens* a ciudadanos
estadounidenses o a personas que viven en determinados
países. Estas ICO tendrán ventas privadas, pero no hay ventas
públicas ni preventas, al menos hasta que el proyecto haya
entregado un producto útil y que los *tokens* se puedan volver
a definir como *tokens* de utilidad.

Aquellos proyectos que venden *tokens* que probablemente
se clasifiquen como noseguridades tienen más libertad para
vender sus *tokens* a un público global y que normalmente
se dedican a una venta privada, una o más preventas y una
venta pública.

---

227   En la Unión Europea, los clientes minoristas pueden solicitar tratamiento
como clientes profesionales "electivos".

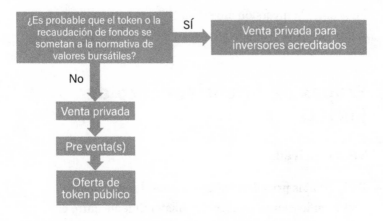

Normalmente, los proyectos ofrecen descuentos o bonificaciones para alentar a los inversionistas a invertir, con acuerdos más atractivos para aquellos que participaron en rondas anteriores. Esto se puede lograr creando oportunidades de inversión limitadas, ya sea sobre la base de tiempo, donde el precio empeora con el pasar del tiempo, o sobre la base del importe recaudado, donde el precio empeora a medida que el importe recaudado aumenta. Por ejemplo, en la *crowdsale* inicial de Ethereum, los primeros inversionistas recibieron 2000 ETH por cada 1 BTC, mientras que los inversionistas posteriores recibieron solo 1337 ETH por cada 1 BTC. Hoy en día, no es extraño que los primeros inversionistas reciban hasta un 80 % de descuento sobre el precio de venta público previsto.

Esto tiene similitudes con las rondas de financiamiento para empresas emergentes, aunque las escalas temporales y las demandas de los inversionistas son diferentes. Las ICO pueden pasar de la primera ronda de financiamiento a tener sus *tokens* en la bolsa de criptomonedas en cuestión de meses sin una aceptación de producto o comercial, mientras que una empresa emergente tradicional normalmente demoraría años entre la inversión ángel y la IPO, y los inversionistas requieren éxito o potencial comercial demostrable.

Etapas de financiamiento de las ICO

Ventas privadas

En las ventas privadas, las inversiones, los descuentos y las bonificaciones se negocian bilateralmente entre el proyecto y cada inversionista. El proceso es similar a una empresa emergente tradicional que recauda una ronda de financiamiento ángel o inicial.

Normalmente, pero no siempre, existe un contrato que detalla el acuerdo legal entre el proyecto y el inversionista. Una plantilla popular es el Simple Agreement for Future *Tokens* (Acuerdo simple para futuros *tokens* o SAFT),[228] que fue ideado y popularizado por el abogado de moneda digital Marco Santori[229] entre otros, en un esfuerzo por lograr la autorregulación de la industria. El SAFT es un acuerdo que se basa en un Acuerdo simple para patrimonio futuro,[230] una plantilla popular entre las empresas emergentes. Un documento SAFT es un acuerdo que dice que un inversionista paga dinero ahora (la forma de dinero es irrelevante y puede ser fiduciario o criptomoneda) y recibirá *tokens* en una fecha posterior. El SAFT es un tipo de nota convertible o, más

---

228   https://saftproject.com/

229   https://www.marcosantori.com/

230   https://en.wikipedia.org/wiki/Simple_agreement_for_future_equity_ (SAFE)

generalmente, un contrato a plazos. El SAFT en sí es una
seguridad financiera, independientemente de la clasificación
del *token*.

Ventas públicas de *tokens*

Cada vez con mayor frecuencia, aquellos cuyos *tokens*
pueden ser clasificados como una seguridad evitan las
ventas públicas. Sin embargo, todavía son populares para
algunos proyectos debido a su alcance global, la facilidad de
recaudación de fondos y su capacidad de sobre-expectación.

El proyecto generalmente crea un contrato inteligente de
Ethereum[231] para recibir fondos y muestra la dirección
en su sitio web. Los inversionistas envían dinero al
contrato inteligente y reciben *tokens* en un proceso
automatizado por el contrato inteligente o por una serie de
contratos inteligentes.

Para algunos proyectos, los *tokens* pueden ser *tokens*
compatibles con ERC-20 registrados en la *blockchain* de
Ethereum. Para otros, especialmente los proyectos que
están creando nuevas plataformas de *blockchain*, los *tokens*
pueden ser inicialmente registrados como *tokens* ERC-20 en

---

231   A veces se utilizan otras criptomonedas como *Bitcoin*, pero Ethereum
se ha convertido en la predeterminada debido al número de plantillas que se
pueden utilizar para crear los contratos inteligentes.

Ethereum, para ser canjeados más adelante por *tokens* en la nueva *blockchain*, cuando la nueva *blockchain* esté lista y en funcionamiento.[232]

La propia *crowdsale* de Ethereum aceptó *bitcoins* como moneda de financiamiento y la dirección de *Bitcoin* que se utilizó fue 36PrZ1KHYMpqSyAQXSG8VwbUiq2EogxLo2.

Las ventas públicas tienden a causar revuelo. Las cuentas regresivas y los widgets que muestran las cantidades recaudadas son populares y a menudo se muestran visiblemente en el sitio web del proyecto. Las redes sociales, las salas de chat y los tablones de anuncios se utilizan para promover las próximas ventas públicas.

Preventas de *tokens*

Las preventas son las "ventas previas de la venta pública", normalmente a un precio descontado por *token* o con bonificaciones disponibles para los inversionistas en función del importe invertido. Alientan a los inversionistas a invertir a un precio más barato y forman parte de la sobre expectación de una OIC. Una preventa sobresuscrita es un gran atractivo psicológico para los inversionistas en la venta pública principal.

Whitelisting

Tanto las ventas públicas como las preventas pueden tener algunas direcciones en "whitelisting" o lista blanca, como

---

232   EOS es un ejemplo de un *token* inicialmente registrado en Ethereum y luego canjeable por monedas EOS en la plataforma EOS.

parte de los esfuerzos de un proyecto para identificar a sus inversionistas. Antes de la venta de *tokens*, los inversionistas potenciales hacen clic en una serie de sitios web, declaran su información de identidad, tal vez suben una imagen de su pasaporte, están de acuerdo en que no viven en determinados países, aceptan términos y condiciones y proporcionan la dirección de criptomoneda desde la que pretenden enviar fondos. Durante la venta real de *tokens*, el contrato inteligente que recibe fondos solo aceptará fondos de aquellas direcciones de criptomoneda que han sido incluidas en la lista blanca.

Límites de financiamiento

Las ICO declararán los límites de financiamiento en sus whitepapers. Estos son los límites inferiores y superiores para la cantidad de fondos que están dispuestos a aceptar en cualquier etapa de los procesos de venta. Un límite blando suele representar la cantidad mínima de fondos necesaria para que el proyecto proceda (similar al "objetivo de financiamiento" de Kickstarter), y un límite duro suele representar la cantidad máxima que aceptará el proyecto. No todos las ICO tendrán un límite duro o un límite blando, y algunas pueden cambiarlos según la demanda.

Tesorería

Los proyectos suelen crear más *tokens* de los que se venden en las ventas de *tokens*, y mantienen una en reserva. Estas reservas pueden utilizarse para recompensar a los financistas, pagar al personal o a los contratistas, o para estabilizar el precio de los *tokens* en las casas de cambio. El proyecto podría imponerse límites a la rapidez con la que se pueden gastar las reservas, una especie de cronograma de adquisición, que ofrece a los inversionistas cierta confianza en que el proyecto no va a vender una gran cantidad de *tokens* guardados en tesorería inmediatamente después de una venta y causar presión a la baja en el precio.

Una vez cotizado el *token*, el proyecto tendrá una idea del valor de los *tokens* que tienen en tesorería. En terminología contable, estos *tokens* se mantienen en el balance de la empresa, por lo que afectan a la valoración de las acciones de la empresa. Los accionistas, en particular los capitalistas de riesgo, pueden preferir las ICO ¡porque pueden crear valor de la nada en el balance de la compañía!

Cotización en bolsas

Algunos inversionistas pueden comprar *tokens* en ICO para utilizar el producto, servicio o *blockchain* eventual, pero a menudo los inversionistas quieren ganar dinero vendiendo los *tokens* a un precio más alto del que los compraron.

Por lo tanto, la capacidad de vender fácilmente los *tokens* es importante para los inversionistas. Aunque los *tokens* son inmediatamente transferibles entre personas una vez que se asignan a los inversionistas y, por lo tanto, los *tokens* pueden comprarse y venderse "directamente", la inclusión del *token* en las bolsas de criptoactivos es un acontecimiento clave en la vida de una ICO porque las bolsas hacen que los *tokens* sean más líquidos. La transferibilidad del *token* hace que el *token* sea diferente del *crowdfunding* basado en recompensas, como Kickstarter, donde los participantes no son capaces de revender fácilmente sus recompensas a otros.

Las cotizaciones podrían ser positivas o negativas para el precio del *token* y la volatilidad del precio puede ser alta en los primeros días de la cotización del *token*. Si el proyecto es popular, la cotización puede crear una oportunidad para que los nuevos inversionistas acumulen los *tokens*, causando un rápido aumento en el precio. Si el proyecto no es popular, los primeros inversionistas pueden usar la cotización como una oportunidad para vender sus *tokens*, causando una rápida caída en el precio.

Las cotizaciones de *tokens* son un evento tan importante en el proyecto que las bolsas pueden cobrar a los proyectos fuertes cantidades de dinero para cotizar su *token*. Las tarifas por cotización de más de un millón de dólares estadounidenses no son infrecuentes.

La bolsa también puede proporcionar servicios de liquidez, creando un mercado para las monedas. Cuando se cotiza un *token*, el proyecto va a supervisar el precio cuidadosamente, y algunos tienen estrategias para comprar *tokens* cuando el precio es bajo. La ética y la legalidad de esto es una fuente popular de discusión. Las empresas tradicionales podrían emitir acciones cuando los mercados de valores están en alza y realizan recompras de acciones cuando los precios son atractivos. Sin embargo, este no es un paralelo exacto de lo que ocurre en la tierra de las ICO, y las empresas tradicionales prestan más atención a las normas sobre actividades de divulgación y comercio.

El número de bolsas, la reputación de las bolsas y la liquidez en dichas bolsas son importantes para el proyecto y para los inversionistas. Los inversionistas prefieren ver un *token* cotizado en varias bolsas prestigiosas con un gran número de clientes y mucha liquidez.

A pesar de la importancia de la cotización en bolsa, los proyectos tienden a evitar discutir los plazos de cotización, especialmente aquellos que están tratando de evitar que sus *tokens* sean clasificados como valores. Esto se debe a que la discusión sobre la cotización en bolsa añade peso a la clasificación del *token* como una seguridad, ya que se puede decir que hay más de una expectativa de beneficio de parte de los inversionistas.

Vale la pena señalar que, si bien las bolsas tradicionales imponen requisitos a las empresas que ellas cotizan, como la divulgación pública y periódica de datos financieros, las bolsas de criptoactivos no suelen tener dichos requisitos de cotización, ni están obligadas a realizar ninguna diligencia debida en los proyectos cuyas monedas están cotizadas. Algunas bolsas de criptomonedas están felices de cotizar cualquier *token*, incluso aquellos con una baja probabilidad de éxito (conocidos coloquialmente como "shitcoins") porque las bolsas logran ingresos a partir de las comisiones de comercialización y, por lo tanto, son indiferentes a la calidad del proyecto o al valor absoluto de los *tokens* que cotizan. Las bolsas hacen dinero mientras haya volatilidad de precios.

¿Cuándo un *token* es un valor?

Anteriormente dijimos que los proyectos toman diferentes acciones basándose en si piensan que su *token* es, o podría ser clasificado como, una seguridad financiera. La clasificación de un *token* como una seguridad es importante ya que afecta

PARTE 7: OFERTAS INICIALES DE MONEDAS

a quién puede hacer qué con el *token*, porque las actividades relacionadas con las seguridades financieras están reguladas en la mayoría de los países. Tenga en cuenta que los *tokens* en sí no están regulados, pero las actividades relacionadas con ellos sí lo están.

Entonces, ¿cómo decidimos si un *token* puede ser clasificado como un valor o no? En los Estados Unidos, el test de Howey es una prueba conocida que fue creada por la Corte Suprema de los Estados Unidos en 1946, durante el juicio de la Comisión de Valores y Bolsa (SEC) contra Howey. De acuerdo con el sitio web FindLaw:[233]

> *En Howey, dos demandados corporativos con sede en Florida ofrecieron contratos de bienes raíces para extensiones de tierra con plantaciones de cítricos. Los demandados ofrecieron a los compradores la opción de arrendar cualquier terreno comprado de nuevo a los demandados, que entonces cuidarían de la tierra, cosecharían, reunirían y venderían los cítricos. Como los compradores, en su mayoría, no eran agricultores y no tenían experiencia agrícola, estaban encantados de volver a arrendar la tierra a los demandados.*

---

233   https://consumer.findlaw.com/securities-law/what-is-the-howey-test.
html

La SEC entabló un juicio a los demandados por estas transacciones, alegando que violaron la ley al no presentar una declaración de registro de títulos de valores. La Corte Suprema, al emitir su decisión de que el acuerdo de arrendamiento de los demandados era una forma de título valor, desarrolló una prueba histórica para determinar si ciertas transacciones eran contratos de inversión (y, por lo tanto, estaban sujetas a los requisitos del registro de títulos valores). En virtud del test de Howey, una transacción es un contrato de inversión si:

1. *Es una inversión de dinero*

2. *Se esperan beneficios de la inversión*

3. *La inversión de dinero se realiza en una empresa común*

4. *Cualquier beneficio proviene de los esfuerzos de un promotor o de un tercero*

Aunque el test de Howey utiliza el término "dinero", los casos posteriores lo han ampliado para incluir inversiones de activos distintos del dinero.

Por lo tanto, cada oferta de *tokens* podría ser contrastada con el test de Howey para determinar si los *tokens* califican como "contratos de inversión". Si es así, de conformidad con la Ley de Valores de 1933 y la Ley de Bolsa de Valores de 1934, esos *tokens* se consideran valores y, por lo tanto, las actividades relacionadas con ellos están sujetas a ciertos requisitos *en los Estados Unidos.*

En febrero de 2018, el regulador financiero suizo FINMA emitió las directrices,[234] diciendo que los *tokens* pueden formar parte de una o más de las siguientes categorías, que se describen a continuación:

- **Los *tokens* de pago** son sinónimos de criptomonedas y no tienen más funciones ni vínculos con otros proyectos de desarrollo. En algunos casos, los *tokens* solo pueden desarrollar la funcionalidad necesaria y ser aceptados como medio de pago durante un período de tiempo.

- **Los *tokens* de utilidades** son *tokens* que están destinados a proporcionar acceso digital a una aplicación o servicio.

- **Los *tokens* de activos** representan activos tales como participaciones en activos subyacentes físicos reales, empresas o corrientes de ganancias, o un derecho a dividendos o pagos de intereses. En términos de su función económica, los *tokens* son análogos a las acciones, los bonos o los derivados.

FINMA sugiere el siguiente parámetro,[235] para determinar si un *token* es o no una seguridad financiera, y esto parece razonable en la etapa actual del desarrollo de la industria:

---

234 https://www.finma.ch/en/news/2018/02/20180216-mm-ico-wegleitung/

235 https://www.finma.ch/en/~/media/finma/dokumente/dokumentencenter/myfinma/1bewilligung/fintech/wegleitung-ico.pdf?la=en

	Pre financiamiento y pre venta Los tokens no existen aún, pero los reclamos son negociables	El token existe
ICO del token de pago	= valores bursátiles ≠ sujeto al AMLA	≠ valores bursátiles = medio de pago en virtud del AMLA
ICO del token de utilidad		≠ valores bursátiles, si se trata exclusivamente un token de utilidad en funcionamiento = valores bursátiles, si también o solo se trata de la función de inversión ≠ medio de pago en virtud del AMLA si es accesorio
ICO del token basado en activos		= valores bursátiles ≠ medio de pago en virtud del AMLA

En junio de 2018, William Hinman, director de la división de finanzas corporativas de la Comisión de Valores y Bolsa de Estados Unidos (SEC), dijo en un discurso:[236]

> *"Sobre la base de mi comprensión del estado actual del Ether, la red de Ethereum y su estructura descentralizada, las ofertas y ventas actuales de Ether no son transacciones de títulos valores. Y, como en el caso de Bitcoin, aplicar el régimen de divulgación de las leyes federales sobre valores a las transacciones actuales en Ether parecería añadir poco valor".*

Él hace una distinción entre la manera en que algo (un *token*) se vende originalmente y el uso y la venta posteriores del *token*. Un *token* puede tener utilidad y también ser ofrecido

---

236   https://www.sec.gov/news/speech/speech-hinman-061418

como un contrato de inversión, es decir, una seguridad financiera. Él explica:

"Las naranjas en Howey tenían utilidad. O en mi ejemplo favorito, la Comisión advirtió a finales los años sesenta sobre los contratos de inversión vendidos en forma de recibos de almacenes de whisky. Los promotores vendieron los recibos a inversionistas estadounidenses para financiar los procesos de añejado y mezcla del whisky escocés. El whisky era real y, para algunos, tenía una utilidad exquisita. Pero Howey no vendía naranjas y los promotores de los recibos de almacén no vendían whisky para consumo. Estaban vendiendo inversiones y los compradores esperaban un retorno a partir de los "esfuerzos" de los promotores".

Esto significa que, independientemente de lo que un *token* represente, es importante la forma en que éste se ofrece y su utilidad en el momento de la oferta. En los próximos años veremos cómo este importante discurso afecta la manera en que se conducen las ICO.

Conclusión

Aunque nos encontramos en las primeras etapas de la industria del *token*, podemos ver que ya está empezando a madurar.

En las primeras ICO, los proyectos incluían exenciones de responsabilidad en letra pequeña en las que declaraban que los *tokens* no son una inversión o un título valor, con la esperanza de que esto sería suficiente para protegerlos. A veces, los proyectos describían estas rondas de inversión como "donaciones" o "rondas de contribución" con el fin de disociarse de una terminología jurídicamente delicada. Había una clara desconexión entre las expectativas de los inversionistas respecto de los *tokens* y la redacción de los documentos del inversionista. Lamentablemente, para aquellos que tienen esa visión, la redacción importa menos que las realidades económicas, tal como están descubriendo los proyectos.

En 2017, hubo una ola de intentos de autorregulación y de creación de estándares para la industria. Los proyectos que intentaban hacer lo correcto buscaban una claridad normativa. Hoy en día, la cantidad de dinero en juego es significativa, y los formuladores de políticas se están poniendo al día con las ventas de *tokens*. Esto es bueno para la madurez de la industria, ya que la claridad normativa puede atraer inversiones y permitir que los proyectos tengan la oportunidad de centrarse en las empresas en lugar de en la incertidumbre legal.

Actualmente, los reguladores están aclarando lo que sí aceptarán y lo que no y, a la luz de las aclaraciones, los proyectos están trabajando para cumplir con o para evitar la regulación. Distintos reguladores pueden adoptar distintos enfoques, creando oportunidades para que los proyectos seleccionen las jurisdicciones operativas más favorables. Espero con interés los próximos años, cuando más proyectos suministren productos y aprendamos a valorar los *tokens* cuantitativamente. La economía de los *tokens*, o *tokenomía*, todavía no se ha descrito o comprendido completamente.

Parte 8

INVERSIÓN

En esta sección describo algunas consideraciones para
ayudarle a decidir si invertir en criptoactivos es adecuado
para usted. Hay muchos riesgos, pero los mercados son
emocionantes y la gente ha hecho y perdido fortunas en
estos mercados.

FIJACIÓN DE PRECIOS

¿Cómo se asigna un valor a las criptomonedas o los
criptoactivos? Para los *tokens* que son una reclamación sobre
un activo subyacente, como 1 oz de oro, el precio del *token*
debería seguir más o menos el precio del activo subyacente.
Sin embargo, como se ha comentado anteriormente, las
criptomonedas no son una reclamación sobre ningún activo,
ni están respaldadas por una entidad. ¿Hay alguna manera de
calcular un valor razonable para ellos?

Podemos hacer tres preguntas independientes:

1. ¿Cuál es el precio actual del criptoactivo?

2. ¿Qué hace que los precios cambien?

3. ¿Cuál debería ser el precio?

¿Cuál es el precio actual del criptoactivo?

El precio actual de cualquier activo está determinado por
el mercado. Los criptoactivos cotizan en una o más bolsas,
y tanto los precios como la liquidez pueden diferir entre
bolsas. Las bolsas que reportan el mayor volumen de
comercialización proporcionan una buena medida del precio,
ya que son las más activas y deberían tener la mayor liquidez.
Otras bolsas pueden tener precios más altos o más bajos.

Coinmarketcap.com es uno de los muchos sitios web que proporcionan datos sobre el precio actual de los *tokens* y sobre las bolsas en las que cotizan. Si hace clic en el nombre de un *token* y luego en "Mercados" podrá ver dónde cotiza ese *token* y cuánto volumen la bolsa afirma haber comercializado. Tenga en cuenta que algunas bolsas han sido descubiertas falsificando el volumen de comercialización para generar negocios, y no estoy seguro de que esta práctica haya sido erradicada. ¡Tengan cuidado!

¿Qué hace que los precios cambien?

Los precios de las criptomonedas y de los *tokens* se comportan como cualquier otro activo financiero, impulsado por compradores y vendedores que toman decisiones comerciales basadas en varios factores:

1. Sentimiento (cómo se sienten los negociadores con respecto al activo)

2. Chisme y charla en foros y páginas de redes sociales

3. Éxitos técnicos (por ejemplo, cuando las *blockchains* implementan con éxito actualizaciones técnicas que las hacen más útiles, o cuando una ICO avanza en su plan de trabajo)

4. Fallas técnicas (por ejemplo, si las transacciones se ralentizan o se detecta una debilidad en la forma en que funciona la *blockchain*)

5. Apoyo de celebridades (por ejemplo, el apoyo de Paris Hilton a LydianCoin en septiembre de 2017, o los tuits promocionales ocasionales de John McAfee)

6. Fundadores arrestados (por ejemplo, cuando los fundadores de Centra Token fueron arrestados en los EE. UU. y el precio de los *tokens* cayó en un 60 %)[237]

7. Los Pump & Dumps orquestados son cuando la gente coordina para todos comprar una moneda juntos y así hacer subir el precio y persuadir a otros para que la compren a un precio más alto; a continuación, venden las monedas a los nuevos compradores desprevenidos

8. Manipulación por parte de titulares de grandes cantidades de cualquier *token*

Paris Hilton ✅
@ParisHilton

Follow ⌄

Estoy deseando participar en el nuevo
@LydianCoinLtd **Token!**
#estonoespublicidad #criptomoneda
#Bitcoin #ETH #cadenadebloques

2:28 PM - 3 Sep 2017

El apoyo de Paris Hilton en Twitter.[238]

237 http://www.coinfox.info/news/9186-centra-founders-arrested-in-us-token-dips-by-60

238 https://www.forexlive.com/news/!/china-gets-it-right-on-the-ico-market-20170904

¿Cuál debería ser el precio?

Ha habido varios intentos de crear modelos para encontrar un valor justo para las criptomonedas y los *tokens*. Un modelo común pero imperfecto para asignarle valor a un *Bitcoin* es el modelo "si el dinero en oro se destinara a *Bitcoin*":

> *"Si el x % del dinero en oro (u otra clase de activos) se traslada a Bitcoin, un solo Bitcoin debería valer $y".*

El argumento es el siguiente: El valor total del oro en circulación se estima en 8 billones de dólares estadounidenses. Si una pequeña proporción de las personas que poseen oro, digamos que el 5 % (pero, aquí, usted puede usar cualquier número del 0 % al 100 %), vendiera su oro por dólares, se liberaría una gran cantidad de dinero, $400 mil millones en este caso. Si los dólares resultantes se usaran para comprar *bitcoins*, el valor total de los *bitcoins* en circulación, comúnmente denominado "capitalización de mercado" o "market cap", aumentaría en la misma cantidad, $400 mil millones. Como sabemos, el número total de *bitcoins* en circulación es de unos 17 millones; por lo tanto, esto debe aumentar el precio de *cada bitcoin* en $23,5k ($400 mil millones / 17 millones).

Pero esta lógica es incorrecta. Así no funcionan los mercados financieros. El "dinero asignado a *Bitcoin*" no se limita a caer en la "capitalización de mercado". La razón es simple: Cuando usted compra *bitcoins* por un valor de $10 000, alguien más está vendiendo esos *bitcoins* a $10 000. Así que cualquier dinero "inyectado" es exactamente igual al dinero "extraído" (excluyendo las tasas de cambio, para simplificar las cosas). Lo único que sucede cuando usted compra un *bitcoin* es

que el *bitcoin* cambia de propiedad y el efectivo cambia
de propiedad. No hay ninguna relación matemática entre
cuánto dinero gasta comprando *bitcoins* de alguien más y la
capitalización de mercado de *Bitcoin*.

Pongámoslo en números y demostremos la lógica errónea
con un contraejemplo... digamos que el último precio pagado
por BTC fue de $10 000. Por lo tanto, la "capitalización de
mercado" de *Bitcoin*, suponiendo que hay 17 millones de
bitcoins pendientes de pago es:

$10 000 x 17m = $170 000 000 000 ($170 mil millones)

Ahora, digamos que usted quiere comprar una pequeña
cantidad de BTC (digamos que por el valor de $10), y el mejor
precio que encuentra es $10 002. Así que paga $10 y compra
0,0009998 BTC ($10 divididos entre $10 002 por *bitcoin*).
¿Qué ocurrió con la "capitalización de mercado"? Ahora es:
$10 002 x 17m = $170 034 000 000.

¡La capitalización de mercado ha aumentado en $34 millones
solo por su ínfima operación de $10! Usted no "inyectó" $34
millones, sino que la capitalización de mercado aumentó
en esa cantidad. Por lo tanto, es evidente que el argumento
anterior es erróneo.

Habiendo dicho eso... por supuesto que, si hay más
compradores con un mayor deseo de comprar y pagar lo
que sea necesario para acumular BTC, entonces los precios
aumentarán. Del mismo modo, si hay vendedores que vendan
bitcoins a cualquier precio, entonces los precios caerán.

También oigo variaciones en el argumento del "costo de la
creación": El precio del *bitcoin* debería ser por lo menos
el costo de minarlo, de manera que el costo de minado

establece el precio mínimo del *bitcoin* y, conforme aumenta la dificultad, cuesta más minar *bitcoins*, por lo que el precio debería subir. Lamentablemente, esto también es falso. El costo incurrido por un minero (incluso por todos los mineros en conjunto) no tiene relación con el precio de mercado del *bitcoin*. El precio del *bitcoin* afecta la *rentabilidad* de los mineros, pero no hay una regla que diga que los mineros tienen que ser rentables. Si un minero no es rentable, finalmente dejará de minar, pero esto no afecta al precio de los *bitcoins*. Si me cuesta $5000 extraer 1 oz de oro, no significa que el precio del oro deba ser de por lo menos $5000 / oz. El usuario ihrhase explica esto con smoothies de salmón y chucrut en un foro[239] de 2010:

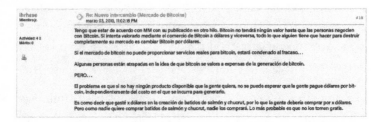

Desafortunadamente, todavía no he encontrado un modelo de valor razonable para criptomonedas.

Debería ser más fácil de asignar valor a los *tokens* de ICO. Estos *tokens* se pueden canjear por un determinado bien o servicio en el futuro, por lo que asignar un precio al *token* debería tratarse de averiguar lo que vale ese bien o servicio. ¿Correcto?

Lamentablemente, nunca es tan fácil. El hecho es que las OIC que emiten fichas quieren que el precio de sus fichas suba, al igual que sus inversores. El canje siempre se describe genéricamente y no se *cuantifica*. Por ejemplo, dicen: "los *tokens* le permitirán tener acceso al almacenamiento en la nube", en lugar de "un *token* le dará 10 GB de almacenamiento en la nube por 1 año a partir de 2020". Esta es una estrategia intencional. Si los emisores *cuantificaran* los bienes o servicios, usted podría calcular un precio estimado apropiado para el *token*. Sin embargo, esto limitaría el precio, impidiendo que el precio del *token* aumente masivamente (lo que los emisores e inversionistas de ICO realmente quieren). Nunca he visto un *whitepaper* de ICO que *cuantifique* exactamente por qué se puede canjear un *token*.

¿Quién controla el precio de los *tokens* de utilidad?

La respuesta sencilla podría parecer "el mercado" o los "compradores y vendedores", pero no es el panorama completo, ya que tenemos un emisor que puede hacer algunos trucos para influir en el valor de un *token*. Inicialmente, la cantidad de bienes / servicios que los *tokens* pueden comprar no está especificada, por lo que el precio del *token* está sujeto a las fuerzas normales del mercado de criptomonedas, y no hay manera de hacer un análisis fundamental sobre lo que debería ser un precio justo de mercado (no se puede poner un precio al "almacenamiento en la nube" sin cuantificar cuánto y durante cuánto tiempo). Durante este período, algunas ICO ejercen cierta influencia en el precio de sus *tokens* al comprarlos cuando el precio baja. Algunas ICO incluso discuten esta estrategia en sus *whitepapers*. A menudo, las ICO conservan una cantidad significativa de *tokens* en su

tesorería, por lo que pueden vender algunos si el precio sube
muy agresivamente. Esencialmente, pueden actuar como un
banco central de sus *tokens*, manejando el precio.

Luego, llega un punto en el que el proyecto debe tomar
una decisión: ¿establecen precios en dinero fiduciario o en
tokens? ¿1 GB de almacenamiento en la nube por un año
debería costar $10, pagaderos en *tokens* a tasa de mercado,
o 1 GB de almacenamiento en la nube por un año debería
costar un *token*?

Exploremos las opciones.

**1) Precio asignado en dinero fiduciario, pagado
en *tokens***

Si este es el caso, entonces en un principio usted pensaría que
el precio de los *tokens* debería ser irrelevante. Los clientes
tienen dinero fiduciario; entonces, cuando quieren usar el
servicio, compran los *tokens* y luego los canjean rápidamente.
Este proceso podría automatizarse para que el cliente no
sepa que está ocurriendo en segundo plano. Este es el mismo
argumento que utilizan las empresas de remesas por *Bitcoin*
cuando dicen que el precio de *Bitcoin* es irrelevante para
su negocio.

En este caso, ¿los *tokens* son una buena inversión? Quizás.
A medida que los *tokens* se canjean, cada vez hay menos en
circulación, siempre que el proyecto no los vuelva a emitir
y los venda por dinero fiduciario para pagar a su personal.
Un menor número de *tokens* puede significar un precio
más alto debido a la escasez. De este modo, un proyecto con
una buena salud financiera, que no depende de la reventa
de *tokens* canjeados para pagar sus costos, puede permitir

que los *tokens* se vuelvan más escasos con el tiempo, tal vez ejerciendo una presión al alza en su precio. Quizás. Pero un proyecto con una mala salud financiera tendrá que seguir revendiendo sus *tokens* para cubrir sus costos. De modo que, en realidad, la salud financiera de la empresa puede tener un impacto en las presiones de asignación de precios del *token*.

2) Precio asignado en *tokens*, pagado en *tokens*

Esto es maravilloso: si la empresa fija el precio de los bienes y servicios en *tokens*, la empresa tendrá el control sobre el valor de sus *tokens*, al igual que una aerolínea controla el valor de las millas que emite.

¿Cómo funciona esto? A menos que el producto o servicio sea único, los clientes tendrán una idea sobre cuánto están dispuestos a pagar por él. Imagine que un competidor vende un producto similar por $10. Si el proyecto quiere que sus *tokens* tengan un valor de $10, entonces asigna a su producto el precio de un *token*. Si quiere que sus *tokens* valgan $20, ¡entonces asigna a su producto un precio de 0,5 *tokens*! Los precios de la competencia ayudan a fijar el precio del *token* y mientras los productos sean sustituibles, el proyecto puede hacer que sus *tokens* valgan lo que quieran. Debe entender que al hacer esto, sus responsabilidades cambian. Sus responsabilidades son los *tokens* pendientes en circulación, y al cambiar el precio de un producto de un producto de 1 *token* a 0,5 *tokens*, los titulares de *tokens* pueden canjear los *tokens* por el doble de productos.

Si la empresa decide cotizar su producto en *tokens*, ¿los *tokens* son una buena inversión? Probablemente. Los fundadores del proyecto, siempre que no hayan cometido una estafa, también tienen *tokens* y están financieramente incentivados para mantener el precio de los *tokens* alto y relativamente estable.

Por lo tanto, los proyectos tienen más control sobre el precio de sus *tokens* si cotizan sus servicios en *tokens*, y espero que, a medida que los proyectos lleguen a su madurez, veamos los precios de los proyectos en *tokens*, siempre que no se hayan cerrado por violar primero las normativas sobre valores bursátiles.

Anshuman Mehta intentó cotizar un *token* de utilidad ficticio en su blog[240] y concluyó que, "en un mundo de moneda fiduciaria, el precio de mercado o de comercialización del *token* está completamente desvinculado del uso y la velocidad del *token*".

RIESGOS Y MITIGACIONES

Riesgo de mercado

Los precios de los criptoactivos son volátiles y muchos han caído a cero. En el momento de redactar, deadcoins. com[241] lista más de 800 monedas cuyo precio ha caído a cero. Estimo que este número aumentará. Potencialmente, el precio de cualquier criptoactivo puede caer a cero o casi cero. Este escenario puede parecer menos probable para las criptomonedas populares. El tiempo, una vulnerabilidad

---

240   https://medium.com/@anshumanmehta/futility-tokens-6b8283c977a9

241   https://deadcoins.com/

importante o explotada podría causar una pérdida fatal de confianza en el activo en cualquier momento.

Riesgo de liquidez

El riesgo de liquidez es el riesgo de que el mercado no pueda apoyar su transacción al precio que usted espera. La liquidez va y viene, como en todos los mercados. Las monedas menos populares son menos líquidas, lo que significa que una compra o venta grande puede mover el mercado contra usted más de lo esperado.

Con monedas menos populares o monedas de incertidumbre normativa también existe el riesgo de que las bolsas dejen de cotizarlas, lo que reduce su liquidez. Por ejemplo, en mayo de 2018, Poloniex anunció que estaban excluyendo diecisiete *tokens*:

Poloniex Exchange ✔
@Poloniex

 Following ∨

En el 2 de mayo de 2017, se eliminarán de la lista: BBR, BITS, Q@, CURE, HZ, IOC, MYR, NOBL, NSR, QBK, QORA, QTL, RBY, SDC, UNITY, VOX, XMG

8:08 AM - 19 Apr 2017

389 Retweets **399** Likes

💬 289   🔁 389   ♡ 399   ✉

Riesgos bursátiles

Es conveniente mantener los activos en bolsas porque usted no tiene que lidiar con claves privadas y puede intercambiar rápidamente los activos. Sin embargo, los intercambios han tenido un historial extremadamente malo de mantener seguros los activos de los clientes. Casi todas las bolsas han sido hackeadas en el pasado. Michael Matthews publicó la lista[242] de una selección de *hacks* de bolsas de criptomonedas entre 2012 y 2016:

Fecha	Servicio Bitcoin objetivo	Detalles del ataque	BTC robados	Valor en USD
2016 Ago	Bitfinex (exchange)	Billeteras de usuario / trabajo interno	119,756	$66,000,000
2016 Mayo	Gatecoin (exchange)	Cartera caliente	multimoneda	$2,000,000
2016 Mar	ShapeShift (exchange)	trabajo interno	multimoneda	$230,000
2016 Mar	Cointrader	Cartera caliente	81 BTC	$33,600
2016 Ene	Bitstamp (exchange)	Cartera caliente	18,866	$5,263,614
2015 Feb	Bter (exchange)	Cartera fría/ trabajo interno	7,000	$1,750,000
2015 Feb	Exco.in (exchange)	Cartera fría/ trabajo interno	n/a	n/a
2015 Feb	Kipcoin (exchange)	Cartera fría/ trabajo interno	3,000	$690,000
2015 Feb	796 (exchange)	Cartera fríat/ trabajo interno	1,000	$230,000

---

242   https://steemit.com/bitcoin/@michaelmatthews/list-of-bitcoin-hacks-2012-2016

2015 Ene	Bitstamp (exchange)	Cartera caliente	19,000	$5,100,000
2015 Ene	Cavirtex (exchange)	Datos de usuario robados	n/a	n/a
2014 Dic	Blockchain.info (billetera)	Billetera de usuario	267	$101,000
2014 Dic	Mintpal (exchange)	trabajo interno	3,700	$3,208,412
2014 Ago	Cryptsy (exchange)	trabajo interno	multimoneda	$6,000,000
2014 Mar	Flexcoin (billetera)	Cartera caliente	1,000	$738,240
2014 Mar	CryptoRush (exchange)	Cartera fría/ trabajo interno	950	$782,641
2014 Ene	Mt.gox (exchange)	Cartera fría/ trabajo interno	850,000	$700,258,171
2013 Dic	Blockchain.info (billetera)	Violación de autenticación de dos factores	800	$800,000
2013 Nov	Inputs.io (billetera)	Cartera fría trabajo interno	4,100	$4,370,000
2013 Nov	BIPS (billetera)	Cartera fría/ trabajo interno	1,200	$1,200,000
2013 Nov	PicoStocks (exchange)	Cartera fría/ trabajo interno	6,000	$6,009,397
2012 Mar	Linode (webhosting)	trabajo interno	46,703	$228,845

De este análisis no solo podemos ver que los *exchanges* han sido hackeados con éxito por terceros externos, sino que no es desconocido que el personal de los *exchanges* robe criptomonedas a sus clientes.

En su sitio web, Blockchain Graveyard,[243] Ryan McGeehan maneja una lista de violaciones de seguridad y robos con sus causas, basada en información pública. El análisis de la causa principal muestra que existen varias formas de hackear *exchanges*:

ESTIMACIÓN DE LA CAUSA PRINCIPAL

Los datos siguientes se recopilan con dificultad para datos disponibles públicamente sobre **56** incidentes. Esto debería ayudar a la estimación durante el modelado de amenazas.

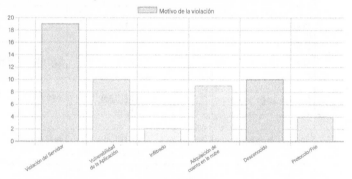

El hackeo es una amenaza existencial para los *exchanges*. Por lo tanto, los principales *exchanges* se toman la seguridad muy en serio. Sin embargo, la prudencia sugiere que usted debe utilizar *exchanges* únicamente cuando sea necesario y retirar fondos lo antes posible después de comercializar. Solo mantener en un *exchange* tanto como esté dispuesto a perder.

Los *exchanges* y los usuarios de *exchanges* también pueden participar en actividades ilegales o no éticas. Los trucos, tomados de la industria de los mercados financieros mayoristas, incluyen:

---

243 https://magoo.github.io/Blockchain-Graveyard/

- Painting the tape: Aumentar artificialmente la actividad comercial al hacer que las partes controladas por el *exchange* comercien repetidamente entre sí. Este "volumen falso" anima a otros clientes a comerciar.

- *Spoofing:* Envío de solicitudes con la intención de cancelarlas antes de encontrar un par. Este truco se puede utilizar para impulsar los precios hacia arriba o hacia abajo.

- Front-running: Un *exchange* puede ver la solicitud de un cliente y utilizar la información para comercializar antes de que se acepte la solicitud del cliente.

- *Running stops:* Un determinado tipo de solicitud del cliente, denominado "stop loss", no es visible para otros clientes *del exchange*, pero es visible para el *exchange*. Los empleados que pueden ver las solicitudes *stop loss* de los clientes pueden utilizar esta información para negociar con sus propios clientes. Este es un truco popular en los mercados de divisas.

- Liquidez falsa: Los exchanges puede publicar solicitudes que "no se pueden llenar", que desaparecen, o que solo se llenan parcialmente, cuando un cliente intenta encontrar el par. Esto hace que parezca que hay más liquidez en el *exchange* de la que hay realmente.

Hay muchos otros trucos que los *exchanges* o los clientes de los *exchanges* pueden utilizar mientras que la gestión del *exchange* mira para otro lado. Distintos *exchanges* se comportan con diferentes niveles de profesionalismo. Muchos intercambios son dudosos. ¡Haga su propia investigación!

Riesgos de la billetera

Con las billeteras existen pros y contras entre la seguridad y la conveniencia. Las billeteras que se ejecutan en línea en computadoras o smartphones son convenientes porque es fácil hacer pagos en criptomonedas. Sin embargo, no se recomienda almacenar claves privadas en un dispositivo expuesto a Internet. Algunas personas mantienen una pequeña cantidad de criptomonedas en su billetera en su teléfono para poder hacer pagos instantáneamente, pero el consejo, una vez más, es mantener en ella solo la cantidad que esté dispuesto a perder.[244]

En el pasado, era común que la gente imprimiera claves privadas en papeles, una técnica conocida como almacenamiento en frío, discutida anteriormente, pero esto es problemático para hacer pagos. Ahora, las billeteras de hardware son el mejor compromiso entre seguridad y conveniencia. Sin embargo, en cualquier billetera persiste el riesgo de que el software contenga fallas o vulnerabilidades que se puedan explotar. Muchas billeteras abren su código para permitir a los programadores y profesionales de la seguridad comprender exactamente cómo funciona la billetera, y para tener la comodidad de que no haya debilidades, pero esto también proporciona transparencia a los hackers.

---

244   Nota: he utilizado la terminología de "mantener pocas monedas en las billete-ras" en lugar de "mantener claves privadas que controlen pocas monedas", pero creo que ahora ya saben a qué me refiero.

Riesgos normativos

La regulación en torno a las criptomonedas y los *tokens* está evolucionando. Vale la pena comprender lo mejor posible la naturaleza de los activos que usted esté considerando. Las ICO operan en un área gris legal en muchas jurisdicciones, y existe el riesgo de que se considere que algunos han estado realizando actividades reguladas de manera ilegal.

Dependiendo de la jurisdicción y de la clasificación de los criptoactivos, y de lo que usted esté haciendo con ellos, también se deben considerar los impuestos. ¡Usted no está exento de cumplir con las normas tributarias solo porque los activos están registrados en *blockchains*!

Estafas

Finalmente, debido a la naturaleza de la industria de las criptomonedas, hay muchas estafas. Exageración, complejidad técnica, incertidumbre normativa e inversionistas ingenuos que esperan hacer dinero rápido son factores que generan un entorno propicio para los estafadores. Algunas estafas populares son:

- Esquemas Ponzi: A los inversionistas se les promete buenos resultados y a los inversionistas antiguos se les paga con el dinero de los nuevos inversionistas.

- Estafas de salida: Los fundadores de un proyecto, billetera, *exchange* o plan de inversión huyen con el dinero de los clientes.

- Hacks falsos: El proyecto es hackeado por un asociado que comparte beneficios con el equipo del proyecto.

- *Pump & Dumps:* Los estafadores compran monedas ilíquidas a precios bajos y luego les hacen propaganda y las venden en las redes sociales a un precio más alto a los nuevos inversionistas.

- Estafa de las ICO: Las ICO recaudan dinero sin intención de entregar un producto. A veces mostrarán una lista de expertos conocidos de la industria como asesores o como parte del equipo para obtener credibilidad, sin el conocimiento o la aprobación de los expertos.

- *Spoof* de las ICO: Clones de sitios web reales de ICO hechos con la dirección de depósito del estafador en lugar de la dirección de depósito legítima.

- Estafas de esquemas de minería: Se afirma que los inversionistas ganarán muchas criptomonedas, pero no se revela información clave, como los incrementos en la dificultad.

- Billeteras falsas: Software de billetera que permite al estafador acceder a claves privadas, de modo que las monedas pueden ser robadas al usuario.

Y así sucesivamente. ¡Hay muchas variaciones de estas estafas, y los estafadores están demostrando ser cada vez más innovadores!

Espero que este capítulo le haya dado algunas ideas para reflexionar. La gente ha hecho y perdido fortunas comercializando criptomonedas e invirtiendo en ICO, pero hay muchos riesgos. Si usted decide involucrarse, tenga cuidado e investigue mucho antes de comprometer su dinero.

Parte 9

CONCLUSIÓN

En este libro, me propuse explicar los fundamentos de los *bitcoins* y *blockchains*, y espero que haya sido fácil de seguir. Al menos, he proporcionado algunas ideas sobre conceptos y términos para que usted investigue más a fondo, y quizás haya logrado encender una curiosidad que puede que usted no haya tenido antes.

En medio de la sobre-expectación, es importante entender que la industria de las *blockchains*, incluyendo las criptomonedas, las *blockchains* de empresas y la tokenización de activos, todavía están en pañales. Al parecer, se han creado dos cosas importantes:

1. Nuevos activos financieros resistentes a la censura, métodos de transferencia de valor y automatización transparente

2. Nuevas tecnologías para la transferencia de activos y datos business-to-business

Podemos llamarlos, respectivamente, una historia de criptoactivos y una historia de *blockchains*.

La historia de los criptoactivos

Las *blockchains* públicas están creando una nueva ola de activos digitales resistentes a la censura y cálculos automáticos imparables. Por primera vez en la historia, las personas pueden transferir valor electrónicamente alrededor del mundo sin necesidad de terceros específicos que aprueben la transacción. Los pagos se pueden enviar a contratos inteligentes transparentes que garanticen ciertos resultados sin pasos manuales o sin la necesidad de confiar en un tercero que haga lo que se comprometió a hacer.

Se están explorando las *blockchains* públicas para descubrir una amplia gama de usos, desde micropagos, pasando por remesas, recaudación de fondos y mantenimiento de registros.

Historia de la *blockchain*

Las empresas están invirtiendo en *blockchains* privadas y públicas para averiguar si pueden reducir costos y riesgos, incrementar ingresos o crear nuevos modelos de negocios. Las *blockchains* privadas son una idea más reciente que las *blockchains* públicas y están evolucionando y mejorando rápidamente. Estos sistemas de bases de datos con múltiples partes prometen eliminar los procesos duplicados y permitir que los activos y registros digitales se muevan libremente entre empresas, reduciendo la dependencia de costosos intermediarios.

EL FUTURO

¿Estas *blockchains* son una burbuja o una moda pasajera? Desde mi punto de vista, no. Tanto las *blockchains* públicas como las privadas cumplen sus propios roles, y seguirán evolucionando y dando valor en formas que hoy aún no logramos imaginar.

En la industria de las criptomonedas públicas, la innovación seguirá yendo más deprisa conforme los *tokens* generen incentivos financieros que atraigan a los programadores y a otro personal. La velocidad e intensidad de innovación aumentarán si los criptoactivos aumentan sus precios. Muchos programadores, a nivel personal, poseen criptomonedas y *tokens*, por lo que son incentivados

financieramente de manera directa para que sus proyectos
sean exitosos, más aún que el personal de empresas
emergentes tradicionales que a menudo solo tienen un
patrimonio mínimo.

Continuaremos siendo testigos de activos, productos y
servicios que se convierten en *tokens* (tokenización). Los
artículos en juegos de computadora son buenos candidatos
para esto. Imagine que puede ser el dueño de esa espada
única que un *gamer* famoso usó para derrotar a su oponente.
Imagine ser el dueño del balón de fútbol digital firmado
que se utilizó en la final de la Copa Mundial de un deporte
electrónico. O ser el dueño de la camiseta digital que un
personaje popular vistió durante el partido. Se abrirá todo un
mercado de coleccionables digitales. La confluencia de juegos
electrónicos y criptoactivos va a crear nuevos mercados y
oportunidades extremadamente emocionantes. Los deportes
electrónicos y los criptoactivos son una tendencia, no una
moda pasajera, y no sería inteligente apostar en su contra.[245]

Las ICO seguirán siendo populares y la industria empezará
a estandarizarse con las mejores prácticas y las expectativas
comunes del inversionista. Quizás un día descubramos una
manera de hacer que los *tokens* tenga valor. Las normas serán
más claras, lo que permitirá que participen aquellos que
actualmente son marginados.

---

245 Con respecto a los deportes electrónicos, algunas personas se burlan de
o acosan a aquellos que ven a otras personas jugar juegos de computadora, o
aquellos que por diversión se disfrazan de sus personajes favoritos. A menudo,
estas mismas personas ven a otras personas patear un balón por una cancha de
césped, se visten como sus futbolistas favoritos, cantan y se imaginan que son
ellos.

Ya sea que los *bitcoins*, el Ether y otras criptomonedas estabilicen sus precios o no, veremos criptoactivos que tendrán un precio estable con respecto a las monedas fiduciarias.[246] Podemos llamar a estas *stablecoins* (monedas estables) o *cryptofiat* (criptofiduciarias). La moneda fiduciaria, o un equivalente, se convertirá en *tokens* y se registrará en *blockchains*. Queda por ver si es mejor que estos *tokens* criptofiduciarios sean emitidos por bancos centrales, bancos o empresas de dinero electrónico, o gestionados por contratos inteligentes. Hay muchas iniciativas para crear estos *tokens* con precios estables tanto en las *blockchains* públicas como en las privadas. Los criptoactivos van a dar pie a otro ciclo de innovación.

Sin embargo, las *blockchains* públicas se enfrentan a problemas conforme crecen en volumen de transacciones y capacidad de procesamiento. En los últimos años, tanto *Bitcoin* como Ethereum han tenido períodos de estrés en los que los mineros no podían procesar las transacciones lo suficientemente rápido, causando retrasos. Los ingenieros están trabajando para solucionar estos problemas, y conceptos como *sharding* y canales estatales pueden permitir que las *blockchains* mejoren.

Las bifurcaciones y las *chainsplits* se volverán más problemáticas debido a la confusión que crean (cuál es la *blockchain* real y cuál es la bifurcación). La prueba de trabajo requiere mucha energía eléctrica y contamina el planeta. Ethereum podría pasar de la prueba de trabajo a la prueba de participación, un mecanismo de escritura de bloques que

---

246   Por ejemplo, un *token* que se comercialice alrededor de 1 dólar.

utiliza mucho menos energía eléctrica y, si todo saliera bien, otras *blockchains* podrían seguir sus pasos.

Conforme crece el monto del valor registrado en las *blockchains*, la gobernanza también crecerá en importancia. Las plataformas que no tienen una gobernanza formal podrían no ser aceptables para algunos usuarios. Un libro contable público llamado Hadera Hashgraph está experimentando con tener una estructura de gobernanza formal en lugar de un libro contable distribuido público y accesible.

Las empresas adoptarán *blockchains* privadas, al principio, quizás, en pequeños grupos para usos específicos, y luego, tarde o temprano, se unirán para formar cadenas más grandes, al igual que Internet se formó a partir de redes privadas individuales.

Los activos y registros representados digitalmente cambiarán de titularidad a la velocidad de un correo electrónico, con menos pasos y costos. Aprenderemos a usar esta tecnología para mover documentos más allá de los límites organizacionales (facturas, órdenes de compra, listas de empaque, certificados de origen, certificados de garantía, registros de salud, acuerdo de alquiler, etc.). Estos documentos son todos activos que pueden ser presentados como *tokens* en libros contables distribuidos, con garantías de autenticidad más sólidas gracias al uso de firmas digitales. Muchos documentos digitales solo deben presentarse una vez, teniendo las partes adecuadas visibilidad de la última versión.

Ya sea entre organizaciones o dentro de las mismas, cuando los conjuntos de datos deben pasarse de un sistema a otro, el sistema receptor debe tener la confianza de que tiene el conjunto de datos completo y que los datos no se corrompieron durante el proceso. Esta situación ocurre mucho en banca; a menudo, enormes listas de operaciones deben enviarse de un sistema a otro. Con frecuencia, hay un proceso, llamado proceso de control, que reconcilia los datos entre el sistema remitente y el sistema receptor. Esta reconciliación es un proceso más que debe ser establecido y monitoreado. Pero si las operaciones se pueden registrar y enviar con una referencia, un hash, a una operación anterior del conjunto, entonces el sistema receptor puede saber con certeza que tiene el *conjunto completo* de operaciones y que los datos *dentro de* las operaciones no han sido alterados casualmente o con malas intenciones. Esto significa que un sistema receptor puede confiar en que los datos recibidos están completos y son precisos sin necesidad de conciliar con el sistema remitente.

En el futuro, no tendrá mucho sentido gestionar un documento o un conjunto de datos que deba cruzar límites organizacionales usando algo más que una *blockchain*.

Estas mejoras aumentarán la velocidad de los negocios hechos dentro de países o internacionalmente. Esto tiene un gran impacto no solo para la industria de los servicios financieros, que se trata mayormente del movimiento de activos, sino también para la economía real.

Los contratos inteligentes permitirán la automatización business-to-business (B2B) de forma garantizada, lo cual no era posible antes.

La automatización solía detenerse en los límites de las empresas, y cada empresa verificaba que la otra hubiera actuado según las reglas de un acuerdo en particular. Con los contratos inteligentes, estas reglas se pueden automatizar y validar automáticamente, por lo que los procesos duplicados se pueden volver más eficientes o incluso ser eliminados.

Las *blockchains* permiten transacciones *atómicas*, transacciones que hace múltiples cambios simultáneos en el libro contable o no hace ninguno. Atómicas, porque los cambios están agrupados y son indivisibles. Si dos bancos hacen una operación, quizá uno esté comprando un bono del otro, ocurren dos cosas: el bono cambia de titularidad y el efectivo cambia de titularidad. Actualmente, estas transacciones ocurren en libros separados, y una parte puede fallar mientras que a la otra le va bien. Esto genera un riesgo operativo que puede conllevar a un desastre financiero.[247] En una *blockchain* se puede crear una transacción atómica que incluya ambos cambios de titularidad, del efectivo y del bono. La transacción está comprometida en su totalidad y o bien tiene éxito como un todo o fracasa. En finanzas, este concepto se denomina "entrega y pago" e, históricamente, hemos pagado a agentes para que lo garanticen. Hoy en día, la tecnología *blockchain* proporciona los medios tecnológicos para hacerlo. Esto en sí tiene la capacidad de hacer que ecosistemas de negocios completos operen con mayor fluidez, a la vez que elimina la necesidad de pagar a terceros para que lleven a cabo el servicio de fideicomiso.

---

247   Un caso famoso fue el del Bank Herstatt. El Bank Herstatt era un banco alemán que se involucró en cambios de moneda. El 26 de junio de 1974 recibió marcos alemanes de varias contrapartes comerciales, quienes esperaban recibir dólares estadounidenses a cambio, durante el día, cuando los mercados estadounidenses estuvieran operando. Sin embargo, el banco quebró antes de que los dólares estadounidenses fueran transferidos, por lo que las contrapartes quedaron con dólares insuficientes luego de haber abonado los marcos alemanes. Esto originó la creación del Comité de Supervisión Bancaria de Basilea (Basel Committee on Banking Supervision), famoso por los requerimientos de Basilea y la CLS.

Hay algunos usos potenciales para el "dinero para fines especiales"; por ejemplo, donaciones o contribuciones de caridad que podrían terminar legítimamente en solo algunas cuentas previamente acordadas. Esto tiene implicaciones sociales y económicas y tendremos que aprender a usar estas herramientas éticamente.

Al principio, las *blockchains* privadas serán utilizadas para el mismo tipo de negocios que hoy, pero mejores, más rápidos y más barato. Van a mejorar *la manera* en que los negocios interactúan. Luego, va a haber un cambio y las industrias van a empezar a hacer que sus procesos evolucionen. Van a mejorar lo que hacen sus negocios. Los intermediarios que alguna vez fueron necesarios serán dejados de lado y los modelos de negocio se volverán irrelevantes. Esto disminuirá los costos de transacción y devolverá valor a la economía real. Esto seguirá una curva similar a la adopción de las computadoras de escritorio en las empresas durante los años ochenta.

Se usaron primero para automatizar los procesos existentes para las personas, luego estas vieron abrirse un nuevo mundo de potencial.

La industria de los servicios financieros corre, particularmente, riesgo de disrupción debido a esta tecnología. Antes de las *blockchains* se necesitaba de terceros intermediarios para hacer un seguimiento de los activos digitales. El libro contable que contiene su dinero es controlado por su banco; este libro contable contiene sus acciones en manos del custodio de acciones. Usted nunca ha podido poseer digitalmente ni controlar directamente un activo financiero: siempre lo ha guardado un tercero. La industria de los servicios financieros está llena de intermediarios que guardan sus activos. Ellos son los que hacen el seguimiento de quién posee qué, y es su trabajo evitar el doble gasto. Y reciben una muy buena recompensa por eso, un costo que usted paga. Sin embargo, con los criptoactivos usted realmente puede guardar y controlar sus activos, aunque esto tiene sus riesgos. La *blockchain* es el libro contable. Entonces, esta tecnología *debe* resultar en menos intermediarios, y eso quizás sea algo bueno en general. Menos intermediarios financieros significa menos empresas que extraen ganancias de su economía real.

Existe la posibilidad de que la distinción entre *blockchains* públicas y privadas se desvanezca, o de que los activos salten de una *blockchain* a otra con tal facilidad que las mismas *blockchains* se conviertan en un asunto de preferencia que importa tan poco como qué dispositivo usa usted para revisar su correo electrónico.

Ya hemos visto el comienzo del fin de la intermediación. En las ICO se están transfiriendo enormes sumas de dinero alrededor del mundo sin un banco a la vista. En junio de 2016, yo, personalmente, ayudé a coordinar la custodia de casi 25 000 *bitcoins* decomisados como producto de delitos, los cuales tenían un valor de $16m dólares australianos en ese momento.[248] Los *bitcoins* fueron custodiados por EY, una empresa de servicios profesionales, por un mes antes de ser transferidos a los ganadores de una subasta global. No se le pagó a ningún banco. No *se necesitó* pagarle a ningún banco.

Los intermediarios financieros están luchando por adoptar la tecnología *blockchain* para entender cómo pueden

---

248   https://www.ft.com/content/7353e8a0-2638-11e6-83e4-abc22d5d108c

evolucionar sus modelos de negocio para trabajar en el nuevo entorno. Las empresas con visión de futuro y en riesgo de disrupción ya se están disputando un lugar para adoptar nuevos roles en el nuevo ecosistema.

Ya sea que usted prefiera las *blockchains* públicas o privadas, que crea o no en la viabilidad a largo plazo de criptomonedas específicas o que piense que la descentralización sea buena o no, esta industria ciertamente está dando a la sociedad los instrumentos de cambio muy interesantes y potencialmente radicales. Que estas herramientas se vayan a usar para el bien o el mal depende de cómo se adopte la tecnología, de quién la adopte y de cuál sea el propósito.

ANEXO

LA RESERVA FEDERAL

La Reserva Federal no es un único banco central. Es un sistema de banca central. El sistema se compone de tres partes principales: doce bancos de reserva federal regionales, la Junta de la Reserva Federal y el Comité Federal de Mercado Abierto (FOMC, en inglés). Según Wikipedia:[249]

> *El Sistema de Reserva Federal se compone de varias capas. Es gobernado por la Junta de Gobernadores o Junta de la Reserva Federal (FRB, en inglés). Doce Bancos de Reserva Federales regionales, ubicados en ciudades de todo el país, supervisan los bancos miembros privados estadounidenses.*
>
> *A los bancos comerciales nacionales se les exige que mantengan acciones en el Banco de la Reserva Federal de su región, lo que les da derecho a elegir a algunos de los miembros de su directorio. El FOMC establece la política monetaria. Está conformado por los siete miembros de la Junta de Gobernadores y doce presidentes de los bancos regionales, aunque solo cinco presidentes de bancos votan en cualquier momento: el presidente del New York Fed y cuatro otros que van rotando en períodos de un año.*

La gente habla de la "gran" Fed y de las "pequeñas" Feds. Cuando hablan de la "gran" Fed generalmente se refieren a

---

249   https://en.wikipedia.org/wiki/Federal_Reserve_System

la *Junta de Gobernadores del Sistema de la Reserva Federal* ("La Junta de Gobernadores") o el FOMC. Las "pequeñas" Feds son los doce Bancos de Reserva Federales regionales.

La gran Fed

Junta de gobernadores

Según la St. Louis Fed,[250] la Junta de Gobernadores guía las acciones políticas de la Reserva Federal y está compuesta por hasta siete gobernadores, nombrados por el presidente de los Estados Unidos y confirmados por el Senado. En junio de 2018, solo había tres gobernadores que guiaban a la Fed.[251]

Federal Open Market Committee

El FOMC es el organismo que aumenta o disminuye las tasas de interés. La St. Louis Fed describe el Committee como:

> ... el principal organismo de la Fed para la política monetaria. Su membresía con derecho a voto combina a los siete miembros de la Junta de Gobernadores, el presidente del Banco de la Reserva Federal de Nueva York, y otros cuatro presidentes del Banco de la Reserva, quienes sirven mandatos de un año en forma rotativa con los otros presidentes del Banco de la Reserva.

---

250   https://www.stlouisfed.org/in-plain-english/federal-reserve-board-of-governors

251   https://www.federalreserve.gov/aboutthefed/bios/board/default.htm recuperado el 5 de junio de 2018

Según la Reserva Federal de Chicago:[252]

Los objetivos de la política monetaria de la Reserva
Federal son fomentar condiciones económicas que logren
precios estables y un empleo máximo sostenible.

¿Qué significa un precio estable? El objetivo del FOMC es
establecer la política monetaria para crear un IPC del 2 %
anual. Un 2 % parece poco, pero tiene un efecto significativo
durante toda la vida. El objetivo para la tasa de empleo
estable máxima es 95,4 % de empleo, o 4,6% de desempleo.

El FOMC supervisa y establece políticas sobre las operaciones
de mercado abierto, la principal herramienta de la política
monetaria nacional. El comité se reúne ocho veces al año,
aproximadamente una vez cada seis semanas. En junio de
2018, de un máximo de doce miembros votantes, solo ocho
miembros del comité habían sido nombrados.[253]

Pequeñas Feds

Las "pequeñas" Feds son los doce Bancos de Reserva
Federales regionales incorporados por separado (FRB
regionales). Sus sedes se encuentran en las ciudades de
Boston, Nueva York, Filadelfia, Cleveland, Richmond,
Atlanta, Chicago, St. Louis, Minneapolis, Kansas City, Dallas y
San Francisco.

---

252   https://www.chicagofed.org/research/dual-mandate/dual-mandate

253   https://www.federalreserve.gov/monetarypolicy/fomc.htm recuperado el
5 de junio de 2018

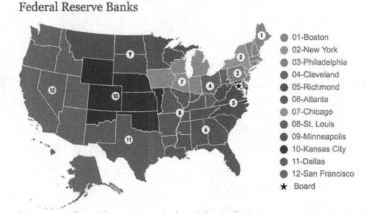

Los territorios de las Pequeñas Feds.[254]

Las FRB regionales son responsables dentro de su territorio de supervisar y examinar a los bancos miembros del estado, prestar a instituciones depositarias, prestar servicios financieros clave (por ejemplo, sistemas de pagos interbancarios) y examinar ciertas instituciones.[255] También proporcionan al Gobierno de los Estados Unidos una fuente de préstamos y sirven como depósito seguro para el dinero federal.[256]

Las FRB regionales no son parte del gobierno federal de los EE. UU., sino que establecen como corporaciones privadas, según la St. Louis Fed.[257] Los accionistas son bancos del

254   https://www.federalreserve.gov/aboutthefed/structure-federal-reserve-banks.htm

255   https://www.federalreserve.gov/aboutthefed/structure-federal-reserve-banks.htm

256   https://en.wikipedia.org/wiki/Federal_Reserve_Bank

257   https://www.stlouisfed.org/In-Plain-English/Who-Owns-the-Federal-Reserve-Banks

sector bancario privado, que reciben un dividendo libre de impuestos del 6 % de las FRB regionales en cualquier año que la FRB regional hace dinero. De hecho, los bancos nacionalmente acreditados deben comprar cierta cantidad de estas acciones dependiendo de su tamaño. ¡Es agradable ser un banco y ser obligado a poseer el banco central y recibir dividendos garantizados sin riesgo![258]

Este diagrama[259] muestra cómo encaja todo en la actualidad:

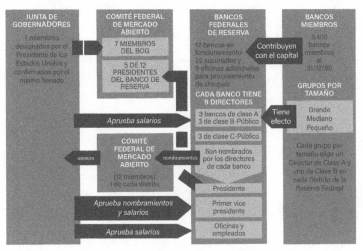

Fuente: Junta de Gobernadores del Sistema de la Reserva Federa

258 https://newrepublic.com/article/116913/federal-reserve-dividends-most-outra-geous-handout-banks

259 Atribución: Por Kimse84 - hice este diagrama, CC BY-SA 3,0, https://commons.wikimedia.org/w/index.php?curid=25448710

RECONOCIMIENTOS

Este libro no hubiera sido posible sin el apoyo de una gran cantidad de personas.

A lo largo de este camino, y aunque quizás no haya estado de acuerdo con todas ellas, he sido influenciado por personas con una gran variedad de perspectivas. Les agradezco haber compartido su conocimiento y sus opiniones con el mundo, en línea y gratis. He disfrutado especialmente el contenido de[260] Gavin Andresen, Andreas Antonopoulos, Richard Gendal Brown, Vitalik Buterin, Gideon Greenspan, Ian Grigg, Dave Hudson, Izabella Kaminska, Rusty Russell, Tim Swanson,[261] Robert Sams, Emin Gun Sirer, and Angela Walch.

Otros amigos han sido generosos con su tiempo y su experiencia: Drew Graham y Varun Mittal estaban del otro lado de Whatsapp, respondiendo rápidamente cuando necesitaba ayuda o inspiración; y expertos de la industria en varias salas de chat relacionadas con criptografía constantemente se pusieron a disposición al instante para contribuir con un insulto rápido o un comentario poco serio: ¡gracias!

---

260   Soy muy consciente de que solo hay dos mujeres en esta lista, lo que refleja el desbalance de género que había en los primeros años de la industria. Hoy, el número de mujeres talentosas en la industria está aumentando y espero aprender de estas expertas, también.

261   Quisiera agradecer especialmente a Tim, tanto por darme una retroalimentación detallada sobre varias secciones de este libro, como por ser mi mentor a lo largo de los años.

Estoy profundamente agradecido con el equipo de Mango Publishing por su trabajo haciendo de este libro una realidad: Ashley, Hannah, Mario, Michelle, Natasha, Roberto, Chris y los demás que trabajaron tras bambalinas. Gracias, Hugo, por correr un riesgo y confiar en mí.

Sarah, gracias por cuidar de nuestros hijos mientras yo me sentaba por tantas horas a escribir en cafeterías y también por recordarme ocasionalmente mis responsabilidades de la vida real como esposo y padre.

Finalmente, quiero agradecer a mi padre, Kevin, quien pasó muchas horas editando mis borradores diligentemente, ¡a pesar de tener un mínimo interés o experiencia previos en criptomonedas! Papá, ahora eres un experto en *Bitcoin*.

Es necesaria una villa descentralizada para desarrollar un libro sobre criptomonedas.

ACERCA DEL AUTOR

Inspirado por una conferencia sobre *Bitcoin* en 2013, Antony abandonó su carrera en el banco convencional en Singapur para unirse a una pequeña empresa emergente llamada itBit. itBit, un *exchange* de *bitcoins*, es un sitio web donde los clientes pueden comprar y vender *bitcoins*, y fue una de las primeras empresas financiadas con capital de riesgo en la insipiente industria de las criptomonedas.

En 2015, después de que itBit recaudó otra ronda de financiamiento con capital de riesgo y mudó su sede a Nueva York, Antony renunció y se dedicó a la asesoría privada a clientes, a escribir artículos y llevar a cabo talleres para explicar esta nueva tecnología a los profesionales que tenían curiosidad.

En 2016, Antony se unió a R3, un consorcio de la industria financiera creado para explorar en forma colaborativa los beneficios de la tecnología *blockchain*. Como director de investigación, explica los cambiantes conceptos y tecnologías a clientes, legisladores y al público.

Antes de obsesionarse con los *bitcoins* y las *blockchains*, Antony fue técnico en Credit Suisse en Londres y Singapur, habiendo empezado su carrera en banco como operador del mercado de divisas en Barclays Capital, en 2007.

Antony estudió ciencias naturales en Gonville & Caius College, en Cambridge University, donde ganó dos premios por navegación y se graduó en 2004 con un 2:1.

Antony vive en Singapur con su esposa Sarah y sus dos hijos. Publica tuits desde @antony_btc y blogs en www. bitsonblocks.net.

Mango Publishing, establecida en el 2014, publica una lista ecléctica de libros de diversos autores—voces tanto nuevas como establecidas—sobre temas que incluyen negocios, crecimiento personal, empoderamiento femenino, estudios LGBTQ, salud, espiritualidad, historia, cultura popular, manejo del tiempo, organización, estilo de vida, bienestar mental, envejecimiento, y vida sostenible. Recientemente *Publishers Weekly* nos nombró la editorial independiente de más rápido crecimiento #1 en 2019 y 2020. Nuestro éxito es impulsado por nuestra meta principal, que es publicar libros de alta calidad que entretendrán a los lectores, así como también harán una diferencia positiva en sus vidas.

Nuestros lectores son nuestro recurso más importante: valoramos sus contribuciones, sugerencias e ideas. Nos encantaría escuchar de ustedes—después de todo ¡publicamos libros para ustedes!

Por favor manténganse en contacto con nosotros y síganos en:

Facebook: Mango Publishing
Twitter: @MangoPublishing
Instagram: @MangoPublishing
LinkedIn: Mango Publishing
Pinterest: Mango Publishing
Boletín electrónico: mangopublishinggroup.com/newsletter

Acompañe a Mango en su recorrido para reinventar la industria editorial un libro a la vez.

9 781642 508109